ON GREEN

澄心靜慮

징심정려

북포럼

ON GREEN

**72타 이하 에이지 슈트 140회 기록 보유자
이동욱의 골프와 삶!**

📖 북포럼

ON GREEN

초판 인쇄	2019년 6월 11일
초판 발행	2019년 6월 21일
지은이	이 동 욱
펴낸이	정 명 자
펴낸곳	도서출판 북포럼
주 소	14099 경기도 안양시 동안구 동안로6, 505-504호
전 화	010-6537-6869
팩 스	031)474-6868
E-mail	hanlimdang13@naver.com
등 록	300-2011-46
ISBN	978-89-97766-80-2 13690
정 가	30,000원

- 이 책의 저작권은 책저자에게 있으므로 무단 전제 및 복제를 금합니다.
  이 책을 무단 전제 또는 복제하면「저작권법」제135조에 의거 처벌을 받습니다.
- 도서출판 북포럼/북힐링/길동무는 한림당의 자매회사입니다.
- 파본은 구입하신 서점에서 교환하여 드립니다.

〈ON GREEN〉 1쇄 正誤表

page	위치	수정 전	수정 후	비고
80p	위에서 4번째 줄	W	D′ (140p 도표 참조)	변경
119p	위에서 7번째 줄 다음			추가
	손목의 예각을 오래 유지하면서 헤드가 공과 접촉하면 Swinger이고, 이 예각이 스윙 중간단계에서 약간 풀리면서 오른팔과 손의 근육을 많이 활용하면 Hitter라고 할 수 있다.			
124p	위에서 1번째 줄	발바닥의 중심에 오지 않게 앞으로		삭제
139p	위에서 10번째 줄	→L→W→D	→L→D→W	변경

영국 Wales Pembroke CC ▼

▼ 영국 Longstone Island Links

스코틀랜드 Sinclair Castle CC

▼ 미국 네바다 Cathedral Gorge CC

캐나다 Devon Island Ice Links

오스트렐리아 Ebor Falls GC

뉴질랜드 Milford Track GC ▼

▼ 뉴질랜드 남섬 Punakaiki GC

서문

골프에 대한 애착이 많다보니 핸디캡을 줄이기 위해서 도움이 된다고 생각하고 골프관련 일상사를 메모하고 수집하고 보관하는 것이 습관화된 덕분에 30년 이상의 나의 골프관련 기록을 소장하고 있던 차에 우연한 기회 일본 규슈 아소야마나미 골프장에서 1,051회 에이지 슈트를 달성한 이치가와 킨치로님의 골프인생 자서전을 보게 되었다. 나도 건강한 여생을 위해서 이 분을 닮아야겠다고 생각한 것이 2015년이었다.

그 이후 1년만에 에이지 슈트Age shoot를 26회 기록한 이후 이 책을 쓰기로 작정하였다. 에이지 슈트를 2019년 5월 말 기준 190회(그중 72타 이하 140번)를 기록하고 있다.

4,000라운드 이상 40만 번의 스윙을 한 경험자는 흔치 않을 것이라고 장담한다. 4,000라운드는 최소 30년간 1년에 100~200라운드 이상을 할 수 있는 직업과 건강을 가져야 하고 같이 라운딩할 수 있는 동반자가 있어야 하기 때문이다.

집필방향은 나의 삶 중에 골프와 관련있는 분야를 최대화하고 나의 개인 인생이야기는 최소화하며 골퍼Golfer라면 누구나 꿈꾸는 싱글플레이어가 되기를 소망하면서 골프 이론, 기술, 매너, 이미지골프에 가장 많은 비중을 두었다. 골프 연습방법과 나의 골프 이론 이외의 장에서도 많은 골프단상, 연습방법, 골프장 소개 등을 다루었다.

2015년 말레이시아 난줏트Nanjut에서 첫 에이지 슈트를 달성하도록 배

서문

려와 격려를 아끼지 않고 동반라운드를 한 변양균 님, 유학근 님, 이재만 님에게 감사한다.

나의 스윙 이론을 서술하는 과정에서 스윙 이론의 포괄범위는 인류의 진화와도 관련이 있고 생체역학, 물리학, 뇌과학, 심리학 등 모든 학문이 동원되어야 완벽한 설명이 가능하다는 것을 깨닫게 된 점이다. 나는 코끼리 다리만 만지고 있지 않나 하는 반성을 한다. 그러나 다른 골프책에서 서술하고 있지 않은 개념 정의를 하고 변수와 상수를 구분하고, 여러가지 영역에서의 기초개념을 동원하여 골프 스윙을 설명하려고 한 노력이 기초가 되어 그나마 골프 스윙 이론의 불완전한 Circle이라도 그리게 된 것을 다행으로 생각한다. 이 모든 Circle을 누군가가 집대성하면 우주 창조의 원리를 설명하는 것과 마찬가지라고 생각한다.

그래서 아마도 벤 호건은 골프게임을 "Synonymous with purity(순수 그 자체)"라 하고 데이비드 레드베터는 "The beauty of beautiful game(아름다움의 극치 그 자체)"라고 한 점이 생각난다.

90 이하를 기록하는 보기플레이어가 확실한 싱글이 되기 위해서는 골프를 접하는 태도와 매너, 골프 스윙에 대한 개념을 바꾸기만 하면 된다는 것을 이 책이 일조가 되었으면 하는 바램이다.

원래 책 제목을 "걷고 음미하고 고민하는 사람"으로도 생각하기도 했다. 걷는 것은 골프 라운드고, 음미는 와인이고 고민은 나라경제다. 골프에서는 ABC라인, LDW하중 이동, 템포와 리듬, 남에 대한 배려를 되풀이 언급하면서 골프가 모든 사람의 인생의 동반자가 되기를 희망하였다. 와인에서는 단순한 기호식품이 아닌 인생을 사는 방법, 돈을 쓰는 방법, 생활을 즐기는 방법에 대한 나의 생각을 전파하고 싶었고 나라경제에 대해서는 우리나라가 선진국으로 발돋움하는 방법, 이념보다 국민의 먹거리를 장만하는 지도자의 대두를 앙망하는 내용을 두서없이 담았다.

에이지 슈트 횟수도 중요하지만 74세에 72이븐파 이하로 에이지 슈트 100회 이상은 세계 기록감이라는 주변 분들의 격려에 힘입어 에이지 슈트 보다 이븐파 이하로 스코어를 기록하기 위해서 오늘도 내일도 끊임없이 골프에 대한 열정을 가지고자 한다. 특히 이렇게 골프라운드를 할 수 있도록 평생 참고 배려하고 지원해 준 나의 아내에게 제일 먼저 이 책을 증정한다. 부모님보다 더 많은 대화를 나눈 할아버지, 은퇴 이후에도 손자들의 교육에 열정을 가지시고 고시준비에 눈을 뜨게 한 나의 멘토Mentor, 돌아가신 할아버지께도 감사드린다. 그리고 골프에 대한 열정만큼 나의 아들, 딸들에게 관심과 배려를 하지 못한 것을 안타깝게 생각한다. 이 책이 나오도록 계기를 마련해 준 동아일보 골프 칼럼리스트 김맹녕씨, 전 골프다이제스트 최인섭 사장, 25년 골프동반자 이상봉 남서울클럽 챔피언에게 감사를 드린다. 이 책이 나오기까지 열성을 다한 북포럼 한인배 대표님께도 고마움을 표한다.

서문

  마지막으로 이븐파 전후의 스코어는 소음과 동작을 자제하여 집중력을 발휘할 수 있도록 해주는 동반자의 배려없이는 이루기 힘들다. 이런 점에서 나의 골프 일생동안 같이 라운드하면서 배려해 준 모든 동반자들에게 감사드리면서 이 책을 증정하고자 하는 것이 출판의 첫째 이유임을 밝힌다.

  서문 다음에 바로 골프 스윙 이론의 Circle, Late Hitting과 징심정려 澄心靜廬와 온 그린ON GREEN, 벤 호건의 타법을 바로 소개한 것은 나의 골프 스윙 이론을 설명하기 위한 주제이기 때문이다.

  끝으로 인생에서 가장 중요한 것은 선택과 집중을 잘하는 것이다. 전 세계의 모래알 수는 10의 64승보다 많다. 이 세상 60억 인구 중에서 내가 태어날 확률은 10의 400승분의 1이다. 이보다 더 많은 순열과 조합의 수를 가진 것이 골프다. 이 책을 통해 선택과 집중을 잘하여 각자의 모든 분야에서 성공하기를 기원한다.

골프 스윙 이론의 Circle

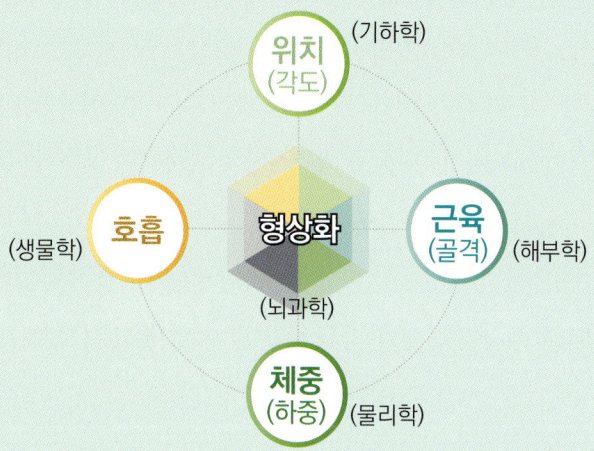

① 골프스윙은 몸의 각 부위가 회전·상하·좌우로 위치 이동한다.

② 몸의 각 부위가 위치 이동함에 따라 부분하중이 이동한다.

③ 위치와 무게 변화에 따라 근육은 연결과 차단, 수축과 이완(꼬임과 풀림) 작용을 같이 한다.

④ 근육의 작용에는 호흡이 관여되어 있다.

⑤ 이 모든 것을 동시적으로 수행하는 형상화하는 능력 Inmagenative Mind에 따라 골프 스윙의 질과 양이 결정된다.

⑥ 위치·하중·근육·호흡·자연현상 가지수의 순열과 조합의 수는 무량대수(10^{68}, 10의 68승)보다 많다.

※ 이 책은 호흡과 자연환경은 상수로 취급하고(일정한 한 가지 방법만 가정) 위치와 하중과의 관계를 규명한 것이다. 형상화와 근육은 나의 경험과 연습의 결과를 일부 반영한 것에 불과하다.

Late Hitting의 비밀

골퍼가 재미있어지는 시점은 임팩트에어리어에서 헤드가 가속되어 경쾌한 타구소리가 들릴 때 부터이다.

체육학 대사전에는 Late Hitting을 다음과 같이 풀이하고 있다.

"다운스윙에서는 클럽헤드가 그립보다 늦게 휘둘러 내리게 되는데 의식적으로 클럽헤드를 늦추어 히팅에어리어에 들어가서 언콕Uncock(코킹을 푸는 동작)하는 것을 말한다. 이 결과 임팩트할 때 볼에 가해지는 펀치가 강해져서 멀리 날아가게 된다. 이 때 클럽헤드가 손목보다 뒤에 있기 때문에 레이트 히팅이라 하는 것이다."

나의 정의는 Late Hitting이라 함은 양 손목의 코킹을 이용하여 스윙 탑에서 팔과 샤프트가 만드는 예각을 되도록 적게 하고(45~90°) 임팩트 직전까지 그 예각의 지속시간을 길게 하는 것이다. 이렇게 하기 위해서는 원래의 Set-up과 Address위치로 돌아올 때 골반(허리), 어깨, 손목의 순서로 돌아와야 한다.

아마는 평생 골프를 쳐도 Late Hitting의 진수와 진가를 모르고 골프의 일생을 보내게 된다. 그 주된 이유는 골프교습 방법과 이를 배우는 초보자가 골프에 대한 물리학 개념이나 운동심리학의 기초개념 없이 좋은 선생이나 좋은 채가 있으면 타수를 줄일 수 있다는 잘못된 믿음을 갖고 골프를 시작했기 때문이라 생각한다.

운좋게 좋은 선생님을 만나 Late Hitting의 개념을 설명해 줄 수 있어도 그렇게 하기 위한 운동역학이나 이동의 기준점을 가르켜 주지 않고 수십, 수백번 하면 깨닫게 될 것이라는 교습법에 의존하여 왔기 때문이다.

내가 알고 보아온 수 백권의 골프관련 서적도 Late Hitting을 하기 위한 주변만 맴돌고 있어서 그 책을 읽고 목표를 달성한 사람은 책의 도움이라기 보다는 본인의 수천, 수만번의 시행착오에 의한 연습과 단련의 누적으로 이루어진 것이라 생각한다.

잭 니클라우스는 그의 책에서 발바닥의 느낌으로 골프 스윙을 한다고 기술하고 있다. 체중 부분하중의 이동 위치에 대한 골프의 비밀 열쇠를 공개하지 않은 것은 아마도 아직은 때가 아니라고 생각할까 아니면 그 기준점을 마음은 모르고 있고 몸만 알고 있을까. 셋 중에 하나는 분명하다고 생각한다.

내가 공개한 ABC라인은 일반 교습서가 제시하지 않은 헤드와 샤프트와 양손의 위치에 대한 표준범위를 제시하고 있고, 특히 LDW하중 이론은 모든 교습서가 좌우체중 이동에 대한 설명으로 끝난 것을 좌우뿐만 아니라 전후좌우로 체중의 부분하중이 이동하여야 한다는 것을 제시하고 있다. 모든 골프 이론의 귀결점은 체중의 부분하중의 이동이라는 것을 강조하고자 한다.

Late Hitting은 ABC라인의 준수와 LDW부분하중의 이동이 일치하면 누구나 쉽게 할 수 있다. 그리고 티없이 치는 3번 우드의 빗자루로 쓸어친다는 느낌도 체중 부분하중의 이동으로 쉽게 할 수 있다.

  ABC라인은 눈에 보이는 현상이어서 경기자의 머리 위에서 촬영하면 양손, 그립, 헤드가 ABC라인의 범위 내에 있는 것을 쉽게 발견할 수 있다. 그러나 LDW하중이라는 이름하에 후전좌우전후(W→D→L→D'→W') 후전우좌전후(W'→D'→L→D→W)로 움직이는 체중 부분하중의 이동은 눈에 보이지 않는 느낌으로 알아야 하기 때문에 이 골프세상에 감추어져 왔다고 생각한다. 그러나 이 비밀을 알아도 澄心靜慮징심정려 없이는 골프의 진가를 알 수 없다.(p.140 도표 참조)

澄心靜慮징심정려와 ON GREEN

징심澄心은 깨끗한 마음(마음을 깨끗하게) 정려靜慮는 맑은 생각(생각을 고요하게)의 뜻으로 우리는 알고 있다.

여기에서 골퍼책에서 자주 나오는 마음Mind은 무엇이고 생각Thoughts은 무엇인지 개념정의나 용어풀이가 필요하다.

Mind는 사전적 용어풀이로 마음, 정신, 생각, 사고방식 등을 뜻하고 Thoughts는 생각, 사고, 사색, 착상 등의 명사적 의미와 이성적으로 생각하다, 개념 이미지 등을 생각하다 등의 뜻으로 다양하게 사용되어 마음Mind과 생각Thoughts이 정확하게 구분되지 않는다.(Heart도 때로는 마음으로 표현되기도 하지만 사랑에 가깝다.)

데카르트는 영혼Soul은 하나님이 인간 속에 남긴 흔적으로서 하나님의 말씀을 인식하는 통로를 뜻하고 Mind는 객관적인 사실과 가치중립적으로 사물을 인식하는 원리로 정의한 바 있다.

내가 골프용어로 Mind라고 할 때는 데카르트가 정의한 Mind의 뜻으로 사용하고 있다. 어드레스 전에 목표지점까지의 거리, 공이 놓인 경사도 바람의 속도와 방향, 풀의 저항 등의 객관적인 사실을 있는 그대로 물리적, 기하학적으로 분석하고 가치중립적으로 받아들이고 난후 이것에 대한 전략이 수립되어야 함으로 마음을 깨끗하게 하는 것이 스윙 전에 가장 필요하다.

다음으로 Thoughts는 동사적 의미로 "이성적으로 생각하다."와 "개

◀ 샌디에이고 마테라스 CC

념 이미지 등을 생각하다."의 두 가지 뜻이 있는데 골프스윙 중에는 전자는 Mind의 뜻이 포함되어 있으므로 최소화하고 후자는 극대화 하여야 하는 것이 골프스윙 원리다. 그래서 나는 스윙 준비단계에서는 징심 澄心, 스윙단계에서는 정려 靜慮라 생각하여 또, 한 가지 이 책의 소제목으로 징심정려 澄心靜慮라 하였다. 그리고 징심정려 澄心靜慮를 영어로 번역하면 무엇이 될까 곰곰이 생각해 보니 그대로 번역하면 Mind clean, Thoughts calm이 되어 내가 의도한 골프스윙 개념이 나올 것 같지 않아서 아마추어의 로망인 ON GREEN으로 정하였다.

 프로는 ON GREEN하되 버디 가능성이 높게 되도록 홀에 근접하게 붙이는 것이 목표가 되어야 하지만 아마추어에게는 통계적 확률과 능력의 범위내라면 ON GREEN의 목표에 만족하는 것이 정도라 보기 때문이다. On Green은 On Fairway에도 그대로 적용된다.

 Laird Small은 그의 책에서 "전체 그린을 상대하라."하면서 유명한 일화를 소개하고 있다. 밀워키 CC의 헤드프로의 취업조건이 모든 클럽회원의 핸디를 2타 줄이는 것이었는데 그 프로는 18홀의 깃대를 뽑아놓고 플레이를 하게 함으로서 그 약속을 지켰다.

벤 호건 BEN HOGAN 이 20년간 숨긴 타법

벤 호건의 대표적 타법은 머리, 코, 지면을 일직선으로 하는 중심축을 설정하고 그것을 지키기 위한 타법이다. 중심축이 하나면 중심축이 2개인 것보다 단순화의 이점이 있다.

중심축이 하나이면 In-To-In 궤적을 지키기 힘들다. 그래서 벤 호건은 클럽 페이스를 오픈하고 어드레스하여서 임팩트에 가까워질 때 활형태로 오른쪽으로 손목을 45°쯤 구부림 Arced and Bowed 으로서 클럽페이스가 Square 되도록 하였다.

다시 말하면 한 가지 중심축을 유지하고 In-To-In 스윙을 하기 위해서 위에서 말한 손목을 조작하는 방법을 오랜 연구와 연습의 축적으로 개발한 것이다. 그리고 그 비법을 20년간 비밀로 한 것은 잘 알려진 사실이다.

레드베터가 오른발 쪽으로의 체중이동을 설명하는 것은 중심축을 두 가지로 하라는 뜻이고 요즈음의 모든 PGA Tour 프로는 발굽치를 들던, 안들던 왼발, 오른발 두 축에 부분하중을 이동시키고 있다.

나의 체중이동 이론은 왼발, 오른발 뿐만 아니라 발 뒤축에서 앞축으로 다시 앞축에서 뒷축으로 부분하중이 이동한다는 것을 강조한다.

어떤 프로는 양발을 지면에 붙인체 백스윙을 완료하기도 하지만 왼발에서 오른발로 오른발의 앞축에서 뒷축으로 체중의 부분하중 이동이 본인도 인지 못하는 상태에서 이루어지고 있다는 점이다. 정지된 볼을 타격하는 골프 스윙의 원리상 부분하중의 이동없이는(리듬이 zero인 상태) 공을 멀리 보낼 수 없다.

또한 In-To-In 스윙은 모든 골프스윙 이론이 인정하고 실제적으로 PGA 모든 프로가 그렇게 하고 있다. In-To-In 스윙을 하는 이상 부분하중의 이동은 앞축과 뒷축 사이에 필연적으로 일어난다. 몸 부위의 모든 위치가 정상 궤도에 있더라도 부분하중의 변화가 평소와 약간 다르면 의도하지 않은 샷이 나온다. 프로의 샷 실수는 부분하중의 이동을 평소의 습관대로 하지 못하고 약간의 가감이 존재했을 때 일어나는 것이라고 주장한다.

나의 형님은 그것은 호흡이 주된 원인이라고 보고, 나는 체중 부분하중 이동변화가 그 주된 원인이라고 주장하는 점이 다르다. 정답은 아무도 모른다. 그러나 호흡과 부분하중 이동이 주된 원인이라는 것은 부정할 수가 없다고 본다. 그 비중 차이라고 본다.

자~ 이제 모든 Golfer는 인생과 마찬가지로 선택과 집중의 문제에 봉착해 있다. 중심축의 가지 수, 호흡의 가지 수, 부분하중의 이동의 가지 수 중에 어느 조합을 선택할 것인가는 강요할 수 없는 선택의 영역이다.

모든 Golfer들이 Strait Shot이 프로와 아마를 막론하고 가장 어려운 샷이라고 한다. 그러나 나에게는 Strait Shot이 가장 쉬운 샷이다. 왜냐하면 나의 체중이동은 체중 부분하중의 이동을 Staple(⌐¬) 형태로 해야 Strait Shot이 나오는데 그렇게 하지 않으면 Draw나 Fade도 특화할 수 밖에 없기 때문이다. 내가 알기로 Draw나 Fade 양쪽을 다 잘하는 프로는 드물다고 생각한다.

나는 낮고, 가늘고, 천천히, 약하게 하는 호흡으로 호흡의 가지 수를 한 가지로 가져가고 LDW부분하중 이동을 ABC라인에 따라 가져가는 선택을 한 것 뿐이다. 그 선택은 독자 여러분의 몫이다. 그래서 그 선택을 바르게 하기 위해서는 운동역학, 뇌과학, 물리학, 심리학, 해부학, 호흡법의 기초지식 없이는 그 선택이 어려워지는 것이다. 아니면 무작정 그 선택을 남에게 맡겨버리는 방법을 택하든가, 신규 고가의 클럽을 계속 구입하든가, 선생님을 자주 바꾸면 갈길만 멀어진다고 생각한다.

그래서 선택의 가지 수를 망라한 조합의 수는 무량대수(10^{68}, 10의 68승) 보다 많기 때문에 그 원리만 안 후에는 그 가지 수 중에 선택하는 것을 포기하고 기본에 충실하면서 그 선택을 고민하지 않고 몸의 리듬에 맡겨 놓는 부처님 골프가 가장 빠른 골프의 길이라고 생각한다.

짧은 기간에 Single Player가 된 사람은 특정조합의 가지 수를 최소화하고 그것에 맞는 근육실타래 수를 많이 만들고 호흡을 일정하게 함으로서 실수를 줄이고 선택과 집중을 잘한 사람이라고 생각한다.

서문

13	서문
17	골프 스윙 이론의 Circle
18	Late Hitting의 비밀
21	澄心靜慮징심정려와 ON GREEN
23	벤 호건이 20년간 숨긴 타법

제 1 부

골프입문, 싱글 핸디캡, 에이지 슈트의 과정

32	1. 골프 입문
47	2. 싱글 핸디캡과 60대 스코어
53	3. 71세 에이지 슈트

제 2 부

나의 골프 스윙 이론 (싱글이 되는 길)

58	1. 템포와 리듬의 정의
73	2. 스윙 궤적의 최적화
83	3. 음악·골프·리듬·템포
89	4. 백스윙의 시작 동작 Trigger
92	5. 꼭 지켜야 할 골퍼매너
96	6. self 1 과 self 2
99	7. 골프 스윙의 물리학적 설명
107	8. 골프의 템포와 리듬에 대한 종합해설
115	9. 〈Swing like a pro〉에 대한 나의 해설
137	10. 체중 부분하중 이동의 기준
140	– STAPLE 이론
149	– 근육(골격)운동의 기초개념
152	– 스윙 연습 Point
154	11. SAT와 Imaginative Mind

제 3 부

EPB, SLOOC, FTC 공직생활과 골프

- 162   1. 경제기획원(EPB)
- 166   2. 서울올림픽조직위원회(SLOOC)
- 178   3. 공정거래위원회(FTC)

제 4 부

민간기업 근무와 은퇴이후의 골프여행

- 188   1. 현대기아자동차그룹 상임고문
- 199   2. 삼척 파인벨리와 장호항
- 202   3. 말레이시아 동해안
- 203   4. 미국 동부 캐나다
- 206   5. 뉴질랜드 남북섬
- 209   6. 잉글랜드와 스코틀랜드
- 212   7. 프랑스 전국 일주
- 218   8. 태국 파노라마
- 220   9. 하와이
- 226   10. 페블 비치 반도
- 236   11. 샌디에이고 일대

제 5 부

골프단상

242	1. 골프채 구입과 선택의 비밀
245	2. 3대 의무와 먹거리 산업의 개발
248	3. 더스틴 존슨과 척추 각도
251	4. 미국 골프장의 종류
253	5. 골프와 눈의 건강
256	6. 골프 역사 진기록 모음
260	7. 공유경제와 Air BnB
262	8. 거리측정 및 퍼팅라인과 캐디와의 상관관계
265	9. 골프 교습과 척추의 각도
268	10. 마스터의 십 만 시간과 배려
272	11. 골프 게임 방법
275	12. 평가기준의 통일
278	13. 골프의 템포
280	14. 페블 비치
283	15. The Ball of Feet의 비밀
285	16. 골프 핸디캡과 에티켓 테스트
289	17. 퍼팅 십계명
295	18. 골프 명언집에 대한 나의 단상
299	19. 골프의 5가지 법칙과 14가지 원칙에 대하여
303	20. 골프 교습가들의 부정확한 코치방법
307	21. 골프에도 길이 있다
312	22. 드라이버 거리 증대 10가지 방법
315	23. 코스 스코어 줄이는 10가지 방법
318	24. 잘못 쓰는 골프 용어
321	25. 아마가 바꾸어야 할 골프 스윙 개념
326	26. Ben Hogan과 David Leadbetter
337	27. 골프 영어
341	28. Laird Small의 골프 교습

에필로그

348 에필로그

부 록

356 1. 에이지 슈트 기록
365 2. 골프 동반자들
370 3. Hole-In-One 기록
371 4. Eagle 기록
373 5. 에이지 슈트 이전 기록
374 6. 사이클 버디 기록
375 7. 나의 에이지 슈트 기록과 목표
376 8. 골프 명언집
398 9. 가 볼만한 세계 118개 골프장

▲ 프랑스 에비앙 CC

제 1 부

골프 입문,
싱글 핸디캡,
에이지 슈트의 과정

1. 골프 입문
2. 싱글 핸디캡과 60대 스코어
3. 71세 에이지 슈트

1 골프 입문

　60년대 미 8군 의장대 근무시 동료 미군의 권유로 골프채를 처음 잡아보고 20년 이상 지난 1985년 아내의 적극적인 권유로 골프에 본격적으로 입문하게 되었다. 연습장에서 캐디 출신의 프로로부터 골프를 배우는데 무조건 시키는 자세로 하고 반복적인 연습을 시키는데 대해 나로서는 도저히 이해할 수가 없었다. 물리학적인 이유를 설명하고 따라 해야 하는데 그렇게 해야 하는 원리를 모르고 무조건 시키는 대로 따라 하라는 교습방법은 나를 전혀 만족시키지 못하였다. 1개월이 되지 않아 강사로부터 배우는 것을 포기하고 그때 처음으로 시중에 나온 유일한 잭 니클라우스Jack Nicklaus의 골프 교습서를 기본으로 하여 혼자 골프의 원리와 기술을 익혀 나갔다.

　1986년 처음으로 100타를 깬 후, 아시안게임과 서울올림픽 준비로 골프 칠 기회가 1988년까지 2년 동안 거의 없었다. 1980년 벨기에Belgium 브뤼셀 소재 EU 대표부 경제조사관으로 부임한 이후 본격적인 골프실력의 발전 기회를 가지게 되었다. 연간회비 미화 2천불을 내면 1년간 그린피는 면제되고 드라이빙 레인지, 수영장, 테니스장을 이용할 수 있는 조건이었다. 원래 컨트리클럽Country Club은 골프장, 수영장, 테니스장 등 3가지를 갖추고 온 가족이 와서 즐길 수 있는 장소라는 것을 알았다. 우리는 한 가지만 갖추고 있으므로 CCCountry Club가 아니라

GCGolf Club라고 해야 정확하다.

　벨지움은 경상남북도 크기의 나라로 산이 거의 없는 평지이기 때문에 수도 브뤼셀 센터에서 외곽까지 고속 도로망이 잘 정비되어 있어서 30분 이내에 도달할 수 있다. 그래서 전국 60여개의 골프장을 거리의 제약 없이 마음대로 이용할 수 있는 골프 천국이다. 그 중에는 시내 한복판에 있는 로얄 벨지움 CCRoyal Belgium CC는 100년 이상 된 골프장으로 자손대대로 상속되는 명문 골프장이라 10년 이상 대기해도 매물이 없는 곳으로 일반인은 회원이 초청하지 않는 한 이용할 수 없다. 외교관은 예외적으로 가끔 허용하는 경우가 있어서 캐디 마스타를 잘 사귀어 놓은 덕분에 마음대로 이용할 수 있는 행운도 있었다.

　로얄 워터루 CCRoyal Waterloo CC도 빼놓을 수 없는 골프장이다. 나폴레옹과 웰링턴 장군의 싸움터로 유럽의 역사를 바꾸어 놓은 곳이다. 전 골프장이 워터루Waterloo 전쟁터의 집과 농장과 숲이 그대로 보존된 유서 깊은 곳이다.

Royal Belgium CC ▲

Royal Waterloo CC ▲

　외무부 출신들은 비교적 일찍 골프를 시작했고 해외 근무시에는 대부분 골프를 하기 때문에 골프실력이 최소 보기 플레이어 수준이었다. 당시에는 나보다 한 수 위이기 때문에 과감히 핸디캡을 받지 않고 조그만 내기골프를 함으로서 그들을 능가하기 위한 동기가 되었다. 나만의 골프실력을 향상시키는 연습기술 중 한 가지는 거울을 정면 방향, 목표 방향, 백스윙 방향의 3 위치에 두고 거울 속에 이상적인 몸의 윤곽을 그려 놓고 그 안에 집어넣는 몸통의 이동 연습을 집에서 계속 한 것이 큰 도움이 되었다. 썸머타임 덕분에 5시 퇴근 이후 10시까지 골프를 즐길 수 있기 때문에 여름에는 18홀 골프를 즐길 수 있어서 브뤼셀에 근무한 경험이 있는 분들은 대부분 한 번쯤은 싱글핸디캡 스코어를 기록할 수 있다.

신체부위 중 손바닥과 발바닥의 엄지발가락 뿌리 쪽 볼록한 부분을 영어로 볼Ball이라고 하는데 골프 공의 볼Ball과 같은 스펠링이다. 그래서 그랬는지 잭 니클라우스의 한글판 골프교습서에 나오는 백스윙의 자세 설명서에서 볼Ball의 표현은 발바닥의 볼Ball을 뜻하는데 번역을 골프 공으로 하였으니 도저히 이해할 수 없는 번역이 된 것을 원서를 보고서야 발견할 수 있었다.

"Upper part of arms"는 팔은 두 개로 양분되는데 윗부분의 팔을 뜻한다. Fore Arm은 아랫부분을 뜻한다. 또한 서양에서는 팔뚝 중 손등과 같은 면에 있는 팔뚝의 부위를 Back Side(Low Part) 라고 하고 우리 동양에서는 반대로 Up Side(Top Part) 라고 한다. 그래서 이 때의 Upper와 손등과 같은 면의 Up Side(Top Part)를 혼동해서는 안된다.

테니스에서 왼손으로 스트로그를 할 때 이를 백 스트로그라고 하는데 이는 서양 기준으로 아랫면이 보이기 때문에 그렇게 부르는 것이다. 아마도 테니스 선수도 왜 백스트로그라 하는지 정확한 뜻을 모르리라 생각한다. 잭 니클라우스의 한글판 골프교습서는 이를 모르고 번역하여서 도저히 무슨 뜻인지 이해할 수 없는 동작을 표현하고 있다. 이에 대한 오해는 많은 골프 전문가도 인지 못하고 있고 심지어 어떤 골프잡지에서는 이를 놓치고 있는 것을 발견한 바 있다. 이는 약 5년 동안의 해외생활에서 백인의 기본자세와 생활습관을 관찰한 덕분에 터득한 현상으로서, 백인은 기본자세가 손바닥과 같은 부위의 팔뚝부분이 상대적으로 유색인보다 위로 향하고 있고 유색인은 손등과 같은 면이 상대적으로 위로 향하는 자세를 취한다. 육식동물과 초식동물의 먹는 관습에 따라 근육을 쓰는 부위가 달라져 척추와 관련되는 근육도 달라져 호흡법이 달라진다는 이동철 호흡법을 참조바란다.

그래서 서양은 톱날, 나이프의 칼날, 밀배기의 낫이 밖으로 향하고 있고 우리는 안으로 향하고 있다. 서양인은 밀면서 힘주는 것이 익숙하고 우리는 당기면서 힘주는 것이 익숙하다. 자동차의 조수석 손잡이가 우리는 천장에 달려 있고 서양은 의자에 붙어 있는 경우가 많다. 출산을 할 때도 우리의 전통적인 출산 방법은 천장에 매달린 줄을 당기면서 힘주고 서양은 출산용 침대에 누워서 허리부분 근처에 있는 손잡이를 잡고 힘을 주는 것은 이미 알려진 사실이다.

각종 운동종목에서 권투의 경우 유색인 선수는 스트레이트에 능하고 백인 선수는 어퍼컷에 능하다. 이는 기본자세인 팔의 윗면과 아랫면을 서로 다르게 인식하고 있기 때문이다. 우리는 당기는 운동을 잘하고 서양은 미는 운동을 상대적으로 잘한다. 자동차 조립공정에서도 유색인은 위에서 내려다보고 작업하는 것이 편하고 백인은 위로 쳐다보면서 하는 것이 편하다.

이런 기본자세의 차이는 나사의 돌리는 방향, 건축양식(문지방), 대소변 보는 기구의 모양, 의자에 앉는 방법, 문턱, 지퍼의 방향, 옷의 단추 구멍 위치 생활습관 등 헤아릴 수 없이 많다는 것을 명기해 둔다.

이런 기본자세의 차이를 골프에 응용해 보면 어드레스 시 손바닥과 같은 면의 팔뚝이 서양교습서는 위를 향하도록 하고 있다.(벤 호건의 방식) 우리가 이 방식(회외Supination)을 따라하면 어쩐지 어색한 감을 느낀다. 최상호 프로의 폼을 보면 손등과 같은 면의 팔뚝이 약간 보이도록 비스듬히 그립을 하고 있다.(회내Pronation)

그래서 그런지 내가 동반 라운딩한 많은 외국인은 훅을 치는 경우가 많고 한국인은 슬라이스를 치는 경우가 많았다. 이는 팔뚝의 방향으로 상단부분 설명이 된다고 생각한다. 나의 생각에 의자생활에 익숙하지 않은 50~60대 이상은 서양식 어드레스보다 최상호 프로의 어드레스가 훨씬 스윙하기가 부드럽다는 것을 나는 체험적으로 느낀다. 그리고 척추를 일직선으로 억지로 유지하는 것보다 약간 구부러진 자세를 취하는 것이 본능적으로 편하다는 것을 느끼고 있다.

벤 호건식 어드레스의 가장 큰 장점은 팔이 몸통에 붙어 있는 결과 몸통중심의 골프스윙에 더 유리하다는 점이다. 아파트 생활과 의자생활에 익숙한 40대 이하는 서양식 어드레스가 정답일 수도 있지만 몇 천년을 내려온 우리의 생활습관에 따른 DNA가 아직도 남아 있을 것으로 생각되어, 나의 어드레스 방법에 큰 관심을 가지면 좋은 결과가 있을 것으로 생각되어진다.

이동철 호흡법에는 턱을 당기느냐, 올리느냐, 어깨를 늘어트리느냐,

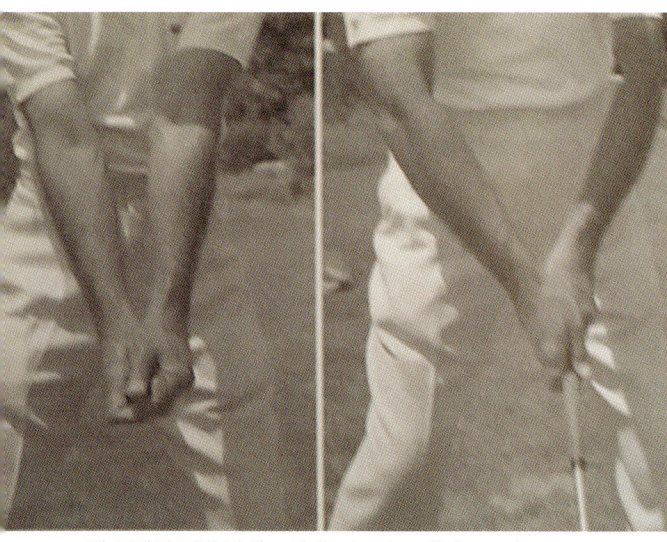

▲ 벤 호건의 그립 자세 – 좌 Supination 우 Pronation

올리느냐, 팔을 쭉 펴느냐, 구부리느냐, 호흡은 어떻게 하느냐 등의 자세한 방법이 소개되어 있다.

참고로 의학 해부학 책에 보면 Abduction(외전外轉)은 사지가 몸통에서 멀어지는 운동형태이고 Adduction(내전內轉)은 사지가 몸통에 가까워지는 운동형태이고 회외Supination는 팔꿈치를 몸쪽으로 향하게 되고 (자연히 팔오금은 앞으로 오게 됨) 회내Pronation는 팔오금이 서로 마주 보게 하는 운동형태로서 백인은 회외형태가 익숙하고 유색인은 회내형태가 익숙하다. 이것이 바로 팔뚝의 Up Side(Top Part) 또는 Low Side(Back Part, Down Part)를 서로 다르게 부르는 근본 이유라고 생각한다.

수렵생활을 오래하고 농경생활을 늦게 한 인종은 야구에서 언더스로우Under throw로 공을 던지듯이 창도 언더스로우로 던져야 동물을 쉽게 사냥할 수 있지 않았나 하는 가설을 세워보기도 한다.(하버드 대학에서 사냥시 언더스로우로 창을 던졌다는 연구결과가 있다.)

각설하고 그래서 우리나라의 많은 골프이론서 또는 번역서가 회외Supination를 외전 Abduction으로 대부분 오역 또는 잘못 표현하고 있다.

나는 벨지움 근무시 많은 외국인의 식사초대를 받았다. 동서양의 기본자세 차이에 따른 많은 생활습관, 자세 등이 흥미로웠기 때문이었다. 그때는 열 몇 가지 밖에 예시하지 못하였지만 지금 이동철 호흡법의 자세예시에 있는 것, 20년 가까이 내가 발견한 것까

Chater House 레스토랑 ▼

지 총망라하면 다음과 같다.

  톱날, 대팻날, 낫, 농기구, 문열기, 손가락셈, 오라가라 손으로 표시, 빗자루질, 숟가락 깊이, 의자앉는 자세, 맷돌 돌리는 방향, 노젓기, 열쇠 돌리는 방향, 지퍼 암수위치, 수도꼭지 온수·냉수방향, 오븐 점화방향, 단추구멍 좌우위치, 캐디백의 어깨줄 위치, 문턱 유무, 깡통따는 방향, 화투, 포커돌리는 방향, 현미경 작업효율, 출산시 힘주는 방법, 나사의 방향, 급할 때 잡는 위치, 위아래 보고 작업하는 방법, 자동차 핸들에 붙어있는 기어, 어퍼컷과 스트레이트, 무거운 짐을 드는 방법 …. 이중 재미있는 것이 백인은 환영할 때, 오라고 할 때 손바닥을 하늘로 보게 하고 손가락을 여러번 앞으로 당긴다. 우리가 하는 방식 손바닥을 밑으로 하고 손가락을 여러번 당기면 정반대의 뜻이 된다.

  위의 예시한 것을 모두는 골프스윙의 그립과 어드레스 자세와 관련성이 있다. 이 모든 생활습관에 따라 골프어드레스 자세는 개인마다 성향 차이가 있다는 것을 단적으로 표시하고 있다. 기본원칙은 지켜야 하지만 세세한 부분까지 자기의 방식을 고집하고 가리키는 것은 삼가해야 할 대상이다.

  이동철 호흡법은 이런 자세의 차이가 초식동물이나 육식동물의 음식을 먹는 방법 차이에서 온다고 주장하고 있지만 나는 달리 생각한다.

  인류전체가 수렵생활에서 농경생활로 진화하였지만 유색인종과 백인(특히 북서구라파) 간의 농경생활의 시작은 1,000년 이상의 차이가 난다면 농경생활 수렵생활의 지속기간이나 시작기간의 차이애 따라 유색인, 백인의 호흡법의 차이, 척추기울기의 차이가 나지 않았을까 추정한다.

  내가 왜 이 생각을 지속적으로 가지는가 하면 백인은 암산과 셈에 약하다. 암산실력이 떨어지는 것은 여러분들도 백인가게에 가서 현금을 지불하면 잔돈 내어줄 때 컴퓨터 계산기가 없으면, 16불 43센트 상품가격이면 잔돈을 20 - 16.43 = 3.57을 암산으로는 계산 불가하고 16불 43센트에서 3불 57센트를 차곡차곡 채워서 20불을 만들어 결과적으로 3불 57센트의 잔돈을 만들어 낸다. 그리고 354$ + 88$을 암산으로 계산하는 것은 불가능할 뿐만 아니라 심지어 종이에 종으로 써 놓고도 442$의 답을 내는데 오랜시간이 소요된다. 그리고도 틀린 답을 할 때가 많다.

  내가 직접 경험한 것인데 골프스코어를 적을 때 홀마다 총타수를 적는 것이 그들의 관습이다. 그렇게 적는 이유는 빼기, 더하기에 암산력이 부족해서 매 홀마다 총타수를 적는 것이 더 편하기 때문이다. 문제는 게임이 끝난 후 18홀 전체의 타수를 합산하는데 5~10분이 걸린다는 점이다. 특정회원권 가입에 보너스를 주는 조건 속에 스코어를 관리해 주는 기능이 전부 들어간다는 점이다. 나는 이러한 현상이 일어나는 이유는 뇌신경 암산회로에 유색인 회로와는 달리 암산기능 회로가 현저하게 부족하기 때문이라고 생각한다.

  이렇게 뇌신경 회로가 달리 형성된 것은 농경생활과 수렵생활의 지속기간의 차이라고 생각한다. 수렵생활은 눈에 보이는대로, 닥치는 대로 필요한만큼 채우는 생활습관이지만 농경생활은 가족 수만큼 뿌려야 할 씨앗의 수, 필요한 물의 양, 씨앗을 뿌리는 시기, 계절의 변화에 따른 각종 작업의 내용과 횟수 등 머리 속에 저장하고 암산해야 할 경우의 수가 수렵생활보다 몇 십배 더 많다. 따라서 셈과 암산기능의 뇌신경 회로가 발달하는 것은 필연이다. 따라서 이러한 신경회로가 유전되고 있다고 생각한다.

  중국과 실크로드를 거쳐 터키를 경유하여 유럽까지 여행하면서 이런 현상을 유심히 관찰해 보면, 실크로드 지역부터 조금씩 변하기 시작하

▲▼ 세트폰테너 골프장

여 티키에 도달하면 동양식은 보기 힘들게 되고 유럽에 가면 동양식은 완전 사라지게 된다는 것을 알 수 있다.(대표적인 것이 화장실과 젓가락) 영어 골프교습서에 호흡에 관한 언급이 나오면 우리와의 기본자세가 다르기 때문에 반대로 하여야 한다고 나는 믿고 있다.

예를 들면 들숨과 날숨이다. 그렇지만 나는 실전에서 호흡에 관한한 너무 시행착오가 많아서 거의 느끼지 못할 정도로 호흡을 약하고 낮고 길게 천천히 하는 것을 원칙으로 하고 있다.

벨지움에서 연간회원으로 등록한 골프장은 7 Fontaines CC인데 45홀과 각종 부대시설이 잘 구비되어 있는 곳이다. 핸디캡 18이 안되면 메인 코스Main Course는 입장이 불가능하고 핸디캡 36이 안되면 연습코스 9홀만 라운드해야 하는 곳이다. 또한 에티켓과 골프 룰 시험에 통과하여야 36홀 코스를 라운드 할 수 있다. 우리나라는 골프장 수입증대를 위하여 100타 이상 치는 Golfer도 무차별 입장시켜 동반자와 뒷팀 경기지를 괴롭히고 있다.

한국의 어떤 골프장 오너가 대사관 직원

들의 편의를 위해 수 십장 가짜로 만들어 준 핸디캡 카드를 대사관 직원에게 만들어 주어서 에티켓과 골프 룰 시험을 치르지 않고 라운드 하였지만 그 핸디캡 카드를 신뢰하고 라운드를 허락하는 골프장과 정식절차를 거치지 않고 편법을 동원해 온 우리의 문화가 수치스럽게 느껴졌다.

그러나 일단 등록하고 난 이후 매너와 룰을 지키기 위한 많은 노력으로 2~3개월이 안되어서 어느 장소에 내놓아도 부끄럽지 않는 매너와 골프 룰 지식을 가지게 된 것을 행운으로 생각한다.

극단적인 예를 하나 든다면 상대편이 퍼팅을 할 때 깃대를 들고 바람에 깃발의 펄럭이는 소리가 나지 않도록 말아서 꽉 붙잡고 있고, 상대편이 어드레스에 들어가면 집중력을 발휘할 수 있도록 숨소리조차 죽이는 배려를 하는 것을 보고 골프는 자신의 스코어를 내는 운동이 아니고 상대편을 배려하는 운동이라는 것을 체험하였다.

핸디캡 17로 등록하였으므로 그에 근접한 스코어를 내기 위해서는 많은 노력이 필요하였다. 운동신경이 남보다는 훨씬 좋다고 생각하였는데 내 생각에 보기 플레이어까진 운동신경이 크게 작용하지만 핸디캡 7이하로 내리기 위해서는 마인드 컨트롤(형상화 능력) 없이는 핸디캡이 내려가기 힘들다는 것을 체험하였다.

골프장 소속 프로에게 40분당 4만원 가량의 교습료를 지불하고 렛슨을 받는데 그 당시 한국과 다른 점은 40분 내내 옆에 붙어서 40분 풀타임으로 자세와 멘탈에 대해서 강의를 해주는 것이 특이하였다. 나에게 가장 인상 깊은 교습의 한 가지는 드라이브 샷을 할 때 멀리 보내고 싶은 생각을 버리고 똑바로 100미터 지점을 지정하고, 그 방향으로 치겠다는 생각을 가지면 슬라이스나 훅이 거의 사라진다는 렛슨 프로의 말을 믿고 따라하니까 슬라이스와 훅의 횟수가 대폭 줄어든 것을 체험하였다. 주말마다 조그만한 상품이 걸린 회원 친선대회가 있고 그 대회의 성적에 따라 핸디캡을 소수점 단위로 조정하는데 나의 경우는 매달 0.5~1의 핸디캡을 줄여서 귀국할 무렵에는 핸디캡이 그 골프장에서 소속 프로를 제외한 회원 중 가장 낮은 2까지 내림으로써 벨지움 한인 골프모임에서 전설로 남아 있다는 것을 그 이후에 알았다.

벨지움에서는 매년 골퍼클럽 대항 골프대회가 있는데 경기방법은 64개 골프장 전부가 토너먼트한다는 것은 일주일 이상 소요되므로 생업이 있는 회원 때문에 불가능하다. 그래서 나온 방법이 각 조에 4개 클럽, 16개조로 나누어서 경기한다. 각 조끼리 리그를 하여 1위는 상위클럽으로 승격하고 4위는 하위클럽으로 내려가고 2, 3위는 그 조에 잔존하는 방법으로 경기를 한다. 내가 속한 클럽은 당초 D조였는데 나의 맹활약 덕분에 3년 후에는 A조까지 승격하였다. 우리나라도 5~6개 팀이 참가하는 단체팀인 경우에 매번 조편성을 하는데 경기위원장이나 총무의 수고가 많다. 그래서 위에서 이야기한 방법으로 각 조끼리 경쟁시키면 멀리건과 기브 담합을 없애는 좋은 방법 중의 한 가지이므로 적극 활용되었으면 좋겠다고 생각한다.

유럽 PGA대회가 벨지움에서 92년도 개최되었고 그때 세계 랭킹 1위 닉 팔도Nicholas Alexander Faldo(영국, 1957~)가 참가해서 이틀 동안 열심히 따라 다니면서 많은 것을 배웠다. 자기 체격과 비슷한 선수를 골라서 이틀 정도 갤러리로 참관하면 혼자 연습장 20~30번 가는 것보다 훨씬 많은 것을 배울 수 있다고 생각한다. 한 가지 특이사항은 닉 팔도의 별명이 "짜증스러운 팔도"인데 어드레스와 연습스윙, 실행까지의 간격이 너무 길어서 동료 선수를 짜증스럽게 하는 것을 보았다.

골프 초보자 때부터 골프가 남을 배려하는 운동이라는 개념을 주입시키고 남에게 폐를 끼치지 않도록 노력하여야 할 것이다. 벨지움에서는 각 골프장이 협력하여 앞 핀, 중간 핀, 뒷 핀의 색깔을 빨강, 흰색, 보라색으로 통일하고 있다. 우리나라도 이것을 통일하면 일일이 캐디에게 묻는 수고(큰 소리로 물을 때 상대편 어드레스를 방해하는 것도 피하고)를 안할 수도 있고 경기진행도 훨씬 빨라지는데 우리는 왜 안하는지를 이해할 수 없다.

나는 닉 팔도의 골프교습서(닉 팔도 골프레슨)를 기본으로 많은 동작을 수 없이 따라해 보았는데 영어식 표현의 백Back의 뜻은 등, 등뼈, 척추, 뒤쪽의 뜻으로 사용한다. 팔의 등은 손등과 같은 면을 뜻한다. 팔의 업사이드Up Side는 손바닥과 같은 면의 팔의 부위를 뜻하므로 실수하지 말아야 한다.

다음으로 볼Ball의 뜻은 골프 공을 뜻하기도 하지만 손과 발의 엄지손가락과 엄지발가락의 불룩한 뿌리 부분을 Ball이라고 한다.

이 Ball은 체중의 부분하중의 이동에 중요한 Point가 되므로 매우 중요하다. 다음으로 Anticardium(명치) 몸통의 정중앙선상에서 가슴과 배의 경계에 있는 우묵한 곳을 말하는데 골프 스윙중 몸통의 중심역할을 하므로 매우 중요한 Point다. 그리고 퍼팅시에는 이 부분 이하를 고정하여야 하므로 기억하기 바란다. 다음으로 Lead Foot와 Back Foot가 있는데 앞발, 뒷발이 아니라 선도하는 발과 밀어주는 발로 번역되어야 한다. 전자는 왼발, 후자는 오른발이 되고 스윙자세가 반대인 사람에게는 그 반대다.

척추의 맨 윗부분 또는 머리뼈의 아랫부분 경추를 영어로 서비컬 버테브라Cervical Vertebra(목등뼈) 라고 하는데 인대와 근육을 통해 신체를 지지하고 평형을 유지한다. 이 부분이 좌우 상하로 심하게 움직이면 좋은 샷이 나올 수 없다고 생각한다. 나는 이 부분을 항상 고정시키기 위해서 많은 노력을 하고 이 부분의 근육운동을 평소에 자주 한다. 골프는 특정 부위를 중심으로 회전시키는 운동이기 때문이다.

닉 팔도의 책 내용 중에 몸의 특정 부위에서 이런 감각을 느낀 사람은 톱 텐 안에 들어가는 소수의 사람에 불과하다는 표현이 자주 나온다. 나도 외람되지만 닉 팔도의 느낌을 내 나름대로 두 세번 느껴보는 황홀한 순간(각종 근육과 뼈의 조합의 수, 수만 가지중 하나가 우연히 맞은 경우)을 가져보았지만 처음 배운 기본자세가 좋지 않아서 그때 뿐이었다. 아마 프로는 우승한 게임에는 이런 느낌이 4라운드 동안, 많이 지속되었기 때문일 거라고 생각해 본다.

홀 인원Hole in One 한 경우 다시 되풀이하기는 거의 불가능하지만 팔과 몸통이 특정부위를 중심으로 물 흐르듯이 동시적으로 움직였다는 느낌을 받았을 거라고 생각한다. 나의 경우 아홉번의 홀 인원의 경우 친 순간 클럽헤드가 부드럽고 리듬있게 스윙되어 마치 10년 묵은 체증이 사라지는 듯한 느낌을 받았다고 생각한다.

스윙이 잘 되었을 때는 몸의 어떤 아픈 부분이 치유되는 느낌을 받고 그 이후 그 불편한 부분이 없어지는 느낌을 받는다면 그것이 본인한테 가장 적합한 궤적이고 스윙 폼이라고 생각하고 있다.

한 가지 놀라운 사실은 대사관에서 같이 근무하는 안기부 직원이 나의 핸디캡까지 본국에 보고한 것을 경제기획원에 복귀한 후 알았다. 그때 그 시절에 국내 근무 공무원은 사실상의 골프금지령하에 있었다. 근무시간에 골프를 친 것이 아니기 때문에 아무런 문제는 없었지만 승진 경쟁 때에는 골프를 잘 치는 것이 크게 도움이 되지는 않은 것으로 생각되었다.

경제조사관 재임시절 모 장관이 벨지움 공식출장을 오게 되어 휴일날 라운드를 하는데 내가 골프장 예약 및 골프 클럽 등을 준비하게 되었다. 벨지움에서는 골프는 기본적으로 걷는 운동이기 때문에 골프 카트가 모든 골프장에 기본적으로 2대 밖에 없고, 있더라도 걷기가 불편한 사람이 이용할 수 있도록 되어 있는 것이 기본상식인데 그 장관님은 카트를 준비 안했다고 많은 핀잔을 주었다. 외국을 방문하면 그 나라의 예법을 따르는 것이 신사의 기본 도리라고 생각한다.

골프는 기본적으로 걷는 운동이다. 걷지 않으면 골프스윙의 리듬을 잃어버린다. 프로 시합의 경우에도 전동 카트를 타는 경우는 연장전을 제외하고는 없다. 전동 카트를 이용할지 여부, 캐디를 이용할지 여부는 기본적으로 소비자 또는 경기자의 권한이다. 유독 우리나라만 전동카트와 캐디를 강제적으로 이용하게 하는 유일한 나라다. 이는 골프를 대중운동 또는 레저산업으로 간주하지 않고 부자들의 놀이라는 인식을 갖는 정부 정책의 실패작이다. 이 두 가지만 하더라도 일인당 5만원의 비용을 지불하게 함으로써 수천억원의 외화를 해외에서 낭비하게 하고 있다고 생각한다.

대부분의 골프장이 전동카트 사업을 친척이나 위장계열사가 운영케하여 막대한 초과이윤을 챙기고 있다. 국민건강을 위한 레저 스포츠인 골프를 내장객을 많이 받기 위한 돈벌이 수단으로 전동카트를 강제로 이용케 하고 있다. 골프는 걸어야 한다. 전동카트를 계속 타면 스포츠가 아닌 놀이가 된다. 우리나라의 연간 내장객 2백만 명 이상이 카트를 안타고 걸으면 건강이 좋아져서 아마도 수천억 원의 건강보험예산을 절약할 수 있을 것으로 생각된다.

벨지움에서 60여개의 골프장을 3년 8개월간의 근무기간 중 전부 순회하여 각 골프장의 로고(Logo)가 있는 골프공 수집이 취미가 되었다. 한국에 150여개의 골프장이 있던 시절에도 전국 골프장을 주말마다 순회하여 10개 정도를 제외하고 전부 라운드를 하였고 나에게 의미가 있는 로고가 있는 볼을 약 500여개 수집하여 지금도 장식장에 넣어두고 그때의 추억을 회상하고 있다.

동반자가 있으면 전국의 500여개 골프장을 전부 순회하고 방방곡곡의 명승지와 맛집을 가보고 싶은 목표와 희망이 있다.

골프스윙 이론과 관련하여 나의 친형 이동철 박사와의 묘한 골프인연을 소개하면 나의 형님은 벤 호건식 어드레스(팔굽치가 가슴에 붙고 팔오금이 앞을 향함)와 대만 진파랑 프로의 어드레스 자세가 팔의 오금 위치와 관련하여 거의 정반대되는 스윙 이론을 보고 이 연구에 40년간 매달려 결국 호흡법으로 규명하여 이를 완성단계에 있다.(이동철 호흡법 참조)

나는 약 30년 전에 벨지움 현지 외국인들이 팔 부위의 명칭이 이상하여서(팔 오금이 보이는 팔의 위치를 서양은 윗면, 우리는 아랫면으로 생각) 동서양의 각종 신체부위의 다른 동작에 관심을 갖게 되어 이를 골프에 접목시킬려고 노력해 오다가 최근에 와서 골프스윙 동작중 위치와 무게이동(부분하중)에 착안하여 ABC라인과 LDW하중 이론의 가설을 만들었다.

호흡은 너무 어렵고 가지 수가 많다고 생각하여 호흡이라는 변수는 약하고 천천히 가늘게 숨 쉬는 것 한 가지 형태로 단순화하고 나의 이론을 전개하였다. 형님 책이 나오면 위치와 무게라는 물리학 이론과 호흡방법을 포함한 생체역학의 결합을 시도해 보고자 한다.

이 양자가 완벽히 결합되더라도 골프스윙의 최종 종착지는 형상화 능력이 아닐까 생각한다.

싱글 핸디캡과 60대 스코어　2

　나는 80대 초반 스코어에서 79타를 쳐 첫 싱글스코어로 진입하였다. 80대 초반 시절 3~4개 홀을 남기고 올보기만 하더라도 싱글 진입 기회가 있었지만 OB나 더블 보기 때문에 번번히 10여 차례 그 기회를 놓쳤다.
　그것을 극복한 것이 바로 100m 앞에 있는 목표를 정하고 그 방향으로만 샷을 하겠다는 마음의 다짐을 하니 80대 초반에서 바로 79타로 진입되게 하였다. 또 한 가지 중요한 깨달음은 임팩트 순간 왼손을 잡아준다는 느낌의 의미를 알고서 부터이다. 임팩트 순간 최대 속도가 나오기 위해서는 원의 지름 기준으로 원 밖으로 나가는 나가려는 원심력과 중심으로 향하는 구심력이 접하는 접점이 왼손과 샤프트가 일직선으로 되는 지점이고 여기서부터는 몸통과 왼손과 샤프트가 똑같은 속도로 각도가 변하고 움직여 주어야 한다는 것을 깨닫고 부터이다. 이런 설명없이 그냥 왼손을 잡아준다는 교습법은 좋은 방법이 아니라고 생각한다.
　이 두 가지는 결국 골프는 히팅(헤드로 공을 때리는 것)이 아니고 스윙(헤드로 공을 목표지점까지 보내는 것)이라는 행위동작 개념의 변화 없이는 다른 표현으로 하면 팔과 손을 위주로 쓰는 동작을 하느냐 몸통 위주의 동작을 하느냐(팔과 손은 몸통에 비례적으로 움직여 주면 됨)의 변화 없이는 올바른 스윙을 할 수 없다고 생각한다.(후술하겠지만 몸통의 이동은 바로 체중의 부분하중 이동이고 그 이동은 기준점이 필요하다.)

나는 108타, 100타, 90타, 81타, 72타, 71타, 70타, 69타의 의미가 특이하다고 생각한다.

- **스코어 108타** : 매홀 더블보기를 하면 108 번뇌와 동일한 타수로 골프초보자가 처음 달성할 수 있는 의미 있는 기록(국졸)이다. 108 번뇌는 육근과 육경(12처)에 좋음, 나쁨, 평등 3을 곱하면 36 여기에 과거, 현재, 미래 3을 곱하면 108이다.

- **스코어 99타** : 두 자리 숫자로 진입함으로써 앞으로의 발전 가능성을 예지해 주는(중졸) 스코어이다.

- **스코어 90타** : 18홀 평균 보기 게임을 하는 경우로 이제 골프박사가 된 기분으로 남에게 무작정 골프기술을 가르쳐 주고 싶은 단계이고 보통의 경우 마인드 컨트롤은 아주 낮은 단계(고졸)이다.

- **스코어 81타** : 파 기준 9타 오버이므로 싱글 핸디캡 진입 단계이고 코스에 대한 전략이 부족하여 무조건 멀리 보내기 위한 위주의 게임을 하는 경우가 많아서 OB나 해저드에 들어가 한두 홀에서 더블 보기를 하는 경우가 많다.(대졸)

- **스코어 79타** : 가끔 한두 홀 정도 드라이버를 잡지 않고 우드 3번이나 5번으로 티 샷을 하는 경우가 많고 가끔 벙커 샷을 하는 경우 파세이브를 하고 그린에 올리지 못하더라도 한두 홀 어프로치 샷으로 파세이브를 한다. 마인드 컨트롤 진입 단계(석사)이다.

- **스코어 72타** : 3~4홀 정도 드라이버를 잡지 않고 우드 티 샷을 하며 파 5홀의 경우 1~2번 정도 2번째 샷을 우드 3번이나 5번보다 아이언 5~6번으로 샷을 함으로써 거리보다 낙하지점이 평면이고 그린을 공격하기 좋아하는 거리로 보내는 경우가 많다.(박사)

- **스코어 69타** : 매 샷을 할 때마다 공이 놓인 라이의 좋고 나쁨, 바람의 방향과 풍속, 낙하지점의 경사를 고려하여 마지막 아이언 샷이 자기가 좋아하는 거리에 갖다 놓기를 선호하는 골프를 한다. 동반자의 경기를 항상 배려하기 때문에 자신도 동반자의 배려를 받을 때 아마추어가 기록할 수 있는 최고의 타수이다. 동반자의 라운드 태도가 크게 영향을 미치므로 달성하기 어려운 타수이다.(골프 신선)

나는 2000년 9월 3일 한국의 비전 힐Vision Hill에서 처음으로 이븐 파 Even Par 스코어를 기록하였다. 72타 이븐 파를 달성하기 전, 최소 30번 이상 73타, 74타를 친 것으로 생각된다. 언더 파Under Par는 2003년 7월 24일 경기도 안성시 소재 파인크리크 골프장에서 71타를 거치지 않고 바로 70타를 기록하였다. 밸리 코스 파 5홀에서 왼쪽 계곡 240미터를 넘겨 100미터를 남기고 두 번째 샷을 홀에 붙여서 이글을 기록한 것이 큰 힘이 되었다.

대망의 69타는 5년이 지난 2008년 9월 13일 삼척 파인벨리에서 기록하였다. 이때도 파인벨리 2번 파 6홀에서 드라이브 샷을 한 후, 3번 우드를 2번 쳐 쓰리 온 1퍼터로 이글을 함으로써 기록달성이 가능하였다.

68타는 그 이후 3번 생애 최저타 67타는 2018년 8월 구마모토 아소 야마나이에서 이글 1개, 버디 3개 하면서 집사람과 기쁨을 같이하였다.

아마가 60대 스코어에 진입하는 것은 100m 육상경기에 비유하면 9초대를 기록하는 것만큼 어렵다. 수많은 시간의 연습량과 집중력과 마인드콘트롤과 동반자의 배려가 필요하다.

나는 연습장에서 드라이버 연습과 3번 우드의 연습을 거의 동수로 한다. 3번 우드는 다음 샷의 좋은 위치를 점하기 위해서도 중요하고 드라이브 샷이 짧게 갔을 때 파를 잡기 위해 또는 거리를 만회하기에 꼭 필요하기 때문이다.

그리고 어려운 홀에서 150야드를 남기는 것이 피온을 쉽게 할 수 있는 경우가 드라이브보다 3번 우드를 잡는 것이 그 거리에 갔다 놓을 수 있는 경우가 많기 때문이다.

3번 우드의 비밀은 또 있다. 페이스 각이 15라서 높이 오르기 때문에 Side Spin의 영향으로 옆으로 벗어날 확률이 적고 지구의 중력의 영향이 상대적으로 적기 때문에 드라이브보다 유용한 병기가 될 수 있다.

다음으로 30야드 이내의 어프로치 샷은 연습장에서 연습시간의 최소 1/3 이상을 샌드웨지로 연습한다. 나의 경우는 그린 근처 30야드 이내의 샷은 홀에 붙인다. 파 세이브Par Save를 하기 위해서는 어프로치 샷이 결정적이다. 위의 이 두 가지 샷은 연습량이 프로보다 적은 아마추어가 좋은 스코어를 내기 위해서 꼭 필요한 요소라고 생각한다.

나는 인도어 연습장에서 사용하는 조그만 인조 잔디매트를 거실에 깔아놓고 거실에 나올 때마다 수시로 연습을 한다. 아마도 하루에 1~20번의 연습스윙을 하곤 한다. 물론 매트 앞에는 전신을 볼 수 있는 긴 거울이 있다. 이에 소요되는 연습시간은 5~10분밖에 안되지만 골프를 치지 않는 날도 그 감각을 유지하기 위해서이다.

그리고 운전을 할 때 악셀레이트를 밟을 때 꼭 엄지쪽 발바닥을 안쪽으로 한다. 누군가 나에게 대화할 때 눈을 마주보아야 할 때 되도록 고개만 돌리지 않고 온 몸을 천천히 상대방을 향하여 돌리는 연습을 한다.

퍼팅을 할 때도 반드시 발걸음으로 몇 걸음인지 습관적으로 세어보고 또한 걸어기면서 오르막인지 내리막인지 느끼려고 애쓴다. 이것을 습관화하면 그 높낮이에 대한 느낌이 분명히 온다. 이런 연습은 나의 경험으로 볼 때, 효과가 있으니 독자 여러분들도 꼭 해보기 바란다. 그리고 발걸음 수와 퍼팅의 강약에 대한 비례관계에 대한 느낌이 오랫동안 연습하면 분명히 오니까 한 번 따라 하기를 강추한다. 나는 그린 위에서 앞, 뒤, 옆에서의 방향과 높낮이에 대한 체크를 게을리했을 때는 쓰리 퍼팅하는 실수를 한다는 것을 체험적으로 느끼고 있다.

한 마디로 그린 위에서는 부지런해야 한다. 라운드에 지장을 주지 않는 범위 내에서 본인의 방향, 거리, 속도에 대한 느낌을 갖도록 노력해야 하는 것은 물론 남이 퍼팅하는 거리의 방향과 속도를 눈 여겨 보아야 한다.

캐디가 아무리 방향을 정확하게 놓더라도 거리와 속도는 본인의 책임이다. 나는 골프 코스에서 캐디가 공의 방향을 놓는 것에 의존하지 않는다. 아주 유능한 캐디가 아닌 이상 혼자서 네 사람 공의 퍼팅 방향을 정확히 놓는 것은 우리나라 7~8분 간격의 경기 진행상 불가능하다. 나의 경험으로는 캐디가 놓아주는 방향의 50%는 틀린다고 생각하고 있다.(물론 골프장에 능력 있는 캐디는 가끔 있지만) 캐디가 공의 방향을 잘못 놓아 쓰리퍼팅을 했다고 화를 내면 다음 홀, 또 그 다음 홀까지 영향을 미치는 것을 독자들도 자주 경험하였을 것이다. 캐디가 놓아주는 방향보다 공의 속도가 더 중요하다는 생각을 갖게 되면 퍼팅 타수는 줄어든다.

다음으로 퍼팅에 중요한 개념 중 한 가지는 퍼팅은 타격을 가하는 것이 아니고 굴리는 개념으로 접근하여야 한다. 때리거나 타격을 하는 것은 공의 움직임이 굴러가서 가는 것이 아니라 튀어서 나가기 때문에 속도와 방향 조절이 힘들어진다. 그린 끝에서 끝까지의 롱퍼팅은 때로는 굴리는 것보다도 때리는 것이 좋을 때도 있지만 대부분의 경우 살살 달래면서 굴려야 한다고 생각한다.

퍼팅시 공의 위치를 왼쪽 눈에 위치하라는 이유는 공을 굴리기 위한 목적이 숨어 있다. 체중의 중심점은 퍼터페이스 근처에 있기 때문에 물리운동의 법칙상 퍼터페이스가 공을 상향각도로 접촉해야지 하향각도로 접근하면 방향과 거리에 나쁜 영향을 미친다. 퍼터페이스의 설계각도에 따라하는 것이 정도다. 하향각도로 치면 Hitting이 되고 상향각도로 치면 스윙이 된다.

나는 티박스 어드레스 위치에서 연습스윙을 하지 않는다.(2019년 부터는 치기차례가 왔을 때 40초 이내에 샷을 마쳐야 한다.) 연습스윙을 하므로서 동반자에게 지루함을 주지 않기 위한 이유도 있지만 그보다 더 큰 다른 이유가 있다.

연습스윙은 긴장이 없고 리듬이 있다. 그 좋은 스윙을 미리 해 버리고 실제스윙에 재현해 내지 못하면 의미가 없기 때문이다. 보통 골프들은 연습스윙을 잘해 놓고 실제 스윙시에는 스윙의 체크리스트를 생각하기 시작한다. 체크 리스트를 생각하면 어드레스 시간이 길어지고 무엇보다도 샷을 실패할 확률이 더욱 높아진다. 다시 말하면 연습스윙은 몸으로 하고 실제스윙은 생각으로 한다. 이것을 반대로 하는 것이 바로 골프의 묘미다. 몸으로 스윙하는 것을 배우는 좋은 방법 중 하나가 열개 정도의 공을 나란히 놓고 1초 간격으로 연속적으로 치면 몸의 리듬으로 치는 것에 익숙하게 된다.(1초 간격으로 치면 스윙의 기술적 요인을 생각할 시간이 없다.)

71세 에이지 슈트 3

골퍼라면 인생에서 성취하고 싶은 꿈이 6가지가 있다. 그 첫 번째가 홀인원Ace이고 두 번째가 파 플레이Par Play(72타), 세 번째가 에이지 슈트이고 네 번째가 파 3, 파 4, 파 5로 이어지는 홀에서 연속으로 버디를 하는 속칭 사이클 버디Cycle Birdie이다. 다섯 번째가 알바트로스라고 생각한다. 여섯번 째가 90대까지 골프를 치는 것이다.

나는 네 번째 꿈까지 이루었으니 아마추어가 성취하고 싶은 꿈은 거의 다 이루었다고 본다. 알바트로스도 여러 번의 기회가 있었다. 비전 힐 파 5홀에서 깃대를 맞고 타고 내려와서 10cm 홀 옆에 떨어진 경우가 있고, 규슈의 이소야 미나미 430m 내리막 파 5홀에서는 20번 가량 On in Two(속칭 투온)하여 홀 근처에 근접한 경우도 있었지만 홀 컵에 빨려들지는 못했다. 그래서 나는 아소 야마나미 골프 코스는 1년에 열흘 정도는 꼭 가보는 골프장이다. 언젠가는 이루어질 꿈이라고 믿고 최선을 다할 뿐이다.

홀인원은 91년 이후 벨지움에서 3번, 한국에서 6번 총 9번을 하였으므로 홀인원 한 번 할 확률이 12,000분의 1로 계산하면 9번을 할 확률은 10의 68승(불가사의)보다 많을 것으로 생각된다. 파 3홀에서 10~20cm 거리의 버디는 아마도 수 십회 기록하였으므로 홀인원이 나에게는 행운과 운이 아닌 통계적 확률의 결과라고 생각한다.

▲ 페블 비치 18번 홀

JP는 "홀인원 3번 하면 이 세상 사람 아니다"라고 하였으므로 나는 3번이나 환생한 사람이 되었다.

아마추어에게 정말 의미있는 기록은 속칭 사이클 버디라고 생각한다. 아마 중에는 행운이 많이 작용하는 알바트로스(확률 2백만 분의 1)까지 기록하면서 사이클 버디는 못해 본 사람이 많다. 사이클 버디는 운보다 실력이 98%이기 때문이다. 드라이브, 아이언샷, 퍼팅 3박자가 다 맞으면서 3개 홀(파5, 파4, 파3 순서에 관계없이)을 잘 쳐야 되기 때문이다. 나는 파인크리크 크리크코스 #2 #3 #4 그리고 렉스필드 레이크코스 #1 #2 #3 그리고 화성 상록 남코스 #6 #7 #8과 미국 캘리포니아주 인디언보호구역에 만들어진 카지노 부대시설에 만들어진 환상적인 골프장 Journey at Pechanga 골프장 #7 #8 #9(2019. 2. 7.)에서 기록하였다. 앞의 세 골프장을 갈 때마다 캐디들에게 물어 보았지만 아직도 이 3홀에서는 프로를 포함해서 속칭 사이클 버디를 기록한 일이

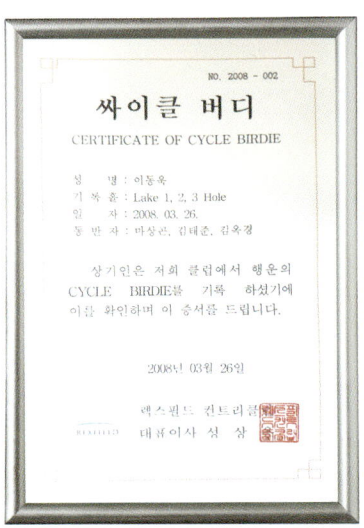

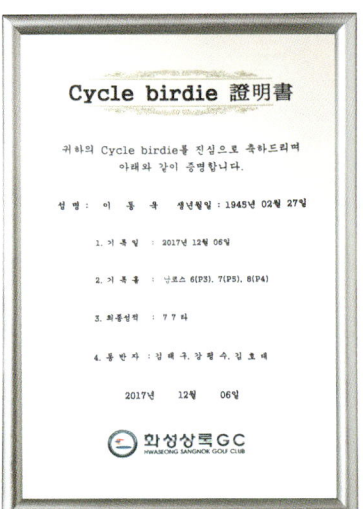

없다는 것을 듣고 자랑스럽게 생각하고 있다.

　최초의 에이지 슈트는 2015년 1월 6일 말레이시아 동부해안 과거 영국군 휴양지 난줏트Nanjut 골프장에서 처음으로 한 이후 기하급수적으로 증가하여 현재 190회(이븐파 이하 140회)를 달성하고 있다. 에이지 슈트에 관심을 본격적으로 갖게 된 것은 우연히 들린 이소야 미나미 골프장에 87세에 1,051회의 에이지 슈트를 달성한 일본인 이치카와 킨지로님의 골프 자서전을 보게 된 이후라고 생각한다.

　그 분의 기록집을 보니 72세 1회, 73세 2회, 74세 5회를 기록하였는데 나의 경우 71세에 처음으로 기록하였으므로 건강과 체력을 유지하면 이 분의 기록을 능가할 수 있다는 생각을 하고서 부터이다. 그래서 공직과 기업에서 은퇴 이후 새로운 목표를 세우고 남은 인생을 골프로 채워보자는 욕심이 생겼다. 이 목표가 달성되기 위해서는 건강과 체력, 경제력, 정신력, 친화력(한 달에 10회 이상 골프 라운드 동반자가 있어야 함)이 있어야 되기 때문이다. 골프는 여생을 행복하고 건강하게 보낼 수 있는 인생의 동반자라고 생각한다. 나에게는 50대, 60대, 70대 골프동반자도 있지만 가장 고맙고 은혜로운 것은 한 달에 8회 이상 같이 라운드 할 수 있는 집사람이 나에 대한 배려와 건강이 있기 때문이다.

　일본인 이치카와 킨지로님은 72세에 첫 에이지 슈트를 기록하고 74세까지 7회를 달성하였지만 나는 72세에 25회, 74세에 100회를 달성하였으므로 현재의 체력과 건강을 유지한다면 80세에는 그의 기록 1,051회

▲ 에이지 슈트 기념물

를 능가할 수 있다는 목표를 갖고 있다. 또한 그 분은 평생 이븐파 이하는 15회에 불과하지만 나는 이미 140회를 기록하고 있으므로 그 분의 기록 돌파는 어렵지 않을 것으로 생각하고 있고 74세에 이븐파 이하를 100회 이상 기록하는 것은 확인하고 증명할 길은 없지만 아마도 세계기록이 될 수도 있다는 것을 확신하고 있다.

나의 기록에 가장 큰 공헌을 하는 것은 롱홀에서의 이글 기회다. 430미터 전후의 롱홀에서 나는 투혼시키는 드라이브샷, 3번 우드샷의 좋은 이미지가 100회 이상 저장되어 있다. 동반자의 도움으로 그 이미지를 떠올리는 경우 성공할 확률이 높아진다.

이 책을 쓰는 과정에서 알게 된 것이지만 근육섬유의 수와 분포는 유전적으로 결정되고 연령에 따라 변화한다는 점이다. 나는 부모님으로부터 근육기능을 수행하는 근력, 근파워, 근지구력의 좋은 유전자를 받았고 라운드를 많이 할 수 있는 환경을 가진 덕에 그 기능을 발전시켰다는 점이다.

참고로 근력은 토크(회전능력)를 생성시키는 능력을 말하고 근파워는 토크를 생성하는 속도를 뜻하고 근지구력은 근육의 파워에 대한 저항성(피로회복 속도)을 뜻하는데 골프스윙과 밀접한 연관성을 갖고 있다. 일반적으로 체중의 30kg(체중의 40% 전후) 전후가 뼈와 근육으로 구성되어 있는데 나의 경우 표준보다 매우 높은 42kg(체중의 60%)이다. 그래서 골프채의 가격과 성능보다 내 몸의 골격과 근력이 더 중요한 비중을 갖는다는 생각을 갖고 있다.

제 2 부 나의 골프스윙 이론 (싱글이 되는 길)

▲ 페블 비치 18번홀

1. 템포와 리듬의 정의
2. 스윙 궤적의 최적화
3. 음악·골프·리듬·템포
4. 백스윙의 시작 동작
5. 꼭 지켜야 할 골퍼매너
6. self 1 과 self 2
7. 골프 스윙의 물리학적 설명
8. 골프의 템포와 리듬에 대한 종합해설
9. 〈Swing like a pro〉에 대한 나의 해설
10. 체중 부분하중 이동의 기준
11. SAT와 Imaginative Mind

1 템포와 리듬의 정의

골프에서 템포와 리듬은 매우 자주 쓰는 용어임에도 불구하고 교습가나 프로에 따라 그 쓰임새도 다르고 정의를 달리하는 것을 자주 본다. 원래 템포와 리듬은 음악분야에서 먼저 사용되어진 것을 골프에서 그 개념의 정확한 정의 없이 빌려와서 사용하였기 때문이라고 생각한다. 나의 딸 이슬기 박사의 도움으로 골프에서의 템포와 리듬을 아래와 같이 정의하고자 한다.

템포Tempo는 정해진 시간을 기준으로 형성되는 것으로 속도가 중요하다. 계산해서 세는 것으로 머리(뇌)가 작동하는 것이다. 1분에 몇 걸음을 가느냐, 1시간에 몇 km를 가느냐와 같이 정해진 시간을 기준으로 전체거리를 지나가는 속도 또는 특정 지점을 지나가는 최대 속도가 주된 관심사다. 다르게 표현하면 템포는 헤드, 손, 팔, 몸통이 같이 움직이는 속도의 비율이다. 각 부위가 1초에 지나가는 거리는 다르나 그 비례성은 항상 일정하다는 뜻이다. 이에 반하여 **리듬**은 정해진 거리를 몸이 특정한 규칙에 따라 연속동작으로 만들어 내는 것으로 뇌보다도 몸이 주도적으로 행하든가 리듬을 타는 동작이다. 어깨의 움직임이 30cm이라면 이 30cm를 연속동작으로 통제되고 제어된 속도로 움직이는 것을 말한다. 속도보다도 특정 거리가 주된 관심사다.(골반의 움직이는 거리를 기준으로 리듬을 정의할 수도 있지만 눈에 쉽게 보이고 익힐 수 있는 어깨의 Turn을 기준으로 하였다.)

수학적 표현을 빌리자면 템포는 분자가 거리가 되고 분모가 시간이 되어 분모의 시간 단위당 거리. 다시 말하면 속도가 주된 관심사이고 리듬은 이와 반대로 특정 거리가 분모가 되고 시간이 분자가 되어 주된 관심사가 특정거리다. 분모와 분자는 주와 종의 관계다. 이는 환율계산과 마찬가지다. 분모를 달러로 하고 분자를 원으로 하면 1달러당 원화의 교환비율을 나타내는 것이고 원화를 분모로 하고 달러를 분자로 하면 1원당 달러의 교환비율을 뜻한다. 거리를 기준으로 하느냐 시간을 기준으로 하느냐의 기준 정립이 없으면 용어사용이 혼란스러워진다.

환율이 올라간다는 표현은 사실은 원화가치가 내려가고 환율이 내려가면 원화가치가 올라간다는 뜻이다. 템포는 일정한 구간을 빠르게 갈 수도 있고 느리게 갈 수도 있으나 리듬은 일정거리를 통제되고 제어된 형태로 가면되지 시간의 개념은 중요치 않다. 만일 환율이 장기간 똑같이 1,000:1을 유지하면 리듬과 템포는 항상 일치한다. 그러나 골프스윙에서는 코킹과 레이트 히팅Late Hitting에 의한 가속의 구간이 작용되기 때문에 리듬과 템포는 같을 수가 없다.

모든 학문과 논문이나 주장에서 용어의 정의가 없으면 그 신뢰성이 떨어진다. 특정 용어를 이렇게 해석하기도 하고 다르게 해석하기도 하면 주장하는 바가 모호해지고 반대의 경우도 생길 수 있기 때문이다. 우리나라 많은 골프 서적 중에 용어의 정의를 하지 않고 서술하고 있는 책이 너무 많고 또한 그 책의 내용을 심층 분석해 보면 도무지 주장하는 바가 무엇인지 모호할 때가 특히 많다. 가장 유명한 벤 호건의 스윙자세 회외Supination, 외전Abduction, 내전Adduction도 제대로 된 번역서가 없다. 그 중에서도 가장 많이 사용하는 용어가 템포, 리듬, 타이밍, 체중 등인데 이들의 용어 정의 없이 서술한 책은 저자 자신도 자기가 주장하는 것에 대한 확신이 없든지, 남의 주장의 내용을 개념 없이 단순히 인용하는 것에 불과하다고 보면 된다.

체중의 중심이라는 용어를 사용하기 전에 먼저 pivot는 명사는 "축"이 되고 동사는 "축을 중심으로 회전하다."의 뜻이다. 일반적으로 골프책에서는 왼발, 몸 중앙, 오른발 세 가지 축의 뜻으로 사용되고 있다.

Center of Weight(Gravity)로 사용하면 몸 전체의 중앙점은 아마도 명치 부분을 가리킨다. 중력Gravity의 센터도 이 부분일거라고 짐작한다.

인간은 양발에 체중을 싣고 있는 신체적 특성에 따라 한 발로만 축이 형성되는 것은 불가능하다. 백스윙 톱 근처에서도 왼발에 어느 정도의 부분하중을 느낀다. 다운스윙의 끝에서도 어느 정도의 부분하중은 오른발에 남아 있다.

따라서 골프스윙에서는 부분하중Distributed Load의 변화가 큰 부분이 (이것을 LDW하중이라 명한다.) 어떻게 움직이는가가 규명되어야 한다. 부준하중이 상대적으로 많이 작용한다는 뜻이지 축의 개념으로 사용하면 용어의 부정확한 사용이 된다.

벤 호건이나 데이비드 리드베터의 표현은 체중이 중앙(공 위)에 있다. 체중이 오른발에 있다 등의 표현은 혼란을 가져올 수 있다. 내가 체중이동이라고 할 때는 "부분하중의 변화가 큰 부분의 이동"을 뜻한다. 너무 길기 때문에 체중의 이동이라고 계속 사용하고자 한다.

골프에서 백스윙시 헤드가 공으로부터 형성되는 원의 3/4 정도의 거리를 움직이는데 처음에는 아주 느린 속도로 가다가 콕킹을 시작할 무렵에는 빠른 속도로 움직이고 폴로스윙시에는 코킹(손목)이 풀리면서 팔꿈치가 펴지는 순간 아주 빠른 속도로 움직이게 된다. 골프에서의 템포는 임팩트의 최대 속도와 스윙 시점에서 임팩트까지의 평균속도가 일정하다면 템포가 일정하다는 뜻이고 골퍼마다 평균속도와 최대속도는 스윙폼에 따라 또는 근육의 힘이 다르므로 그 템포도 다르다고 할 수 있다.

리듬은 스윙시 리듬을 타는 동작이므로 몸통의 움직임이 어깨의 회전 반경(30cm)을 통제하고 제어된 형태로 움직일 때 빠르게 움직일수도 있고 느리게 움직일수도 있다. 몸통은 중심이기 때문에 팔과 샤프트로 이어진 회전 반경의 맨 끝인 헤드의 속도를 제어할 수 있다. 몸통 중심의 움직임이 통제되고 제어되지 않으면 그 방향성과 속도는 들쑥날쑥하게 된다. 리듬은 근육의 힘보다 제어되고 통제된 연속 동작이 더 중요한 개념이다.

템포와 리듬은 거리(길이)와 시간(속도)이라는 공통요소를 가지고 있지만 핵심가치가 다르다. 템포는 빠른 속도에 주안점을 두고 있고, 리듬은 통제되고 제어된 동작에 주안점을 두고 있다. 분모와 분자는 주와 종의 관계를 갖고 있으므로 템포와 리듬을 구분치 않고 사용하면 주종의 관계를 흔들어 놓아 골프의 기본이 무너지는 것이다.

골프는 스윙이라고 하고 스윙은 템포와 리듬이라고 말하기도 한다. 스윙의 사전적 정의는 전후, 좌우 율동적으로 흔들기와 주먹, 배트 등을 휘두르기의 두 가지다. 전자는 리듬을 말하고 후자는 템포를 말하고 있다. 전후, 좌우 율동적으로 흔든다는 뜻은 통제되고 제어된 동작이다. 주먹, 배트 등을 휘두르기는 가속 또는 빠른 속도에 주안점을 두는 템포와 그 뜻이 통한다.

골프에서 템포와 리듬은 우리 삶의 가치에 대한 개념이 녹아 있다. 세상만사가 기준과 가치를 어디에 두느냐에 따라 삶의 방법과 인생관이 달라진다. 서울까지 천리길을 가는데 도보, 말, 기차, 비행기 등 어느 교통수단을 택하든 서울까지 도착하는데 그 목표와 가치를 두는 사람도 있고 서울까지 가기는 가되 더 빨리가는 방법에 그 목표와 가치를 두는 사람도 있다. 이왕 도착할 것이라면 모든 사람이 도보로 서울까지 천천히 도착하는 것이 좋다. 사람에 따라 속도의 차이는 나타나기 마련이므로 되도록 다양한 수단을 이용해서 빨리 가는 것을 우선하다 보면 전체가 도보로 천천히 가는 것보다 먼저 도착한다고 주장한다.

전자는 사회주의, 공산주의 이념이고 후자는 자본주의 이념이다. 전자는 진보의 경제정책 목표이고, 후자는 보수의 경제정책 목표이다. 이와 같이 추구하는 가치와 이념에 따라 세상만사가 복잡하게 돌아가고 있다. 한쪽 이념과 가치를 추구한 경우, 역사발전에 뒤떨어진다는 명백한 현상과 사실을 왜 모든 사람은 자각하지 못하고 자기의 이념, 목표, 가치를 위해 투쟁과 전쟁을 마다하지 않는 것이 인간의 속성인가보다.

우리나라의 좌우 대립이 다른 나라보다 극단적으로 나타나는 것은 단순히 6·25사변의 결과라고 보기에는 그 뿌리가 깊다고 생각되어진다. 연세대 김용섭 명예교수가 쓴 〈농업 사회로 본 한국통사〉에 따르면 단군조선 초기에는 맥족중심의 초기국가 형태에서 공동생산, 공동분배를 원칙으로 하는 국가로 형성되었고 단군조선 후기에는 예족중심의 대량생산(대규모 영농방식)체제를 유지하였다고 한다. 이는 바로 요즈음의 공산주의와 자본주의 초기 이념대립으로 볼 수 있고 100년 전 서양학문이 도입될 때 고려대는 일본(독일)의 영향을 받아 경제학과가 정경대학에 속하고 연세대는 선교사들의 자유무역주의의 영향을 받아 상경대학에 소속되고 있다. 전자는 보호무역주의, 사회주의적 경제이념이 우선하고 후자는 자유무역주의, 시장자본주의의 이념이 우선하고 있다는 것을 알 수 있다.

이것에 대해 음악과 골프가 그 해답을 주고 있다. 골프에서는 템포와 리듬을 선택적으로 택할 수 없다. 테니스라는 운동은 모든 조건이 동일하다면 빠른 스피드가 승패를 좌우한다. 그래서 한 번 우승한 사람은 몇 년에 걸쳐 연속적으로 우승하는 경우가 많다. 그러나 골프에서는 테니스처럼 한 해에 다승을 하고 연속 우승이 힘들다는 것은 통계가 그것을 증명해 주고 있다. 골프는 템포와 리듬의 두 가지를 조화시켜 지면에 정지하고 있는 공을 움직여야 하는 운동이기 때문이다.

LPGA의 박인비 선수와 KLPGA 김민선 선수를 비교해 보자.

박 선수가 하나, 둘, 셋까지 세면서 백스윙의 탑에 여유있게 도달하고, 김 선수는 하나, 둘을 세면서 탑에 빠르게 도달한다. 박 선수가 지면에서 톱스윙까지의 헤드가 움직이는 거리가 3m이고 소요되는 시간이 3초라면 템포는 1초에 1m 가는 평균속도이고 김 선수가 키가 조금 크기 때문에 헤드가 움직이는 거리가 3.2m이고 2초가 소요되었다면 템포의 평균속도는 1.6m이다. 김 선수가 템포의 평균속도에서 무려 60%만큼 더 멀리가야 하는데 비거리가 그만큼의 차이가 나지 않는다. 김해 가야 골프장 휴젤 JTBC 대회에서 박 선수는 259야드, 김 선수는 262야드의 비거리를 내었다.

이는 다음과 같은 여러 가지 이유 때문이라고 생각한다.

박 선수의 어깨턴을 보면 30cm를 김 선수보다 통제되고 제어된 형태로 일정한 리듬으로 움직인다. 중심의 움직임이 힘의 낭비가 없이 헤드 끝에 전달되기 때문에 헤드의 속도가 빠른 것이 주된 원인이라고 생각한다. 헤드의 속도가 빨라지는 것은 이뿐만 아니라 양손과 샤프가 이루는 예각 銳角(0°보다는 크고 90°보다는 작은 각), 이 예각의 지속정도, 손목과 팔꿈치를 임팩트Impact 순간에 활용하는 정도, 어깨 턴의 크기 차이 등으로 두 선수의 성향에 따라 속도의 가감이 이루어진다고 본다. 그러나 나의 결론은 박 선수는 템포의 차이를 리듬의 정확성으로 커버하고 있다고 본다.

여기에서 나의 머리를 더욱 복잡하게 만드는 것은 음악, 마음, 호흡, 근육의 상관관계가 골프에도 분명히 적용되지만 이 부분은 제외하고 이론을 구성하고 있기 때문에 앞으로 가야 할 길이 먼, 풀지 못할 영원한 숙제가 골프라고 생각한다. 그 대표적인 예가 바로 타이거 우즈의 전성기·침체기·회복기가 아니겠는가.

골프 라운드에는 인간의 자유의지 또는 생각, 마음 이외의 그 무엇이 작용한다고 나는 믿고 있다. 나의 친형은 그것을 호흡방법으로 설명하려고 하지만 인간의 몸에 우주 창조원리가 숨어있는데 호흡만으로는 불가능하다고 생각한다.

예를 들면 요즈음은 AI Artificial Intelligence, 人工知能 기능이 발달되어 인간이 생각하고 말하기 전에 뇌에 특수 화학물질이 분비되어 어떤 생각을 하고 행동을 하게 될 것을 AI이 먼저 인지한다고 한다. 사람의 자유의지가 아니라 자유의지 이전에 화학물질의 분비과정에 대한 새로운 연구가 필요하게 된 점이다. 골프에도 자유의지, 뇌, 생각, 호흡 이전에도 무언가가 작용하는 과정이나 흐름이 존재한다고 믿어야 하지 않을까.

또 다른 예가 기생 생물학이다. 쥐가 먹이를 찾다가 고양이 배설물에 접촉되면 T콘디에 감염된다. 기생충세균 T콘디에 감염된 쥐는 고양이 냄새에 끌려 도망가지 않고 있다가 고양이에게 잡혀먹이게 된다. 이 T콘디는 고양이 배설이 숙주가 되어 번식을 하다가 고양이 똥으로 다시 나와 생의 순환과정을 되풀이 한다고 한다. 우리 몸에도 우리의 뇌가 작용하기 전에 그 뇌를 자극시키는 수많은 기생 생물의 세균세포가 우리 몸의 세포보다 더 많다고 한다. 골프라운드 중에 일어나는 그 많은 어이없는 실수, 부정확한 샷 등은 기생생물의 영향일 수도 있다는 생각을 지울

수가 없다.

보통 아마추어의 문제점은 처음부터 헤드가 빠르게 내려오면 거리가 많이 나는 것으로 착각하고 있다. 거리는 몸통의 리듬에 따라 천천히 내려와서 샤프트가 땅과 수평이 되는 지점에서 가속될수록 멀리 나간다. (Late Hitting) 골반, 히프, 허리의 움직임과 겨드랑이에 붙인 팔의 움직임이 비례적으로 움직여주지 않으면(리듬이 같지 않으면) 몸의 움직임과 팔의 움직임이 엇박자가 생겨서 의도한 샷이 나오지 않는다.

아마추어는 프로의 몸통 움직임(리듬)의 속도를 흉내내면 안된다. 나중에 체중 중심점의 이동에 대해서 후술하겠지만 몸통을 빨리 돌리고 손과 팔도 비례적으로 빨리 움직이면 거리가 엄청나게 넘어난다. 프로는 0.9초에 백스윙을 완성할만큼 몸통의 움직임이 빠르다. 그러나 연습량과 정확성이 부족한 아마가 이것을 따라하면 몸의 중심점이 흐트러져서 형편없는 샷이 나온다. 따라서 아마는 천천히 백스윙을 하면(몸통을 천천히 돌리면) 최적 궤적의 체중 이동이 쉬워진다.

챔피언십티와 레귤러티는 30~40m의 차이가 난다. 따라서 핸디캡 거리가 주어져 있으므로 엄청난 연습량을 소화할 각오 없이는(체중 이동을 일정 궤적에 유지하면서 몸통을 빨리 돌리는 것) 무모한 도전이 된다. 평범한 아마의 드라이브 거리가 240m 전후가 나오는 경우 90%가 70대 초반을 치는 경우는 나의 경험으로는 희소하다. 특히 외국인과 라운딩을 해보면 그들 대부분은 80대 후반이다. 몸통의 회전이 빠른만큼 벗어나는 샷을 하기 때문이다.

골프는 드라이브 거리의 경쟁이 아니다. 아마는 규정 타수에 On Green에 집중하여야 한다. 소위 타당 단가를 낮추기 위해 챔피언티에 가깝게 가는 것보다 레이디티에 가깝게 가는 것이 정도다. 6번 아이언으로 150야드 전후보내면 화이트티(6,300야드 이하)에서 치는 것이 원칙이다. 이 원칙은 우리의 인생에도 적용된다. 운동에서의 과욕습관은 사업과 생활에도 연장되기가 쉽다고 생각한다. 골프에도 토끼와 거북이가 있다.

대부분의 교습가는 몸통돌리기를 자기 기준(자기의 연습량)에 맞추어 하는 것이 당연하다. 나의 오랜 친구는 몸통돌리기가 너무 느려서 슬로우모션의 한 장면 같다. 스윙의 크기도 보통 우리들보다 50%에 불과하다. 그러나 거리는 짧아도 100% 페어웨이에 안착하기 때문에 70대 스코어를 자주 기록한다.

몸통돌리기는 초기에 천천히 돌리다가 자신이 생기면 조금씩 속도를 높일 수 있다. 그러나 처음부터 빠르게 돌리기에 익숙해지면 그 이후 천천히 하는 것은 매우 매우 어렵다. 몸통 돌리기를 천천히 하면 현재의 상태보다 현저히 개선되겠지만 모든 것이 해결되는 것은 아니다. 후술하는 체중의 부분하중의 이동은 일정 궤적에 따라 움직여 주어야 하고 스윙을 형상화하는 능력이 증대되어야 한다.

프로와 아마가 또는 고수와 하수가 똑같은 스윙의 크기를 만들었는데 거리 차이가 나는 것은 아래와 같다.

첫째, 프로는 몸통과 팔의 이동을 비례적, 동시적으로 수행하여 임팩트시 원심력과 구심력이 동일 직선상에 있도록 함으로서(체중의 부분하중이 한 곳에 많이 모이게 함으로서) 힘의 분산이 적어 헤드의 스윙 궤적이 최적화 되었기 때문이다.

둘째, 고물줄을 한 개 감을 때와 3개 감을 때의 풀리는 속도가 다르듯이 근육의 꼬임이 더 많이져서(근육실타래가 더 많아서) 풀이질 때 파워가 강해지기 때문이다. 이것을 물리학에서 "물체에 작용하여 물체를 회전시키는 원인이 되는 물리량"을 Torque(자동차에서 많이 사용)라 하고 일반적으로 사용하는 힘(마력)인 Force와 구분된다.

근육의 꼬임을 가장 많이 만드는 곳이 하체이고 그중에도 다리와 허벅지부분이다. 하체에 근육실타래 하나 더 만드는 것이 고가의 골프채 구입보다 가성비가 몇 배 더 높다.

셋째, 손목의 예각(코킹)을 다운스윙 때 오래 유지하여 샤프가 목표방향에 평행되도록 헤드가 손보다 가능한 직선거리로 멀리둠으로서 헤드의 가속도가 높아지기 때문이다.(소위 Late Hitting)

넷째, 몸통의 돌림(이것도 Torque의 일종)이 제어 가능한 형태로 조금 빨라지면 그만큼 거리 증대로 나타난다. 아마와 프로의 차이는 등근육의 꼬임이 다르다. 아마는 등근육이 거의 없든가, 꼬임이 적고 프로는 많다. 특히 타이거우즈의 등근육은 굉장하다.

다섯째, 호흡이 어느 한 순간도 정지되지 않아서 근육의 어느 특정한 부분이 경직되지 않았기 때문이다.(이동철 호흡법)

다시 강조하면 근육 실타래 수가 다른데 프로의 리듬 동작을 따라하면 팔과 몸통이 엇박자가 된다.

아마추어는 백스윙시 골반의 움직임 없이 팔의 움직임만 있든가 폴로스윙시에도 골반(허리)은 움직이지 않고 팔만 내려오든가 또는 팔이 내려오는 속도보다 골반의 움직임을 더 빨리할 때 샷을 실수하게 된다. 일반적으로 아마추어는 연습량이 부족하기 때문에 상체의 움직임이 빠른 리듬보다 천천히 움직이는 리듬을 평소에 익힐 필요가 있다. 그리고 느린 리듬이 거리를 내지 못한다는 개념을 버려야 한다. 느린 리듬은 계속적으로 중심을 지킬 확률이 높으므로 스윙 궤적의 정확도가 높아져서 가속도를 높일 수 있는 장점이 있기 때문이다.

퍼팅도 팔, 팔꿈치, 어깨의 움직임을 제어하는 것은 몸의 중심부(배꼽, 명치, 척추)라는 개념을 가지면 큰 도움이 될 것이다. 골반을 직접적으로 움직이는 외부 근육이 없으므로 허리 주변 근육이 이를 움직이게 한다는 것을 부언한다.

템포와 리듬이 일정하기 위해서는 기준이 되는 분모의 가치를 항상 일정하게 유지해야 한다. 하나와 둘을 셀 때 항상 일정한 속도를 유지해야지 어떤 때는 빠르게, 어떤 때는 느리게 하면 기준이 흔들리기 때문에 전체가 무너진다고 생각한다. 하나, 둘을 셀 때 호흡을 급하게 하면 세는 속도도 빨라진다는 것을 유념하여야 한다.

어드레스 하였을 때 자기만의 호흡 속도, 다시 말하면 자기만의 기준을 갖지 않으면 백약이 무효라고 생각한다. 본인의 경험으로 호흡을 하고 있음에도 불구하고 그 호흡을 느끼지 못할 정도의 고요함이 정답이 아닐까 한다. 하나, 둘, 셋 세는 속도를 평소에 일정하게 되도록 연습해 놓으면 자기만의 템포와 리듬을 구축하는데 큰 도움이 될 것이다.

스윙이 빠른 사람을 자세히 관찰하면 대부분 빠르게 숨 쉬고 있음을 알 수 있다. 화가 나면 호흡이 가빠지듯이 골프 어드레스 전, 화가 났다든지, 심리적 불안정이 있으면 호흡과 스윙이 빨라지기 마련이다. 바로 이런 이유로 상대편이 어드레스를 하면 심리적 불안정이 일어나지 않도록 동작을 멈추고 조용히 하는 배려가 필요한 것이다. 골프는 뇌과학 또는 뇌심리학적 용어를 사용하면 근육신경회로에 기억된 명령을 수행하는 근육운동이므로 고도의 집중력을 발휘해야 그 기억을 되살릴 수 있는데 경기동반자가 어드레스 했을 때는 무의식적으로 그 기억을 되살리는 과정을 수행하고 있는데 잡음과 동작으로 그것을 방해한다면 신사의 도리가 아니기 때문이다. 나는 어드레스 시 소음과 동작을 하는 사람은 되도록 동반 라운드를 피하려고 한다. 상대편이 어드레스 했을 때 동작과 소음을 내는 사람 치고 어느 정도 상당한 수준의 골프실력에 도달하는 것을 본적이 없다. 남에 대한 배려가 없는 사람은 남의 배려를 받을 자격이 없기 때문이다.

골프실력이 90~100정도(그 이하도 마찬가지이지만) 치는 사람과 라운드하면 놀라운 사실을 하나 발견한다. 특히 퍼팅할 때 공이 제자리를 떠난 순간 본능적으로 가는 거리가 짧다. 길다를 귀신같이 판단하는 것을 종종 보았을 것이다. 이는 모든 사람은 어느 정도의 백스윙을 하면 어느 정도의 거리가 내는 것을 본능적으로 알고 있다는 뜻이다. 문제는 어디에서 발생하느냐 하면 본능으로 올라간 만큼 지구 중력에 의해서 목표 방향으로 헤드가 가는데 방해만 하지 않으면 목표에 도달하도록 되어 있는데 그것이 안되는 것은 다음과 같은 이유라고 생각한다.

퍼팅과 아이언, 드라이브 다 정도의 차이는 있지만 척추각이 약간 비스듬하게 된다. 척추각이 비스듬하다는 것은 헤드가 일직선 운동이 아니고 약간 완만한 타원형으로 뒤로 간다는 것을 뜻한다. 그런데 사람들은 그렇게 가는 것이 잘못된 줄 알고 백스윙시 그것을 교정하려고 하기도 하고 폴로스윙할 때도 그만큼 교정해서 타격하려는 생각을 갖게 되는 것이 골프의 불치의 병이라고 생각한다.

특히 헤드의 움직임을 눈으로 확인하는 사람은 더 문제가 된다. 시각, 근육, 뇌의 명령 이 삼자가 백스윙 내내 상호 교차작용을 하게 되면 올바른 타격과 방향이 나올 수 없다. 나는 스윙시 헤드를 최대한 안 보려고 노력하고 설사 보이더라도 그것이 정상적이라는 것을 끊임없이 뇌에 입력시키고 노력하는 결과가 남보다 조금 앞서지 않았나 하고 생각한다.

스윙구간의 직선거리를 최대화 하는 방법 중에 한 가지로 상자도 좋고, 식물도 좋고 클럽헤드가 상자나 식물의 밑을 최소한 3~40cm 통과

해서 지나가는 위치에서 스윙연습을 하면 임팩트 이후 왼손을 쭉 뻗어 주는 효과로 방향성도 좋아지고 가속성도 좋아진다.

아마추어와 프로는 연습방법을 달리해야 한다고 생각한다. 챔피언 티와 래귤러 티의 거리차이는 40~50m가 된다. 총연장 6,300야드 전후의 골프장에서는 드라이브 거리가 200m 정도만 나오면 전부 파온이 가능하다. 230m 이상의 거리를 내려면 방향성의 문제가 생기기 마련이고 OB나 해저드에 2번 빠지면 최소 4타를 잃어버리게 된다. OB와 해저드란 심리적 영향으로 3~4타를 잃게 된다. 싱글 핸디캐퍼 Handicapper가 되기 위해서는 거리에 대한 욕심만 버리면 7~8타는 쉽게 줄일 수 있다고 생각한다. 프로가 될 것이 아니라면 거리를 줄이고 방향성이 중요하다는 것을 뇌에 각인시키면 80대 초반의 실력자는 무조건 확실한 싱글 핸디캐퍼가 될 수 있다고 장담한다.

특히, 드라이브는 가장 긴 클럽이면서 페이스각이 퍼터를 제외하고 가장 낮기 때문에 가장 콘트롤하기 어려운 클럽이면서 또한 가장 가벼운 클럽이다. 가장 가벼운 클럽을 어깨와 손으로 세게 치면 몸통과의 비례적 움직임의 비율이 무너져 거리도 나지 않고 방향성이 엉망이 된다는 것을 명심하기 바란다.(Laird Small의 골프단상 인용)

나는 연습장에서 1/3 이상을 30m 이내 어프로치 샷을 연습한다. 57° 샌드 웨지 샷을 집중적으로 연습한다. 쿼터 스윙(샤프트의 높이가 무릎과 허리사이에서 지면과 평행되도록)을 기준으로 클럽의 길이로 거리를 조정한다. 약 1cm 그립의 차이가 1야드 거리 차이가 난다. 이 연습 방법의 이점은 거리에 따라 스윙의 크기를 조절하는 프로처럼 연습시간이 긴 경우 익힐 수 있는 방법이지만 아마추어의 경우 프로처럼 연습시간을 할애할 수 없기 때문이다.

쿼터 스윙의 경우 보통 20야드 날아가서 6~7야드 구른다. 쿼터 스윙의 3/4 스윙은 15야드 날아서 5~6야드 구른다. 쿼터 스윙의 반은 5야드 날아서 4~5야드 구른다. 그날의 그린의 빠르기에 따라 구르는 거리는 차이가 나므로 현장에 도착해서 그것만 체크하면 된다. 이 샷의 이점은 날아가는 거리에서의 굴곡은 감안할 필요가 없고 떨어지는 지점부터 홀까지의 경사만 고려하면 된다. 심한 내리막인 경우 배 정도 더 구른다고 생각하면 되고 내리막이 급경사인 경우 64° 웨지를 오픈해서 같은 기준으로 샷을 하면 그린 주변에서의 파 확률이 굉장히 높아진다. 나는 Pitching 어프로치에 관한 최고의 수준이라고 자부하고 있고 2~3라운드 중 어프로치 샷으로 평균 한두 번의 버디를 하는 경우가 많다.

이 비밀은 체중 부분하중의 이동에 있다. 어프로치 때 왼발에 체중을 두라는 교습법은 30% 이하로만 맞는 표현이다. 그러니까 틀린 교습법이다. 이 책을 다 읽고 스스로 터득하기를 기대한다. 벤 호건도 실험단계의 비법을 20년간 공개하지 않았다. 나의 몸만 알고 있던 것이 이 책을 쓰는 과정에서 머리로 깨우치게 되었다.

마지막으로 가장 중요한 연습방법은 연습장에서도 실제 코스에 나온 것처럼 연습하는 방법이다.

자주 가는 골프장을 모델로 하여 1번 홀에서 목표를 정하고 몸을 정렬하고 티 샷Tee Shot을 한다. 다음 그린을 향하여 남은 거리에 맞게 클럽을 선택하여 아이언 샷Iron Shot을 한다. 만족하면 2번 홀로 넘어가고 온 그린에 실패하였으면 어프로치 샷Approach Shot을 한다. 이것을 18번 홀까지 되풀이하는 것이다.

이 과정에서 특별한 경우를 제외하고는 자신에게 멀리 건을 주지 않아야 한다. 목표지점에 근접한 경우는 버디, 약간 멀면 파, 어프로치를 한 경우 목표지점 근접 시 파, 멀면 보기 그리고 티 샷이나 아이언 샷이 형편없는 경우 벌점 1점을 가하면 연습장에서도 실제코스에서 나온 것처럼 연습하는 것이 요령이다.

페블 비치 골프 아카데미의 Laird Small 수석 교습가는 프로의 연습 샷 간격은 30초 아마는 10초라는 것을 지적한 바 있다. 아마는 땀내기 연습이고 프로는 이미지스윙 연습의 차이가 20초라고 본다.

나의 경우 18홀 마치는데 최소 20분이 소요된다. 1시간 연습하는 경우 이 연습을 2회하므로 40분이 소요되는 경우도 있다. 이 연습방법은 스윙 메카닉보다 골프에서 더 중요한 집중(이미지 스윙) 또는 마인드 콘트롤을 연습하는 것이 되기 때문이다.

보기 플레이어Bogey Player 전후의 Golfer에게는 스윙 메카닉 연습량을 반 이하로 줄이고 집중(형상화, 감각화, 느낌화)하는 연습을 50% 이상하면 The Single-Digit Handicapper(7~9), The Low handicap Player(3~6), The Scratch Player(0~2)가 될 것임을 확신한다.

토리파인 골프장 ▼　▼ 스윙폼 부전자전

스윙 궤적의 최적화 2

　약 100명의 프로골퍼의 골프 스윙을 사진과 TV로 유심히 관찰한 결과, 다음과 같은 스윙의 궤적이 있다는 것을 찾아내었다. 첫 번째 선은 깃대, 공, 클럽헤드가 만들어내는 직선(A라인), 두 번째 선은 양쪽 엄지발가락 끝부분을 연장해서 만들어 내는 직선(B라인)이다. 이 직선은 일반적으로 척추의 각도와 스윙자세에 따라 앞뒤로 변경될 수 있다. 그러나 대부분의 PGA 프로 골퍼 다수가 엄지발가락 뿌리 부분을 연결한 선에 양손을 위치시키고 있다. 세 번째 선은 스윙의 톱에서 헤드와 양손과 샤프트가 목표방향과 평행 되는 선, 즉 양발 뒤꿈치를 연결하는 선(C라인)이 있다.

　본인에게 가장 편안한(호흡이 가장 편안한 거리일 수도 있다.) 거리 간격을 찾아야 하는 숙제는 본인이 풀어야 한다.

　A라인은 경기자와 상관없이 항상 일정하다. 하지만 B와 C라인은 어드레스Adress 자세(척추와 머리의 각도)에 따라 앞뒤로 변경되어 발의 앞뒤 범위 내에 있다. PGA프로는 어드레스시에는 발가락 앞쪽에 B라인이 있는 경우도 많지만 C라인은 거의 다 발뒷굽치에 있다. 자신만의 가장 편안한 척추각도를 정하면 항상 일정한 BC라인이 형성된다. 이 BC라인 안에서 그립한 양손이 스윙 내내 위치하든가, 샤프트의 양 끝이 스윙 내내 전반부는 AB라인과 후반부는 BC라인을 벗어나지 않으면 골프의 기본은 완성되었다고 나는 생각한다. 어깨의 간격이 보통 사람보다 큰 사람은 BC라인

의 간격이 커진다고 생각한다.(C라인이 발끝 바깥에 있을 수도 있다.)

BC라인의 간격은 척추의 각도가 가장 중요한 영향을 미치지만 팔과 몸통의 밀착 정도(겨드랑이의 밀착 정도)에 비례한다. 브라이슨 디셈보 Bryson Dechambeau(미국, 1993~)의 밀착 정도는 느슨하고 더스틴 존슨 Dustin Johnson(미국, 1984~)의 그것은 반대다. 이 밀착 정도는 개별 개인의 가장 편안한 자세와 연결된다. 키가 큰 사람은 밀착하는 것이 편하고 키가 작은 사람은 느슨하게 하는 것이 편하다고 생각한다. 호흡하는 자세도 분명히 영향을 미친다. 부분하중이 긴거리를 움직이는 것과 짧은 거리를 움직이는 것과의 차이는 정확도와 비례할 수 있다는 것이 나의 생각이다.

BC라인의 중요성은 체중이동(나중에 설명 LDW하중)과 양손의 위치가 항상 이 선 안에 위치하고 있어야 헤드의 궤적이 최적화 되기 때문이다. TV 중계를 보면 폴로스윙의 끝부분은 각자의 취향에 따라 척추각을 어드레스 자세와 동일하게 유지하는 경우와 직립하는 경우가 있는데 전자의 경우 BC라인(LDW하중)을 벗어나지 않고 후자의 경우에도 임팩트 후 상당한 부분까지 BC라인(LDW하중)안에 있게 된다.

물론 약간의 오차범위로 이 ABC라인을 벗어나더라도 페어웨이는 안착이 가능하고 상황에 따라 드로나 페이드 샷이 발생할 수 있다. 업라이트 스윙Upright Swing하는 사람은 B와 C의 간격이 좁고, 플랫 스윙Flat Swing하는 사람은 B와 C의 간격이 넓다. 나는 항상 두 개의 라인봉을 갖고 연습장에 간다. A직선은 헤드가 지나가는 방향이므로 공의 위치보다 약간 앞에 놓고 C직선은 두 발의 뒷축부분을 연결한 선 상에 나란히 놓고 연습한다. 가끔 짧은 B직선을 확인하기 위해 오른 발가락 선 상 위에 놓고 확인하기도 한다. LPGA 프로 수잔 페테르센Suzann Pettersen(노르웨이, 1981~)의 스윙 초기 연습동작을 보면 스윙 초기 양 손이 B라인 위에 있는가를 확인하는 동작이라고 보면 된다. B와 C라인은 나중에 기술할 체중의 중심과 연관되어 있기 때문에 꼭 지켜야 할 선이다.

헤드, 양손과 양팔, 몸통의 이동은 필연적으로 물리법칙에 의해서 체중의 부분하중이 이동한다. 체중의 부분하중 이동경로와 헤드, 양손, 양팔, 몸통의 위치변경이 비례적 일관성이 없으면 이는 필연적으로 스윙 궤적이 잘못되었다는 것을 뜻한다. 지금까지의 모든 골프교습서는 헤드, 양손, 양팔, 몸통 등의 위치변경에 치중하면서 신체중 체중의 상당부분을 차지하는 머리의 고정간을 강조하였지 몸 전체의 체중부분하중의 이동경로에 대해서는 기준점도 없이 겨우 좌우이동만 기술하고 있다.

나는 체중부분하중이 후술하겠지만 좌우뿐만 아니라 전후로도 이동한다는 LDW하중 이론을 제시한다.

ABC라인의 위치준수와 LDW하중의 체중부분하중의 이동은 동전의 양면이다. 전자가 잘되면 후자가 잘된다. 전자는 시각적으로 인지하는 것이지만 후자는 몸으로 느낀다는 큰 차이가 있다.

B와 C라인은 샤프트가 지면과 수평이 되었을 때 체중의 전후 중심선상과 일치할 뿐만 아니라 좌우 중심선상과도 일치하고 코킹이 중요한 역할을 한다.

다음으로 스윙 내내 지켜야 할 것은 팔과 몸통이 만나는 겨드랑이 부분이 스윙 내내 접촉하고 있어야 한다. 디셈보처럼 많이 떨어지는 예외적인 경우도 있지만 이 접촉이 떨어지거나 멀어지면 원래 의도한 궤적을 벗어나기 때문이다. 팔과 몸통이 접촉하고 있으면 양 팔꿈치가 좌우 몸통의 밖으로 나가는 경우가 없다.

소위 닭 날개 스윙 Chicken Swing 하는 사람은 아마추어의 대부분의 그렇지만 틀림없이 겨드랑이와 몸통이 과도하게 멀어지고 있다.

  스윙 교습서를 보면 몇 백가지 방법이 있지만 결국 한 가지로 귀결되는 것은 스윙의 궤적을 최적화하여야 하는데 내가 주장하는 ABC라인의 법칙만 지키면 모든 것이 해결된다고 본다. ABC라인을 지키기 위해서 팔과 손의 작용을 비활성화시키고 몸통의 움직임 동작을 활성화 시키면 골프는 90% 완성된다고 본다.

  골프의 거리는 임팩트 존에서의 가속도에 의해 좌우된다. 보나 밀타작할 때 보면 두 개로 분리된 직선의 예각이 순간적으로 풀리면서 타격을 가한다. 인체의 경우, 손목, 팔꿈치 부분으로 예각을 예리하게 만들어 임팩트 직전까지 그 예각을 풀지 않고 내려와서 척추가 위치한 몸의 중심부 가까이에 양손이 내려왔을 때 마치 팔과 샤프트의 ㄴ자로 공을 때리는 느낌으로 하면 예각이 오래 유지되고 가속도가 붙어서 거리가 늘어난다. 아마추어는 힘 또는 근력운동보다 이 예각을 활용하는 연습방법을 적극 권고한다.(예각을 오래 유지하기 위한 근력은 물론 필요하다.)

  어깨의 Turn은 세부적이고 해부학적인 분석이 필요하다. 왜냐하면 골프스윙은 수직운동과 수평운동을 조화시키는 역할을 하는데 결정적인 역할을 하기 때문이다. 이것은 손과 헤드의 궤적에도 결정적 역할을 하기 때문이다. 나의 ABC라인과 LDW하중의 이론에도 연결하는 고리역할을 하기 때문이다.

  어깨는 등의 위쪽에 있는 한상의 뼈로 몸통의 뒤쪽과 팔을 연결하는 역삼각형 모양의 넓적한 뼈이다. 즉 등과 팔이 이어지는 부분에 있는 뼈이다. 제2에서 제7익 갈비뼈 높이에 위치하고 3개의 오목과 4개의 돌기로 구성되어 있으며 여기에는 근육이 연결되어 있어서 팔이 상하좌우의 모든 방향으로 움직이도록 도와주는 역할을 한다.

우리 몸부위 중에 가장 많은 근육이 분포되어 상호연관작용을 하는 복잡한 장소로 생각되어진다. 골프를 잘 하기 위해서는 평소 어깨부분의 상하좌우 이동에 각별한 주의가 필요한 부분이다. 팔과 어깨와 등판은 각기 다른 근육을 갖고 있거나 연결되어 있으므로 각자 독립적인 역할을 할 수도 있고 상호 붙어서 의존적 역할을 할 수도 있다.

다시 말하면, 어깨와 등판을 붙이고 팔만 움직이게 하든가 팔과 어깨는 붙여서 등판과의 관계로 가질 수 있고 만약 3개를 고정시킨다면 다리를 움직여서 팔과 어깨와 등판을 움직일 수도 있다. 전체를 다 독립적으로 움직일 수도 있다. 이 관계는 분명히 하지 않으면 골프 스윙의 수평, 수직운동의 근간을 훼손시키게 된다. 어깨와 등판을 고정시키고 Turn을 하면 헤드는 목표 반대방향으로 직선으로 가지 않고 놓인 위치에서 바로 비스듬하게 뒤로 가게 된다. 이렇게 되면 척추도 무게중심의 갑작스런 변화 때문에 기울어질 가능성이 매우 높아지게 된다.

그래서 ABC라인을 지키고 체중의 갑작스러운 변화를 주지 않고 수직, 수평운동을 조화롭게 하기 위해서는 LDW하중의 준수를 필연적으로 수행하여야 한다. 그래서 그 방법이 백스윙의 초기에 팔과 어깨는 붙여서 등판과 분리하여 먼저 어깨가 내려오는 수직운동을 하면 팔과 헤드는 수평으로 멀리 움직이게 되고(수평성분을 갖게 되고) 다음 단계에 팔, 어깨, 등판을 동시에 돌리면 팔과 헤드는 척추의 각도 때문에 자동적으로 비스듬한 수직으로 움직임(수직성분을 갖게 됨)으로 나타난다.

이때까지 골프 스윙 이론은 이런 팔과 어깨와 몸통의 상관된 움직임을 구체적으로 기술하지 않고 수직성분과 수평성분을 이야기하지 않고 체중의 부분하중 이동의 연계성도 이야기하지 않고 위치의 기준점, 무게의 기준점을 겨우 일부만 표현하고 전체적인 맥락에서 코끼리 다리 만지기만 해왔다고 생각되어진다.

팔과 어깨와 등판의 관계는 퍼팅할 때 결정적 영향을 미친다. 어깨와 등판이 붙어버리면 정확한 좌우이동(수평성분)이 나오지 않고 바로 비스듬이 퍼트헤드가 뒤로 나가버린다. 무게중심의 축도 무너진다. 최소한 퍼팅에 있어서는 등판만 고정시키고 팔과 어깨를 같이 움직이든가(A) 어깨와 등판을 고정시키고 팔만 움직이든가(B) 세 가지 다를 움직이든가(C) 여러가지 방법이 있지만 나는 A의 방법을 가장 선호한다.

그래서 수 많은 교습가의 백가논쟁에 벗어나서 나의 ABC라인에 맞게 손과 헤드를 위치시키는 연습은 혼자서 얼마든지 할 수 있고 이 정도의 수준에 닿으면 이는 팔, 어깨, 등판(몸통)의 연관관계를 깨닫게 되고 그 이후 체중의 부분하중의 이동까지 느끼도록 노력하면 골프의 고생길은 없어지고 좀 더 나은 골프, 즐기는 골퍼, 배려하는 골프가 될 수 있다고 생각한다.

외국사람은 셈(숫자 계산)이 굉장히 약하다. 이것은 외국인 프로 골퍼에게도 해당된다는 것을 알았다. 캐디의 도움 없이는 풍향과 풍속에 따른 거리의 가감, 라이에 따른 가감, 실제 거리 계산시에도 거리가 표시된 특정 지점과 공까지의 거리의 합산 등은 전문 캐디도 수첩에 계산까지 하여야 나오는 거리이므로 외국인 프로 선수에게는 불가능에 가까우므로 이 점에서는 우리 동양인은 매우 유리한 위치에 있다고 할 수 있다. 언어장벽만 없다면 동양인 캐디를 고용하는 것이 프로선수에게는 훨씬 유리하다고 본다.

나의 경우에도 골프장 현장에서 풍향, 풍속, 경사, 기리 표시기의 네 가지를 보려면 남보다 훨씬 많은 집중과 시간소요가 필요하다. 때로는 경기 진행에 방해가 되기 때문에 대충하고 넘어가는 경우, 공 낙하지점과 홀과의 거리가 멀어지는 경우를 자주 경험한다. 만약에 전문 캐디를 고용한다면 최소 3~4점은 낮출 수 있다고 본다. 자주 가는 골프장에서 제일 우수한 캐디를 만나는 경우 성적이 보통 때보다 훨씬 좋다는 것을 경험적으로 알고 있다.

골프 TV 중계를 시청할 때, 막연히 스윙 전체모습을 보지 말고 특정부위가 어떤 속도로, 어떤 위치에 가는지를 유심히 관찰하면 골프실력을 레벨 업Level Up하는데 큰 도움이 된다. 나는 어깨의 수직움직임과 수평움직임Turn에 집중한다. 프로는 일반적으로 왼쪽 무릎을 오른쪽으로 약간 접어주는 동작으로 또는 그 동작없이 왼쪽 어깨가 수직에 가깝게 내려온 후 몸통의 턴(어깨와 골반의 Turn)으로 백스윙을 완성한다. 백스윙이 허리 높이 근처에 올 때까지는 양손이 최대한 B라인 선상에 있고 골반과 어깨의 Turn이 시작되면서 양손은 C라인 선상으로 가게 된다.

프로의 어드레스시 왼쪽 어깨위 한 점을 특정해 놓고(N점) 그 점을 백스윙의 마지막 단계(S점)와 비교해 보면 당초 위치보다 수직으로 내려와서 90° Turn한 것을 알 수 있다. 이는 척추각을 숙인 당연한 결과다. 어깨의 특정점이 N점에서 S점으로의 이동과정은 두 가지 방법이 있다. 먼저 수직으로 내려와서 수평으로 가는 방법과 수직과 수평운동을 동시적으로 수행하는 방법이다. 수직과 수평운동을 동시적으로 수행하면 척추각이 변할 위험성이 상존한다.

그러나 우리 몸의 근육신경전달 체계는 두 개의 근육이 동시적으로 수행되기는 어렵기 때문에 먼저 왼쪽 어깨를 내리는 선행동작을 한후 돌리는 후행동작을 하면 매끄럽게 Turn하는 동작을 완성할 수 있다.

그리고 어깨를 수직운동으로 내려서 양손이 목표의 반대방향으로 간다는 의미는 매우 크다. 팔이 선행하지 않고 몸통으로 백스윙을 시작하는 가장 중요한 Point를 제공하기 때문이다. 체중의 부분하중이 엄지발가락 밑 볼록한 부분(D축)으로 갈 때까지는 어깨는 수직으로 내려와서 D축에서 부터 어깨의 Turn이 이루어져 체중의 중심점이 W축으로 가기 때문이다.

폴로스윙은 인간의 감각기능과 작용과 반작용의 법칙에 의해서 저절로 이루어진다. 다만 폴로스윙의 트리거는 오른쪽 무릎이 공이 놓인 방향으로 밀어주면서 오른쪽 어깨를 수직으로 약간 내려온 후 오른쪽 어깨와 힙턴(골반 턴)이 후행된다는 점이다. 여기서도 양손과 헤드 위치가 ABC선상에 있도록 연습스윙 때 점검하고 실제스윙을 수행하면 된다.

골프 스윙은 모든 근육이 동시에 순차적으로 비례적으로 움직이는 과정(정지개념이 없음)이므로 특정근육의 위치나 속도를 스윙중에 생각하게 되면 전체스윙에 나쁜영향을 미친다.(근육신경회로도 순차적으로 비례적으로 뇌의 명령을 수행한다는 이동철 호흡법의 가설)

잘 맞는 날과 잘 맞지 않는 날의 차이는 어깨의 수직운동과 어깨와 골반의 수평운동의 엇박자 때문이라고 생각한다. 이 차이를 간과하고 괜히 불필요한 그립 잡는 방법을 변형시키든가 목표방향보다 오조준하는 과오를 범하게 된다고 생각한다. 어깨의 수직운동이 선행되고 힙 턴Hip Turn(어깨 턴)이 그 다음에 따라 오는 것이 정답이라고 생각한다.

스윙의 턴이 빠른 사람은 동시에 하는 것처럼 보이지만 선행되는 동작이 반드시 있고 후행동작이 나타나는 것은 슬로우 모션으로 보여줄 때 더욱 명확해지는 것 같다.

나의 공부 비법 중 하나는 특히 암기인데 주로 많이 쓰는 깃은 연상기법이다. 예를 들면, 지하철역이나 철도역을 순서대로 외우고 난 후 외워야 할 대상을 각 역과 연관지어 떠오르게 하는 것이다. 그 다음으로 많이 쓰는 것은 빠르게 소리내어 열 번 정도만 읽으면 뇌와 근육(근육이 기억하는 것이 아니고 근육신경회로가 형성됨)과 호흡이 동시에 기억하여 머리에서 기억나지 않으면 근육과 호흡이 도움을 주는 방식이다.

  이것의 효과는 아직도 건재하고 있다. 고등학교 국어교과서 중 춘향전에서 암행어사 출도 장면 중, 전라도, 충청도 군청소재지 42개를 읊는 장면이 나오는데 평소에 그 42개를 적어보려 하면 불가능하지만 은근히 흥분한 상태에서 호흡만 가다듬으면 그 42개가 술술 나오는 것은 근육과 호흡이 이를 기억하기 때문이라고 생각한다.

  많은 피아노, 바이올린 연주자들이 또는 가수들이 그 수 많은 악기를 악보없이 연주하든가, 노래하는 것은 근육신경회로와 호흡이 그것을 기억하기 때문이라고 확신한다. 아마도 암행어사 출두장면을 수 백회 재현하다 보니 그 안에 담긴 뜻이 나의 뇌에 각인되고 행동과 습관도 본능적으로 작용되어 짧은 기간 공부에 고시합격도 하고 그 이후의 공무원 생활에도 많은 지침이 되어지지 않았을까 생각한다.

  유대인 엄마의 자녀교육 방법 중에 매일 잠자리에 들기 전에 아이 자신이 세계의 최고가 될 것이라고 항상 기도하니 커서 세계 최고가 되는 확률이 높다고 생각한다. 어느 날 갑자기 세계 최고의 교습가로부터 가르침을 받더라도 그 가르침을 수 많은 연습과 생각으로 자신의 몸의 근육신경회로가 기억하도록 하고 습관화하지 않으면 골프동작을 자기 것으로 만들 수 없다고 생각한다. 끊임없이 생각하고 말하고 근육신경회로에 기억되어 똑같은 상황에서는 본능적으로 그 동작이 나오도록 훈련되어야 하는 것이고 그것이 모든 운동 중에 특히 나타나는 것이 골프라고 생각한다.

▼ 패덱스컵 2019 토리파인즈에서 먼 배경 타이거 우즈와 필자

특정한 근육신경회로가 형성되기 위해서는 20일 정도 소요된다는 논리에 따르면 원 포인트 교습은 반복연습을 하지 않는 한 자신의 것이 되지 않는다는 것을 명심하기 바란다.

▲ 타이거 우즈 2007년도 스윙폼

음악 · 골프 · 리듬 · 템포　3

　음악의 3대 요소는 리듬(박자, 빠르기), 멜로디(가락, 선율), 하모니(화음)이다. 골프의 3대요소는 방향, 속도, 거리이지만 거기에 자연이 추가된다. 자연은 경사(공 위치의 경사, 그린의 경사)와 풍향, 풍속, 습도, 기압 등을 말한다.(논의의 편의를 위하여 자연은 일정하다고 가정하고 논리를 전개하고자 한다.) 음악에서 리듬의 개념을 정확히 파악하지 않고는 골프에서의 리듬을 정의할 수도 없고 일관된 설명을 할 수도 없다. 이하 설명은 최현석이 지은 〈인간의 모든 감각〉이라는 책에서 음악의 3요소라는 장에서 용어의 정의를 인용한 것이다.

　우선 음악에서 멜로디(가락, 선율)는 음의 순차적 연결이다. 도레미파솔라시도를 건반으로 치면 음이 계단을 타고 순차적으로 올라가는 것처럼 느낀다. 하모니(화음)는 음의 수직적 연결이다. 즉, 2개 이상의 음이 동시에 울리는 것을 연결하면 하모니가 된다. 음악의 하모니는 시간과 음의 높이라는 이차원적인 음악에 깊이라는 3차원적인 느낌을 부여한 것이다. 이는 마치 원근법이 그림에 3차원적인 공간을 보여주는 것과 같은 마찬가지의 개념이다.

　음악을 다룰 때 예술과 구분되는 것은 시간적 개념이다. 음악은 무형의 형태로 나타났다 사라진다. 이 무형의 개념을 규정하기 위해서 음악에는 이 시간을 추정하는 단위가 생겨났다. 이것이 리듬이다.

그런데 중요한 것은 인간이 리듬으로서 지각할 수 있어야 한다. 1초를 10등분, 1분을 100등분도 할 수 있지만 인간이 이 등분한 것을 지각하지 못하면 리듬이 아닌 것이다. 따라서 리듬은 이 지각 단위의 구분은 민족에 따라, 환경에 따라 달라질 수도 있다는 개념을 전제로 하고 있다. 그래서 리듬의 유래를 심장의 박동수에서 찾는다. 바로크 시대의 음악은 분당 76~80박을 기준으로 하고 있기 때문에 이는 심장의 박동수와 일치한다. 둘째, 근육 움직임과 같은 인체 동작에서 생겨났다는 주장도 있다. 심장 박동설은 자연에서 그 근원을 찾고 인체동작설은 우리 뇌의 작용에서 그 근원을(동작은 뇌가 명령함으로)찾고 있다.

리듬은 맥박이라는 기계적 불변적 요소에(객관성) 강세라는 규칙적인 가변요소(주관성)을 가미한 것으로 정의된다. 리듬은 또한 음의 길이들이 일정한 법칙으로 나열된 것 또는 음의 길이들의 일정한 패턴으로도 정의된다.

일정한 패턴은 2박자, 3박자, 4박자 형태가 가장 보편적인 형태로 인류의 역사와 더불어 하나의 패턴이 되어 지금 우리의 리듬으로 인지되고 있다. 이상의 정의에서 골프와 연관 지어 하모니, 멜로디, 리듬을 분석해보면 하모니와 멜로디는 오른쪽 뇌에서 작용되는 것으로 파악되고 있고 리듬은 좌우 한 쪽 뇌가 담당하는 것이 아니라 관자엽, 마루엽, 이마엽의 양쪽에서 관여하는 것으로 파악되고 있다. 골프에서는 템포는 우뇌가 작용하는데 반하여 리듬은 좌우 뇌에서 동시에 작용하는 점이 다르다. 템포는 객관적인 시간을 기준으로 1초에 가는 거리를 또는 속도를 말하나, 리듬은 객관적인 시간을 주관적인 시간으로 나누어서 시간의 단위라 삼고 있는 물리적 체계가 아니라 음악적 세계에서만 존재하는 개념이다.

리듬은 태생적으로 우리에게 가장 익숙한 맥박을 기원으로 하면서도 뇌신경에서 근육 움직임으로 시간을 주관적으로 등분하는 정도에 따라 리듬이 달라질 수도 있다는 것을 전제로 하고 있다. 다만 우리의 환경과 역사가 보편적인 리듬에 익숙해 있을 뿐이라는 점이다. 따라서 리듬은 보편적인 리듬은 분명히 존재하나 모든 인간에게 꼭 같은 리듬은 존재하지 않으며 특정 교습가의 또는 특정 프로의 리듬이 특정 개인에게 가장 적합한 리듬이라고는 절대 단정할 수 없다고 본다.

수 많은 시행착오의 과정을 거쳐 본인만의 리듬을 찾아야 하는 것으로 결론 낼 수 있다. 설사 특정리듬을 찾았다 하더라도 그 리듬이 하루종일 또는 4라운드에 계속적으로 나온다는 보장이 없다는 점이다. 리듬은 오른쪽 뇌만의 작용이 아니라 좌우 뇌의 동시적 작용에 의해 생성되는 개념이므로 복잡다단한 좌우 뇌신경의 회로를 항상 일정하게 유지한다는 것은 리듬의 정의상 불가능하기 때문이다. 따라서 골프에서 규칙적이고 통제 가능한 리듬을 갖기 위해서는 현실 물리 세계에서의 시간관념으로 몸통을 반복적으로 천천히 돌리고 천천히 원상복귀하는 방법이 최선의 방법이라고 생각한다. 본인이 숙달만 된다면 천천히 돌리고 조금 빨리 원상복귀하는 것을 일정한 패턴으로만 만들 수 있다면 그렇게 하는 것도 가능하리라 생각한다.

PGA대회에서 59최저타를 친 알 가이버거의 몸통 움직임 중 어깨턴은 좌우로 90°는 백스윙시와 폴로스윙 시 거의 정확히 0.45초가 소요되는 것으로 측정되고 있다. 다시 말하면 그의 리듬은 시계추처럼 움직였다고 분석된다. 전 스윙과정을 보면 어드레스 자세에서 백스윙 톱까지 0.9초 톱에서 방향 전환하는데 0.24초, 방향전환 후 가속하여 임팩트 순간까지 0.22초, 임팩트 순간부터 폴로스윙까지 0.52초 소요되었다.

전체적으로 보았을 때 시계추 운동은 헤드의 움직이는 거리의 반이 아니라 꼭 고려해야 할 요소는 척추를 앞으로 숙이고 있기 때문에 어깨를 수평으로 틀어도 어깨 높이는 척추의 각도만큼 밑으로 내려오기 때문에 어깨턴 90°만 따로 추출해서 몸통 턴의 90°만 시계추 운동(리듬)의 대상으로 삼아야 한다는 점이다. 하모니와 멜로디는 객관적인 측정의 대상으로 우뇌의 작용에 의해서 본인의 의지대로 통제가능한 대상이나, 리듬은 좌우 뇌의 동시작용이 있으므로 뇌신경의 완벽한 통제가능대상과는 거리가 멀다는 점이 골퍼의 묘미이며 평생토록해도 완벽하게 성취되지 못하는 이유다.

테니스는 경기자의 의지대로 테니스장을 바둑판처럼 구분하여 특정지역에 낙하되도록 할 수 있지만 골프에서는 그것의 가능성은 있지만 테니스처럼 확률이 낮은 것은 바로 물리적 시간이 아닌 주관적 시간개념이 들어간 리듬의 존재가 항상 일정한 리듬이 나오도록 하는 것을 방해하기 때문이다. 테니스와 야구는 움직이는 공에 반응하는 운동이므로 공이 오는 방향과 속도를 인지하고 그에 대한 반작용만을 우뇌가 명령하는 대로 수행만 하면 된다. 그러나 골프는 정지된 공을 대상으로 속도와 방향 이외에 리듬이라는 요소를 가미해야 좌우 뇌를 동시에 작동시켜야 하는 운동이기 때문이다. 거기에다 종전에 서술된 자연이라는 것이 보태어지면 그 조합의 수는 엄청나게 늘어난다.

골프에서 스윙템포가 빠르다는 뜻은 스윙전체에 걸리는 시간이 짧다는 뜻이므로 특히 백스윙과 폴로스윙의 전반부에 소요되는 시간을 길게 하면 된다. 리듬을 맞추라는 것은 백스윙과 폴로스윙의 시간주기를 같게 하라는 뜻인데 백스윙과 폴로스윙의 구분기준은 헤드의 위치가 아니리 어깨 턴 90°의 꼬임과 풀림의 시간 주기를 같이하라는 뜻으로 해야한다. 임팩트 타이밍을 맞추어서 양손의 상하 좌우의 위치변화를 극대화하라는 뜻으로, 최대한 수직으로 내려와서 수평으로 길게 움직이라는 뜻으로 하면 된다.

테니스와 야구는 기본적으로 척추의 기울기가 일정할 필요가 없다. 척추는 항상 수직 가까이에 두고 손목과 팔꿈치만 동작을 가미하면 위치 변화는 대부분 수평 성분이 크다. 그러나 골프는 공이 항상 지면에만 존재하고 척추를 바로 세우면 양 팔을 활용하여 공을 치려면 몸통이 방해하여 양 팔이 갈 곳이 없다. 그래서 척추를 조금 숙이고 팔이 동작할 수 있는 공간을 주는 운동인데, 팔이 원만히 작동하기 위해서는 수직과 수평이동을 적당한 비율로 배합해서 하는 수밖에 없다. 테니스와 야구는 타자를 향해 들어오는 공은 항상 적당한 높이가 존재하지만 골프는 지면에 공이 정지하고 있기 때문에 그 높이의 차이만큼 수직운동이 증가되어야 하는 점이 다르다.

수평이동과 수직이동의 비율, 팔과 몸통의 움직임의 비율은 각각 개인의 취향과 신체조건(몸통의 크기, 키, 체중, 팔의 길이)에 따라 달리할 수밖에 없다. 나의 일반론은 팔은 겨드랑이에 붙어있을수록 일정하고 제어된 리듬을 가지므로 좋다는 의견과 방향의 정확성과 속도의 증가의 두 마리 토끼를 잡기 위해서는 백스윙은 길게(수평이동) 낮게(수직이동) 다운스윙은 짧게(수직이동), 길게(수평이동)하라는 것을 강조하고 싶고 백스윙 전반부와 폴로스윙 전반부를 천천히 하는 리듬과 템포를 익히면 임팩트 타이밍이 좋아진다는 것을 경험적으로 알고 있고 TV시청으로도 통계적으로 확인 가능하다는 점이다. 여기서 길게, 짧게 장단의 기준은 헤드가 아니고 양 손이 움직이는 거리다.

앞서 밝힌 ABC 라인을 설정하고 그 라인을 샤프트 양 끝이 ABC 라인의 밖으로 나가지 않도록 거울을 보고 집에서 연습을 하여 근육과 자세를 메모리 되게 해놓고 라운드 현장에서는 그것을 잊어버리고 스윙하는 습관을 길러야 한다. 어드레스 전에는 좌뇌를 활성화하여 클럽선택, 라이상태 자세정렬 등을 당연히 하고 그리고 마지막으로 어드레스와 스윙 순간에는 좌·우뇌가 작용하는 것을 막는 방법은 생각을 지우고 명상에 잠기고 무념무상에 빠지는 방법밖에 없다. 이러기 위해서는 끊임없이 훈련과 연습에 의해서 뇌의 명령보다 근육신경회로의 자연적인 발현에 의존하게 하는 방법이 최선이라고 본다. 그 중에 한 방법이 프리샷 루틴 Pre-shot Routine이 잡념을 줄일 수 있는 방법이 된다고 생각한다. 공 10개를 놓고 연속적으로 치는 연습을 자주하는 방법도 좋은 Drill이다.

◀ 장타는 장단지 근육에서

백스윙의 시작 동작 Trigger 4

 LPGA 전인지(한국, 1994~) 프로의 퍼팅, 어프로치, 티샷의 프리샷 루틴을 눈여겨볼 것을 권한다. 골프스윙은 근육운동의 트리거Trigger가 필요하다(호흡의 선행동작이라 해도 좋다) 나의 스윙작동의 트리거는 왼쪽 허리 근육을 약간 줄이는 느낌을 가지면 양손이 B라인을 따라 오래가는 소위 낮게 길게 가는 수평 이동이 용이하고 그 수평 이동의 끝 지점에서 코킹을 시작하여 짧은 시간에 완료하고 폴로스윙시 팔이 L자 형태에서 수직 이동으로 들어가는 느낌일 때 가장 좋은 샷이 나온다.

 나는 이외에도 왼쪽 무릎을 약간 접히는 느낌으로 시작하는 트리거.

 오른쪽 어깨를 수직으로 약간 올리는 트리거.

 양손바닥을 마주하며 수평 이동하되 몸통이 팔을 움직이게 하는 느낌.

 헤드와 샤프트 끝이 같은 각을 오래 유지하면서 수평 이동하도록 몸통을 척추 각을 중심으로 수평 이동하는 느낌.

 헤드가 백스윙의 톱에 가기 전에 먼저 버티고 있는 오른쪽 무릎이 폴로스윙을 시작하는 느낌.

 백스윙의 톱에서 오른팔 L자가 수직으로 내려오는 느낌.

 샤프트의 끝이 공을 가리키면서 내려오면 임팩트 타이밍이 맞아가는 느낌.

 발바닥의 볼(엄지발가락 뿌리부분)에 항상 무게이동의 중심이 느껴지는 경우 등 수 많은 느낌과 트리거가 있지만 이 많은 것을 한 가지만 생각하든가 아니면 생각하지 않는 경우 좋은 샷이 나온다는 것을 경험적으로 알고 있다. 그리고 두 가지 생각이 난 경우에는 틀림없이 실수하는 샷이 나온다는 것을 경험적으로 알고 있다.

나는 4,000번 라운드를 하였고 40만 번의 스윙을 한 사람이다. 온 몸의 부분, 부분에 대한 느낌을 모두 가져 보았다고 장담한다. 그러나 아직도 정확한 정답을 찾지 못하고 헤매고 있음을 솔직히 고백한다. 그러나 분명한 것은 생각없이 무념무상으로 치는 경우 언더파 확률이 높고 한 가지 생각만 하는 경우 이븐파 근처를 칠 수 있고 두 가지 생각을 한 경우는 에이지 슈트를 못하는 날이라고 할 수 있다.

나의 경험으로는 체중의 부분하중의 이동 느낌을 갖는 것은 스윙을 방해하거나 간섭하는 요소가 아니라고 생각한다.

다음으로 느낌을 실제 샷으로 실행하기 위해서는 어떤 기준과 방법이 필요하다. 첫째, 그 느낌은 규칙적인 연습, 집중에 의해서 나온다. 100번의 의미 없는 스윙보다 2~3번의 연습스윙에서도 느낌을 찾으면 후자가 훨씬 좋은 방법이다. 둘째, 평소에 연습과 라운딩 중에 가장 좋은 샷과 퍼팅을 기억하기 위해서는 그 느낌에 대한 모든 과정을 기록해 놓아야 한다. 이 기록이 없으면 그 느낌을 떠올리기가 쉽지 않다.

6,300 야드 이내의 골프장에서는 컨디션이 매우 나쁘지는 않는 한 매번 에이지 슈트를 할 수 있는 확률이 높고 특히 동반자가 나의 아내 한 사람인 경우는 거의 확률 100%이다. 골프는 이만큼 배려를 해주는 동반자를 만나는 것이 가장 중요하다고 생각한다. 수차 이야기 하였지만 배려라는 것이 기브와 멀리건을 주는 것이 아니고 다음 팀에 방해가 되지 않는 범위 내에서 홀 아웃하고 어드레스 들어가면 "Be Quiet" 함으

로서 경기자가 집중할 수 있는 여건을 만들어 주는 것이 골프의 가장 기본적인 덕목이고 매너라는 것을 다시 한 번 강조하고 싶다. 음악 연주시 소음과 전화 벨소리가 연주회를 망치듯이 골프에서도 소음과 대화소리는 골프게임을 망치는 제 1의 적임을 잊지 말자!

왜 프로선수들이 Master대회에 꼭 참가하고 싶은 이유는 경기진행중일 때 갤러리가 아닌 Patron으로 부터 배려를 받고 있음을 느끼기 때문이다. Master대회에서는 조용히 하라Be Quiet는 팻말을 드는 경기진행요원이 없다. 이는 관중도 대회진행자로 부터 배려를 받고 있음을 뜻한다.(Master대회에서는 갤러리를 관중이 아닌 Patron이라고 한다.)

여기서 집중이라는 뜻은 경기자가 스윙의 기술적 특징에 대한 정보로부터 행방되어 스윙에 대한 형상화Imagery, 느낌Feel, 감각Sensory를 가지는 것을 뜻하는 것으로 이는 마치 화가가 그림을 그려야겠다고 작정한 이후에는 그 붓질이 물 흐르듯이 캔버스에 그어지는 것과 같다. 캔버스에 어떤 각도로 어떤 폭으로 어떤 거리만큼 그려지는 것을 생각하면 좋은 그림이 나오지 않는다. 스윙도 어드레스 전에 기술적 관점에서 생각한 이후에는 공이 목표지점으로 어떻게 날아가서 착지하는지를 형상화하여 그림이 그려져야 한다.

이 그림을 그리도록 동반자는 배려를 하여야 한다. 이 배려는 아주 짧은 시간에 불과하다. 이 땅의 모든 Golfer들은 이 짧은 시간을 경기자를 위하여 할애하자. 동반자는 경기자의 잠재력이 나오도록 도와주는 것이 골퍼의 최고 덕목이고 매너다. 이런 점에서 나는 첫 에이지 슈트를 할 때의 동반자에게 무한한 고마움과 감사의 마음을 가지고 있다.

5 꼭 지켜야 할 골퍼매너

　골퍼매너도 다양하지만 보통 Golfer들이 매너라고 생각하지 않는 매너를 특히 강조하고자 한다.

　골프매너 중에 가장 으뜸가는 것은 동반자가 어드레스(티 샷, 아이언 샷, 어프로치 샷, 퍼팅 모두 해당)에 들어가면 모든 소음(전화 포함)과 동작을 멈추는 것이다. 이것이 동반자에 대한 기본적 예의고 배려다. 프로의 시합에서 "Be Quiet" 팻말은 관중뿐만 아니라 경기를 같이하는 동반자에게도 당연히 해당된다. 이것을 어기면 실격은 아니지만 선수로서의 생명은 이미 끝난 것이라고 보아도 된다. 경기 동반자에게 이러한 배려를 하는 사람은 이미 골프경기의 모든 룰과 에티켓을 터득한 사람이라고 보아도 좋다.

　특히, 한국골퍼의 반 이상은 소음과 동작을 멈추어서 경기동반자를 배려하는 것을 잊어버리고 있든가 이것을 지적하고 가르쳐 주는 사람을 만나지 못한 불행한 사람이 되는 것이 안타깝다.

　나는 라운드 중에 경기에 지장을 주지 않는 범위 내에서는 되도록 걸어서 움직인다. 부상방지와 샷하는 사람의 마음을 불안하지 않게 하기 위해 동반자가 드라이브 샷을 할 때 앞서 나가지 않는 것이 원칙이지만 두 번째 샷부터는 45° 이상 벗어난 지점에서 길을 따라 가든가 숲속으로 가는 경우는 당연히 허용되어야 하고, 경기자도 감수하여야 한다고 생각한다.

프로의 경우에도 45° 전후를 벗어나는 페어웨이 또는 러프지역에서도 앞서 가는 경우가 대부분이다. 이는 7~10분 간격의 경기 진행상 어쩔 수 없는 상황이다. 만약 경기 진행자가 있는 라인보다 절대 앞서지 말라고 하면 홀까지의 거리 계산, 라이의 각도, 공격의 각도 등을 전혀 대비치 못하고 상대편의 샷이 끝날 때까지 기다려야 하는 어처구니 없는 상황이 벌어지고 경기진행 간격도 20분으로 늘어나서 당일 경기를 전부 소화치 못하는 사태가 벌어진다. 아마추어의 경우에도 일반적으로 7분 간격의 경기진행인 경우 45° 전후 앞서가는 행위는 당연히 허용되고 감수되어야 한다. 특히 티샷이나 두 번째 샷을 땅볼이나 뒷 땅을 쳐서 50m전후 밖에 못간 경우 전 경기자가 그 사람 뒤에서 대기할 수는 없는 노릇이다.

그리고 그린 근처에서도 마찬가지다. 동반자 ABC는 온 그린하고 D가 온 그린 못했을 경우 전부 D보다 뒤에서 기다리다가 온 그린 된 볼의 상태와 라인을 가장 못 친 사람이 온 그린한 이후 파악하라고 한다면 경기진행도 20분 간격으로 늘려야 하고 ABC는 경기진행이 너무 답답하게 느껴질 것이다. 다만 샷하는 사람의 홀쪽 정면이나 바로 직선으로 뒤에 있는 것은 당연히 피해야 한다. 나는 항상 걸어야 하기 때문에 나의 공의 상태를 재빠르게 파악하여 전체 경기를 방해하지 않기 위해서 45° 범위 내에서 항상 앞서 나가는 것을 대원칙으로 하고 있다. 나에 대해 시기나 험담을 하는 사람 중에 나의 이 원칙을 지적하는 경우가 많은데 이 글을 읽고 이해해 주시기를 바란다.

이런 매너없는 골퍼도 있었다. 2년 정도 같이 라운드 하는 네 사람이 있었는데 그 중 한 사람의 나쁜 버릇은 잘못된 샷이나 퍼팅을 모두 캐디의 잘못으로 돌려서 같이 경기진행하는 사람의 마음을 불편하게 할 만큼 캐디를 나무라는 습관이 있었다. 그리고 동반자가 퍼팅 어드레스를 했는데도 캐디에게 자기 라인을 묻고 소음을 내는 경우가 다반사였다. 그래서 작정하고 이것을 지적하였더니 화를 내면서 당신은 항상 나보다 앞서 나가서 경기진행을 방해하지 않았냐고 반박했다. 앞서 나가는 장황한 이유를 설명할 필요도 느끼지 않으면서 그 이후 이 분과는 두 번 다시 같이 라운드를 하지 않는다. 아마 그 분은 평생 그 습관을 고치지 못할 것이고 동반라운드 하는 사람도 점점 줄어들 것이라고 생각한다.

자기 샷의 결과에 대해서 묻지도 않는데 강평을 하고 화를 내는 사람도 있다. 이것이 자신에게 소리내어 하는 행위이므로 동반자에게 심리적 영향을 끼친다는 것을 자각하지 못하고 있고 계속적인 자기변명을 하는 부류의 경기자다. 사람인 이상 경기 중 한두 번은 그렇게 할 수 있지만 이런 행위를 자주하는 사람은 가능하면 동반경기를 피하는 것이 좋다. 이런 행위를 하는 사람은 사회생활에서도 자기 잘못을 여간해서 인정하지 않고 주위의 탓으로 돌리는 것이 습관화되어 있는 사람이다. 사회생활에서도 남을 배려하는 것보다 자기의 금전적 이익과 손해를 최우선시하며 철저히 따지는 분들이다.

사람은 가끔 실수를 하는 것이 인간인 이상 당연하다. 나 자신도 가끔 실수를 한다. 그러나 그것이 실수인지 모르는 사람, 그 실수를 계속적으로 반복하는 사람과는 동반라운드를 피하는 것이 좋고 특히 사회생활에 관계를 맺지 않는 것이 현명한 방법이라 생각한다.

칭찬과 격려도 대부분의 경우 경기자에게 마음의 부담을 준다. 아무 말 없이 묵묵히 지켜보는 것도 동반경기자를 배려하는 것이다. 예를 들면, 다음 홀에 버디를 하면 사이클버디가 된다는지, 남은 3홀 파만 하면 싱글기록을 수립한다든지, 지금 마지막 퍼트만 넣으면 무승부가 된다든지 또는 보기나 파가 된다든지 하는 언급은 동반 경기자에게 마음의 부담을 지우는 비신사적 행동이다. 나의 고교친구 한 명은 전문적인 내기 도박꾼이다. 예를 들면, "오늘 당신은 고개를 전혀 움직이지 않고 잘 치고 있다." 또는 "무릎의 위치를 정확히 지키고 있다."고 칭찬을 한다. 그러면 온갖 신경이 무릎이나 머리에 과도하게 집착하여 그 이후의 샷을 망치게 하는 수법을 사용한다.

나는 내기든, 친선이든 남이 하는 볼 텃치에 대해서는 무감각하게 받아들인다. 경쟁은 나 자신과 하는 것이지 남과 비교하면서 그 잣대를 맞추려고 하면 18홀 내내 마음의 갈등을 가지기 때문이다. 시합이나 내기가 아닌 경우에 나도 꼭 파온을 하고 싶을 때는 볼 텃치를 할 때가 있고 볼에 묻은 흙을 닦아낼 때도 있다. 앞으로는 마음의 수련을 더 하여 어떠한 경우에도 볼 텃치를 하지 않는 자세를 가져볼까 한다.

뉴욕 Southampton Sebonack GC ▼

6　self 1과 self 2

　내가 읽은 영문 골프서적 중에 100만부 이상이 판매된 W. Timothy Gallwey(미국, 1938~　) 프로의 "The inner game of work"라는 책이 있는데, 그 내용을 간단히 소개하면 다음과 같다.

　사람은 한 사람이지만 self 1과 self 2라는 이심동체가 있다는 것이다. 가만히 놔두면 그냥 본능이 움직이는 대로 샷하는 self 1이라는 사람과 스윙동작 하나하나를 간섭하고 있는 self 2라는 사람이 있다. 골프 연습장에서 하는 많은 샷 중 상당수는 self 1이 치는 샷이며 프로처럼 직선으로 포물선을 그리는 만족할만한 결과가 나온다. 그러나 필드 현장에 나가면 self 2라는 사람이 끊임없이 간섭하고 명령함으로서 좋은 샷을 방해한다. 그래서 잘 치는 사람은 self 2의 self 1에 대한 간섭을 최소화 한 사람이고 반대는 반대다.(vice versa)

　박인비(한국, 1988~　) 선수의 별명 "침묵의 살인자"는 바로 self 2보다 self 1이 강하게 작용하고 있음을 실제 샷으로 증명하고 있다. 박선수의 스윙은 간단명료하다. 콕킹도 거의 없고 계속적으로 B선상에 있는 것처럼 B와 C라인의 간격도 무척이나 짧다. 박선수가 경기 중일 때는 표정이나 대화가 없다. 이는 그만큼 self 1에만 맡겨 놓은 경기를 하고 있다는 것을 뜻한다. 그러나 경기가 끝나고 인터뷰할 때 보면 말을 속사포처럼 많이 한다. 이는 경기 중 그만큼 self 1에 맡겨 놓고 self 2가 작용할 여지를 최소화하고 있음을 뜻한다.

2018년 세계에서 가장 도전적인 코스이며, 미국 내에서 제일 어려운 코스 중의 하나인 미국 호놀롤루 코올라우 골프장에서 8일 중 6일을 70~74타 사이 스코어를 기록했다. 그 이유는 특정한 골프기술이 향상된 것도 아니고 나의 좋은 경기력이 나올 수 있도록 배려해 주는 동반자와 그렇게 함으로 내가 self 1에 더욱 더 집중하도록 해주는 여건 때문이라 생각한다. 서울 가서 그만한 성적이 나오는가는 동반자와 나의 self 1에 달려있다고 본다.

요즈음 나의 스윙이 좋아진 것 중의 하나는 C라인이 발 뒷꿈치 바깥쪽에 있었는데 그것이 발의 뒷꿈치쪽으로 옮겨진 것이라 생각되어진다. 다시 말하면 B와 C라인의 폭이 가슴팍 넓이의 1/2 이하로 좁혀졌기 때문에 샷의 일관성과 안전성이 높아졌다고 생각한다.

미국 LPGA 스테이스 루이스 Stacy Lewis(미국, 1985~) 선수의 샷을 유심히 관찰해 보면 폴로스윙의 끝부분이 다른 선수와는 달리 BC라인을 굽힌 상태에서 끝까지 유지하기 위한 폼 때문이라고 생각한다. 척추의 각을 유지한 채 BC라인의 간격이 좁으면 폴로스윙의 끝부분에서 샤프트와 척추라인의 교차하는 예각이 좁아진 X로 위로 세운 엑스자 형태가 된다. 이 X형태로 되기 위해서는 힙 턴을 줄여야 한다. 헤드와 양손이 과도한 ABC라인 선상에 있도록 자신에게 맞는 어깨 턴과 힙 턴 Hip Turn을 찾아내는 숙제가 모든 골퍼에게 주어져 있다고 생각한다.

골프연습을 위해서 꼭 연습장에 갈 필요가 없다. 힙 턴의 크기와 어깨 턴의 크기를 볼 수 있는 거울 앞에서 몸통을 돌리는 연습만 집에서 매일 5분만 하더라도 굉장한 효과를 본다고 생각한다.

PGA 시합에 갤러리로 참가하여 한 가지 배운 것은 프로는 자기 차례가 올 때까지 무작정 기다리기보다 양 팔을 가슴팍에 X자로 놓고 몸통 돌리는 연습을 자주하는 것은 평소 자기만의 일관성 있는 몸통 돌리기, 다시 말하면 어깨 턴과 힙 턴의 일정한 유지 간격을 되풀이하기 위한 연습동작이기 때문이다. 이 연습동작은 몸통 돌리기의 일정한 리듬을 유지하기 위한 방편이라고 보면 틀림없다.

▼ 자랑스러운 아빠 타이거 우즈

골프 스윙의 물리학적 설명　7

　골프 스윙에서 속력과 속도의 차이, 이동거리와 변위의 개념 정의와 구분 없이는 골프 스윙을 제대로 배울 수 없다. 속력은 1초 1분 또는 1시간이라는 단위시간(분모가 됨) 동안에 물체가 움직인 총거리를 의미하며(스칼라량), 속도는 단위시간 동안의 변위를 의미한다. 변위는 시간의 변화에 따라 물체가 움직인 실제 총거리를 이동거리라 한다면 그 이동거리에 방향성을 더해준 물리량이다(벡터량). 그곳에는 수직성분과 수평성분이 있다.

　따라서 속력은 이동거리/시간. 속도는 변위/시간이다. 마라톤의 경우 스칼라scalar량으로 우승자를 정한다면 빠르기 순서로 우승자가 정해지지만 모든 선수가 완주한 경우 벡터량으로 우승자를 정한다면 완주한 모든 선수의 변위가 0이 되므로 모두가 공동우승자가 된다. 이는 서울까지의 일정거리를 도보, 자전거, 기차, 비행기로 가는 경우 비행기로 가는 경우가 1등이 되고 어떤 방법으로든 서울에 도착한 모두가 공동우승자가 되는 것과 마찬가지의 비유이다.

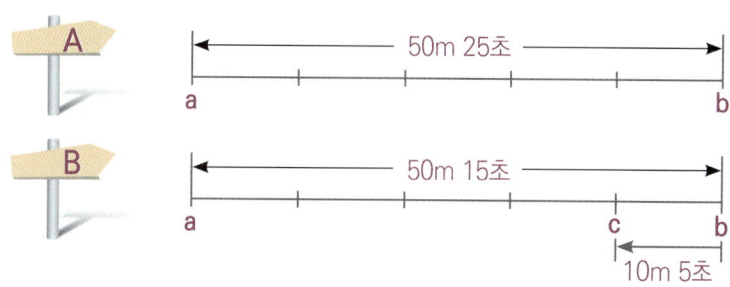

도표에서 첫째 A에서 속력은 50m/25초 속력은 초당 2m이고, B에서 이동거리는 50m+10m=60m이지만, 변위는 50m-10m=40m이다.

공을 타격하는 에너지는 질량보다 헤드의 속도가 중요하다. 코킹에 의해 위치 에너지를 저장하는 능력이 무게보다 더 중요한 것은 속도는 제곱이 되기 때문이다. 몸통의 꼬임과 코킹에 의해서 위치 에너지로 백스윙의 탑에 저장된 에너지와 임팩트 순간의 에너지와 공이 날아갈 때의 에너지와 동일하다. 골프 스윙은 저장된 에너지를 운동 에너지로 효율적으로 전환하는 기술이 바로 스윙의 기술이다.

스윙 속도는 평균 속도보다 순간속도를 어떻게 최대한 높이느냐가 과제다. 속도는 변위가 클수록 높아진다. 스윙 톱의 위치에서 수직성분을 수평성분으로 변환시키는 것이 변위를 가장 크게 하는 방법이다.

아마추어는 전자가 후자보다 많고 프로는 후자가 전자보다 많다고 생각한다. 수평성분은 팔이 길수록 크게 할 수 있고 오른팔 구부림을 최대한 늦출수록 길어진다고 본다. 바로 이것이 코킹과 레이트 히팅 기술이다. 골프 스윙은 최대한 코킹을 많이 하되 그것을 몸의 중심부까지 유지하고 내려오면 최대한의 거리가 나온다. 따라서 본인의 신체구조에 맞는 샤프트와 헤드를 일관되게 제어하고 통제할 수 있는 범위 내에서 템포와 궤적을 유지하는 정도에 따라 그 결과가 나오는 것이 골프다.

평균 속력은 물체가 이동하는 속력의 변화를 무시한 물체의 평균적인 빠르기를 말한다. 그 구하는 방법은 도표 A에서처럼 전체 이동거리/전체걸린시간으로 하든가 처음 속력+나중 속력을 1/2하면 된다. 순간 속력은 매우 짧은 시간에서의 실제 속력을 말한다. 자동차 계기판의 100km/h와 같다.

이 모든 관계를 XY축으로 설명하면 다음과 같다.

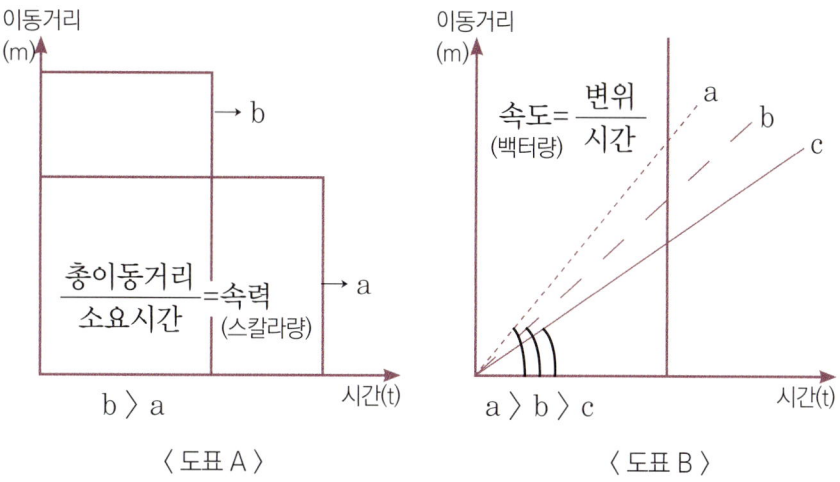

〈도표 A〉 〈도표 B〉

　속도는 변위를 시간으로 나눈 값이므로 기울기가(변위) 많을수록 단위시간에 이동거리가 길다. 도표 B에서 같은 시간대의 기울기가 A, B, C가 다르다. A의 기울기가 크므로 당연히 이동거리도 길게 나온다. 체중의 부분하중이 오른발 앞쪽(D´)에 올 때까지 팔과 샤프트를 되도록 몸에서 멀리 가져가려고 하는 것이 Tour Pro의 공통점이다.

　세계 장타 대회에서 8번 드라이버를 치게 되는데 평균 5~6타 정도가 OB가 나는 것은 체중의 부분하중 이동과 헤드의 궤적 유지를 못하였기 때문이다. 수직성분과 수평성분의 전환위치와 배분비율을 잘못하였기 때문이다.

　아마추어는 변위량이 적다. 처음 배울 때부터 변위량을 크게 하는 것보다 평균속도를 높이든가, 초기속도를 높이는 것이 정답이라고 생각하는 스윙자세가 많다. 그리고 중심유지를 위해서는 어깨의 움직임이 제어되고 통제된 일관된 움직임을 하여야 하는데 주로 스피드를 높이는 쪽으로 하다 보니 스웨이Sway가 자주 일어나고 느렸다, 빨랐다 하니 리듬감을 상실하고 있기 때문이다. 스칼라량을 템포와 같은 부류의 성분이 있고 백터량은 리듬의 성분이 있다고 본다. 왜냐하면 스칼라량은 크기, 부피, 시간, 빠르기와 연관되어 있고 백터량은 몸무게, 전기력, 자기력, 자기부상 열차 등과 연관되어 있기 때문이다.

아마추어와 프로의 가장 큰 차이는 수직성분과 수평성분의 길이 차이가 있다고 본다. 여기서 수직, 수평성분의 장단 기준은 양 손의 움직이는 거리다. 프로는 후자가 전자보다 길고 아마추어는 수평 성분이 짧고, 수직성분이 길다고 생각한다. 프로는 코킹을 오래 유지하면서 수직 성분을 수평 성분으로 바꾸는데 아마추어는 코킹을 일찍 풀어 변위가 적어진다고 설명할 수 있다. 헤드를 수직으로 내려서 수평으로 이동하지 않고 톱에서 바로 공으로 쳐들어간다는 표현이 바로 그것이다.

ABC라인 이론으로 설명하면 드라이브의 경우 샤프트가 백스윙의 탑에서 C라인과 수평으로 되고 그 상태에서 수직성분을 되도록 많이 유지하면서 양손이 내려와 B라인과 수평을 유지한 후 양손이 B라인에 계속적으로 머물면서 손목 코킹을 풀면서 헤드는 A라인 쪽으로 맹렬한 가속도를 내면서 A라인의 선상에서 머물면서 공과의 임팩트를 이룬 후에는 A라인을 벗어나지 않으면서 다시 타원형으로 B라인과 C라인으로 접근하게 된다.

ABC라인을 벗어나는 것은 체중 중심점의 이동이 잘못되어진 것이 주된 원인이다. LDW하중 이론을 참고하기 바란다.

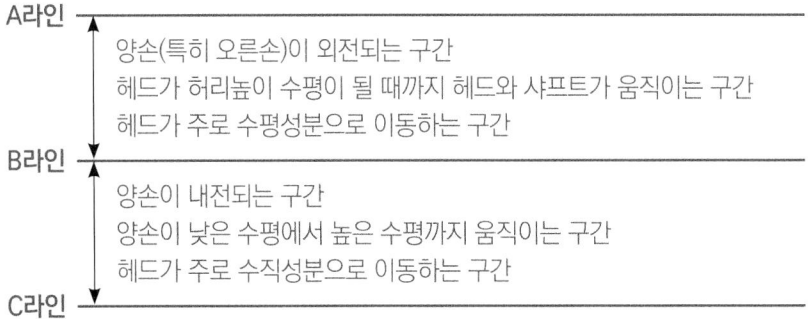

수직성분과 수평성분의 차이는 과거와 현재의 프로의 성향차이로 나타난다고 본다. 옛날 프로는 왼팔을 반지름으로 하여 왼팔이 거의 수직이 될 때까지 높이 올라가는 자세가 많은데 비해 최근의 프로들은 수평과 수직이 반 정도 되는 위치(오른쪽 귀보다 더 오른쪽)에 톱 스윙을 가져가는 경우가 대세다. 이 극단적 양 폼의 차이는 전자는 높이에 따른 위치에너지의 득을 보나 팔과 샤프트가 이루는 각도가 90° 근처라서 낮게 가져가는 후자의 경우보다 변위의 차이가 크지 않다. 낮게 가져가는 경우 위치에너지는 상대적으로 적으나 변위의 차이로 이를 극복하고 있다. 그러나 후자는 수평성분이 수직성분보다 크므로 방향의 정확성이 높아지는 장점이 있다.

왜 코킹을 해야 하는가, 어떻게 하면 헤드에 가속도가 생기는가에 대한 물리학적 설명이 필요하다. 이는 나의 ABC라인 이론에 왜 백스윙 중간단계와 다운스윙 중간단계에 샤프트가 지면과 수평이 되어야 하는가를 설명하는 것이 되기도 한다.

만약에 팔과 샤프트가 일직선이 되어 큰 반지름으로 원운동을 하면 원심력과 구심력이 같아져서 Torque가 생기지 않는다.(자동차 엔진에서 발생하는 Torque도 마찬가지다.) 물체에 작용하여 물체를 회전시키는 원인이 되는 물리량이 Torque다. 중심축이 고정되어 있고 축과 거리가 떨어진 곳에 힘이 작용할 때 작용하는 힘이 중심축을 향하는 방향이 아니면 Torque가 생긴다.(중심축을 향하면 Torque가 생기지 않는다.) 다운스윙의 중간단계에서 B라인 위에서 샤프트가 지면과 수평을 이루어 줄 때 샤프트 끝의 방향이 중심축을 향하지 않고(깃대나 목표방향을 향하기 때문에) Torque가 생기고 가속도가 발생하기 때문이다.

코킹이 없으면 이 거리는 50% 이하로 줄어들 것이고 샤프트의 끝이 하프스윙의 중간단계에서 목표방향과 평행에서 멀어질수록 거리는 줄어든다.

양손이 BC라인 선상에 있도록 손·팔·다리·히프·어깨의 각각의 동작이 스윙 중에 개별 명령을 내리도록 뇌가 작동하면 재앙이 된다. 연습장에서 또는 집에서 좋은 스윙폼을 만들기 위한 중간점검용으로만 활용하고 실제스윙시에는 모든 동작이 일체화되고 One Piece로 Smooth 하게 마치 크고 작은 수 십개의 톱니바퀴가 일체가 되어 움직이도록 해야 한다고 다시 한 번 강조한다.

스윙 중에 할 일은 공만 쳐다보고 아무 생각이 없어야 한다.(뇌가 근육신경에 명령을 내리도록 내버려 두면 절대 안된다는 것을 다시 한 번 강조한다.) 체중이동도 마찬가지다. 체중이동이 좌우전후로 자연스럽게 한 동작으로 이루어져야야지 중간에 끊기든가 속도가 달라지든가 하면 재앙이 된다.

체중의 중심점이라고 할 때 용어의 정의가 필요하다. 체중이라고 할 때는 일반적으로 몸 전체의 무게를 말한다. 체중의 이동이라고 할 때는 몸 체중의 일부가 간다는 뜻이고 몸무게 전체가 한 곳 또는 한 점으로 간다는 뜻은 아니다.

체중의 중심이라고 할 때도 두 가지 뜻이 있다. 中心Center으로 해석하면 체중의 한 가운데 라는 뜻이고 重心Center of Gravity이라고 하면 지구중력의 작용으로 한 점을 뜻한다고 생각한다.(건축학에서 분포하중) 지구중력의 작용이 되었던, 분포하중이 작용되었던 우리 근육의 힘으로 작용되었던 무게가 어느 한 쪽으로 쏠리는 것이 체중의 이동이다.

골프에서 체중의 이동이라고 할 때는 몸무게의 전체가 한 곳으로 간다는 뜻은 아니다.(집중하중) 왜냐하면 우리 인간은 두 다리로 몸 전체의 무게를 감당하고 있기 때문이다. 왼발을 완벽히 들고 있어야 체중의 重心이 또는 균형점이 한 발쪽으로 옮겨가는 것이 된다. 한 발로 갔을 때도 한 발의 어느 부위로 重心이나 균형점이 갔느냐의 문제가 제기된다.

내가 사용하는 체중의 중심점은 체중이 이동될 때 체중이 또는 중력(분포하중)이 가장 많이 느껴지는 부분을 뜻한다. 이 중심점이 이동하면 이동 위치가 많을수록 조합의 가지 수가 많아진다. 그래서 체중 중심점의 이동을 한 가지, 두 가지, 세 가지 그외 수십 가지로 구분 가능하지만 벤 호건은 조합의 수, 변수의 수를 단순화하기 위해 우리 인간이 두 다리가 있음에도 불구하고 코, 머리, 지면의 일직선 하나의 축 이론을 주장하기 위해 피나는 노력을 하였고 그 이후 2가지 축, 오른발 전체로 느끼는 체중의 이동이 대세가 되었고 거기에도 정도의 차이가 있다. 잭 니클라우스 식으로 왼발을 많이 듦으로써 체중이 오른발 쪽으로 많이 가는 유행을 만들기도 했으나 최근에는 왼발에 체중이 더 남아 있는 것이 대세가 되었다.

내가 주장하는 체중의 이동은 Ball of Feet(오른쪽 엄지발가락 뿌리 부분의 불룩한 부분)에서 뒷축으로 이동하는 것을 추가하는 체중부분하중의 이동개념이다. 한 가지를 추가하면 조합과 변수가 많아지기 때문에 도리어 골프스윙이 어려워진다는 반론을 제기할 수도 있다. 그러나 물리학의 가장 기본적인 원칙 변위가 수평성분과 수직성분이 있는 한 5,000야드 이상 길게 뻗어있는 골프장의 속성상 거리증대와 방향의 정확성을 기하기 위해서는 체중부분하중의 이동을 한 가지 더 추가하여야 한다고 주장한다.

그리고 또 한 가지 가장 중요한 이유는 일관되고 지속적인 Late Hitting을 하기 위해서는 오른발 뒷축에서 앞축으로의 체중이동이라는 선행작용 또는 동시작용이 없으면 아마추어의 골프 타수의 감소 싱글진입은 거의 불가능하기 때문이다. 또한 몸으로 느끼는 스윙을 하기 위해서는 체중이동의 느낌이 바로 핵심이기 때문이다. 아마도 골프스윙 이론 발전단계에서 처음부터 체중이동에 관련된 용어의 정의부터 정확히 하고 시작되었다면 많은 시행착오도 줄이고 그 발전속도도 빨랐을 것이라고 생각한다.

　호건식 어드레스와 그립을 하면 양손은 거의 B라인 선상(Ball of Foot를 연결하는 선상)에 있게 되고 최상호(한국, 1955~　) 프로의 어드레스 자세, 요즈음의 디셈보 어드레스 자세를 하면 B라인은 발끝 바깥쪽에 있게 된다.

◀ 페블 비치 #1번홀

골프의 템포와 리듬에 대한 종합해설 8

군사학에서는 템포를 전쟁에서 군사활동의 속도와 리듬을 말한다. 단순히 속도만을 의미하는 것이 아니라 전투상황, 적의 탐지, 대응능력평가에 따라 작전의 속도와 집중을 적절히 통합하는 것을 의미한다. 음악에서는 템포를 음표의 시가로서 인간의 걸음걸이나 맥박수(1분간 80회) 1분 동안 연주되는 소절 수, 가령 왈츠의 경우 29 등 빠르기를 뜻한다. 그러나 어떤 곡의 템포를 절대적, 객관적으로 규정한다는 것은 불가능하다. 연주자의 특성, 양식, 음향성 등에 작품의 표현 내용 구조형식에 따라 달라질 수 있다. 이와 같이 전체적인 맥락에서는 어원을 같이 하나 자기 분야의 특성에 따라 그 용어 정의를 다르게 하고 있다. 골프에서도 그 물리적, 정신적 운동의 특성에 따라 개념정의를 하여 많은 골퍼들이 용어의 혼란사용에 따른 불편을 제거하여야 할 것으로 생각된다.

	템 포	리 듬
골프	최고 속도가 주된 관심사	일정거리 주된 관심사
육상	마라톤 1등	마라톤 완주
경제	최대 생산량(자본주의)	균등분배(사회주의)
음악	객관적 물리적 속도	주관적 속도 추가
물리	스칼라량(크기)	벡터량(크기+방향)
심리(뇌)	분석뇌(좌뇌), Self1	통합뇌(좌뇌+우뇌), Self2

30cm 정도의 거리를 항상 2초에 왕복하고 평균속도도 전 구간에서 동일하다면 템포와 리듬은 똑같은 개념이나 접점이 되어버린다. 그러나 현실의 골프 스윙 세계에서는 이런 일이 일어나지 않는다. 리듬적으로 30cm를 갈 때는 1.5초에 가고 올 때는 1초에 오면 기준거리는 같으나 2개의 리듬이 존재하고 템포적으로는 헤드의 움직이는 총거리 3m전후에서 백스윙의 각 단계마다, 폴로스윙의 각 단계 마다의 속도는 다르므로 전체 평균속도가 리듬과 접점이 이루어지더라도 타격시 최대속도를 최대관심사로 하는 골프 템포는 수 백개의 템포가 존재한다.

　따라서 골프에서 주된 관심사는 리듬에 있어서는 몸통의 움직임, 구체적으로는 왼쪽 어깨가 움직이는 30cm거리 안에서 발생하는 리듬이 주된 관심사이고 3m전후의 헤드가 움직이는 거리 공간에서 임팩트 전후의 최고속도가 템포의 주된 관심사이다를 전제하고 리듬과 템포의 용어 사용을 적절히 하고자 한다.

　따라서 골프에서의 템포(속도)는 최대속도, 평균속도, 출발속도 3가지 개념으로 설명하는 것이 좋고, 리듬에서는 오고 가고 하는 똑같은 리듬, 가는 것보다 오는 것이 조금 빠른 리듬, 두 가지로 구분하는 것이 좋다고 본다.

　골프의 리듬을 정의하려는 것은 어려우나 경험하는 것은 쉽다. 이것은 마치 음악에 따라 춤추는 것과 유사하고 들이 쉬고 내쉬는 호흡과 같다. 춤과 호흡이 만족스러우면 이것이 바로 리듬있게 동작을 한 것이다. 따라서 리듬은 본질적으로 인간의 우뇌가 작용해서 신경작용, 근육작용에 따라 일어나는 결과가 아니라 우리 몸 안에 내재하고 있는 통제, 제어, 조절작용에 의해서 우리 몸통이 일정한 거리를 가고 오고 하든가, 올리고 내리고 하는 동작의 기본이 되는 2개의 맥박이나 비트Beat이다.

백스윙 시 2개의 일반적 실수 즉, 백스윙을 완성하지 못하는 것, 다운스윙 시 손으로 힘을 가하고 서두르는 것은 우리 몸에 내재한 자연리듬을 살리지 못하고 간섭시킨 결과이다.
　우리의 리듬은 시간에 따라 환경에 따라 변하지 않는 정적동작이 아니라 우리의 신체조건 크기와 형태, 우리의 기질과 기술수준에 따라 적당한 리듬이 존재하는 동적개념이다. 따라서 골프의 리듬은 누가 가르쳐 줄 수 없는 본인이 찾아내어야 하는 대상이다. 상황에 따른 여러 가지 리듬이 존재하겠지만 전문 프로의 경우 상술한 2가지, 아마추어는 가고 오고가 똑같은 거의 1가지 리듬에 몰두하는 것이 효과적이라고 본다.(개인은 한 가지 리듬이지만 각 개인이 가진 리듬은 서로 다르다는 점이다.) 만약 개인이 여러 가지 호흡법(이동철 호흡법 4, 8, 16, 32, 64가지)의 가지 수가 많아지면 그만큼 리듬이나 변수의 가지 수도 많아지고 가장 좋은 골프 스윙의 조합의 수를 무한대로 확대시키기 때문에 얕게 길게 천천히 쉬는 호흡법 한 가지에 집중하는 것이 좋다고 생각한다.
　자기만의 리듬을 찾기 위한 방법으로는 눈을 감고 몸통의 좌우로 속도 중에 가장 편안하게 느껴지는 움직임을 찾으면 된다는 점이다. 그런데 여기서 중요한 것 중의 하나는 몸통은 척추 각도만큼 기울이고 있으므로 체중의 배분이 엄지 발가락 뿌리 부분Ball of Feet에 균형되게 왔을 때 좌우로 돌리는 편안한 속도를 찾아야 한다. 그리고 좌우돌림의 현상에 따라 그 체중의 중심점을 뒷축 끝으로 이동한다는 점이다.
　체중의 중심이 뒷축 끝에 왔을 때가 몸 꼬임의 한계점이고 그 시점에서 백스윙 탑의 전환이 이루어진다는 점이다. 가는 리듬과 오는 리듬의 전환점이 바로 체중이동의 한계점과 일치해야 된다는 점이다. 천천히 마시는 호흡과 천천히 내쉬는 호흡의 전환점은 바로 이 순간 이루어져야 한다고 본다. 백스윙 탑의 전환점이 체중 이동의 전환점(한계점, 기준점), 몸통 꼬임의 전환점, 호흡의 전환시점이 모두 같아야 한다는 자연적 결론을 제시하고자 한다.

이 네 가지가 같을 때가 완벽한 스윙이라고 정의할 수 있다. 타이거우즈가 완벽한 스윙이라고 느끼는 샷은 3~4라운드 중 한두 번에 불과하다고 말한 것은 이 네가지 전환시점을 동시에 충족시키기가 그만큼 어렵다는 것을 뜻한다. 리듬은 체중의 부분하중 이동과 밀접한 관련이 있다. 왜냐면 리듬은 일정한 거리(어깨이동 30cm)를 이동하는 것이므로 이때 체중이동은 필연적으로 수반한다. 우리 몸에 중심점 3가지가 있다면 왼쪽 골반 끝, 왼쪽 겨드랑이, 왼쪽 발 안쪽이 연결되는 A축(DW)과 척추선이 중심이 되는 L축과 마지막으로 오른쪽 겨드랑이, 오른쪽 골반 끝, 오른쪽 발 안쪽이 연결되는 B축(D′W′)이 있다.

어드레스 자세에서는 이 세 축에 체중의 중심점 또는 부분하중이 골고루 분산되어 있다. 백스윙의 리듬은 코킹이 시작되면서 체중의 중심이 발 뒤끝(W′) 쪽으로 이동이 완료될 때까지이다.(이것을 LDW하중이라 명하고 p.140에 도표로 표시하였다.)

A축(WD)과 B축(D′W′)은 체중의 중심점(부분하중)이 A축 선상에서 W에서 D로 선행 이동하면서 D에 다시 L을 거쳐 수평축의 마지막 D′에 도착(이 때 양 손과 샤프트는 허리 높이에서 지면과 평행함)한 후 W′로 백스윙의 전 과정의 부분하중 이동이 완료된다.

미국의 유명한 스포츠심리학 박사 Glen Albaugh는 샘 스니드Sam Snead(미국, 1912~2005)로부터 잭 니클라우스Jack William Nicklaus(미국, 1940~) 타이거 우즈Eldrick Tont Woods(미국, 1975~)까지 기술적으로 정의 가능한 완벽한 스윙은 없다는 뜻으로 이야기하면서 "The Perfect swing for you is the one you trust." 완벽한 스윙은 당신의 능력을 믿

는데 있다 라고 정신면을 강조하였지만 완벽한 스윙은 정신적 능력과 육체적 기술의 조화에 있다고 하는 편이 정확하다고 생각되어진다.

내가 주장하는 네 가지 전환점 동시적 추구는 주로 육체적 기술에 가까우면서도 거기에는 정신적 능력의 훈련이 가미되어 있기 때문에 이 네 가지를 동시에 조화시킬 수 있다고 믿는 신념과 자신이 있으면 완벽한 스윙은 이루어진다고 주장한다.

이 때의 체중 부분하중 이동은 왼쪽에서 오른쪽으로, 그 다음 앞쪽에서 뒤쪽으로 이동하는데 이 이동과정이 매끄럽고 일정한 속도로 원피스로 이루어지면 골프의 백스윙 동작은 리듬있게 완벽하게 이루어졌다고 본다. 이 과정은 앞에서 설명한 ABC라인 이론과 완벽하게 일치한다.

좌우 체중이동은 좌우거리(속도)에 주된 영향을 미치고 전후 체중이동은 방향에 주된 영향을 미친다. BC라인의 간격이 좁을수록 전후 체중이동의 폭이 좁을수록 방향의 정확성이 높아진다. 좌우 체중이동의 간격이 클수록 거리(속도)는 늘어나지만 정확성은 줄어들 수 있다. 연습량이 많은 프로는 스탠스Stance를 일반인보다 조금 넓혀서 좌우 체중이동의 폭을 넓혀서 거리를 쉽게 늘릴 수 있으나 연습량이 적은 아마추어는 스탠스를 너무 넓히지 않는 기본자세를 취할 필요가 있다고 본다. 아마추어는 거리보다 방향의 정확성이 더 중요하기 때문이다. 아마추어는 허리를 너무 굽히거나 또는 무릎만 굽히고 허리는 굽히지 않을 경우 전자는 전후의 체중 이동 폭이 너무 크고 후자는 팔이 지나갈 수 있는 여백이 거의 없으므로 방향의 정확성에 심각한 문제가 발생한다고 본다.

프로의 경우 척추각의 기울기, 무릎의 굽힘, 스탠스의 폭은 프로 100명 통계의 최대 공약수에 크게 벗어나지 않는다. 아마추어는 이 세 가지 편차가 너무 크므로 이 세 가지 기본자세의 끊임없는 시행착오를 경험하게 된다. 먼저 프로의 경우를 따라해 보고 조금씩의 가감조정으로 자기 것으로 만들 것을 권고한다.

　방금 내가 서술한 것은 프로의 스윙관찰, 나의 40만 번의 스윙연습 끝에 도출한 실험적 결과이지만 물리이론적인 측면에서는 하자가 없다고 본다. 그리고 체중이동의 고속촬영, 몸통과 헤드 이동의 고속촬영 기법으로 양쪽을 결합할 수 있다면 증명되리라고 본다.

　체중 부분하중의 이동이 옆으로 놓인 직사각형 모양으로 이루어지는 것에 대하여 어떻게 운동방향이 90°로 꺾이는가 의문을 가질 수 있다. 이는 상체를 척추를 일정 각도로 기울이고 양 발을 지면에 붙이고 몸통을 타원형으로 돌린 근육운동의 결과가 체중의 부분하중이 90° 형태로 이동한 것이지 근육운동의 방향이 90°로 꺾인 것이 아니라는 점이다.

　과거와 최근의 스윙형태가 달라진 것 중에 하나가 과거에는 백스윙 시잭 니클라우스처럼 왼발 뒷축을 많이 들어올리는 형태를 취하였으나 요즈음의 Tour Pro는 왼발을 백스윙 시 들어올리는 경우가 거의 없다. 이는 체중 중심점의 이동을 천천히 한다는 것으로 해석된다. 백스윙 시 일관성 있는 리듬을 갖기 위한 노력이 축적된 결과라고 생각한다.

　코킹이 체중 중심점의 이동에 미치는 영향을 생각해 보자. 어떤 교습가는 아마들이 코킹이 잘 안되는 치유법으로 또는 백스윙의 단순화를 위하여 스윙 초기에 코킹을 완료하고 백스윙에 들어가는 교습법에 나는 찬성하지 않는다. 미세한 체중 중심점의 잘못된 이동은 목표지점보다 벗어나게 하는 결과를 초래하고 모든 근육의 일체화된 비례적인 움직임이라는 스윙의 원칙에도 어긋나기 때문이다.

　근육꼬임의 한계, 체중이동의 한계 때문에 코킹은 저절로 일어나도록 해야지 양 손이 BC라인(당연히 있어야 하고)에 있으면 몸통 턴의 결과 코킹은 저절로 이루어진다. 또한 많은 교습가는 팔의 운동방향을 의도적으로 안쪽 또는 바깥쪽으로 움직이라고 가리키는 것을 자주 본다. 이는 코킹과도 관련되어 있지만 팔이 몸통과 유지하고 있는 각도 또는 밀착정도를 달리하는 교습방법인데 체중 중심점의 이동방향을 변경시켜 정상궤도에서 벗어나게 하는 방법, 즉 비정상을 비정상으로 치유하는 방법이기 때문이다.

샤프트가 지면과의 약 40° 전후의 경사에서 스윙탑까지 움직이는 동안 손과 팔이 들어올리는 동작은 없다는 것을 뇌신경회로에 기억시켜야 한다. 샤프트가 허리 높이에서 지면과 수평이 되는 순간까지 오른손목의 밖으로 꺾임과 그 이후 백스윙 탑까지 가는 동안 양손의 안으로 꺾임만이 존재한다.

샤프트와 헤드가 지면에서 머리 높이까지 올라가는 것은 척추기울기만큼 숙인 동작에서 몸통의 Turn에 의해서만 자연적으로 일어나는 것이지 손과 팔의 들어올리는 동작은 없다는 점이다. 왼손과 오른손의 꺾임(코킹)도 ABC라인 위치를 준수하면 체중의 부분하중 이동에 의해서 자연적으로 일어나도록 반복적으로 연습하여야 한다.

나는 30년의 골프생활 중 아주 특별한 경우를 제외하고는 의도적인 페이드 샷과 드로우 샷을 시도하지 않는다. 대부분의 골프장의 경우 직선 샷만 정확하게 할 수 있으면 파온이 가능하기 때문이다. 나무와 도그래그가 겹쳐서 꼭 필요한 경우에는 몸의 정열을 달리하고 그립을 함으로서 의도한 샷을 만들어낸다. 도그래그 홀이고 높은 나무가 있는 경우는 직선 샷은 불가능하지만 외국에서는 이런 홀이 있는 경우를 많아 보아 왔으나 국내에서는 내 경험으로는 이런 홀을 본적이 없다. 프로의 경우는 많은 연습량이 있음에도 불구하고 의도한 페이드 샷과 드로우 샷의 성공률이 나는 반반이라고 본다. 프로의 구질은 둘중 하나인 경우가 많고 둘 다 잘하는 프로는 드물다. 하물며 아마추어의 경우는 5~10% 미만으로 생각된다. 그래서 나는 양 손은 BC라인을 지키고 체중은 LDW하중 범위 내에서 이동하고 변화한다면 아마추어의 정상에 도달할 것으로 확신한다.

　백스윙에서의 리듬에 대해서는 개인이 두 가지 리듬이 가질 필요도 없고 가지기도 힘들고 설사 가졌다 해도 그 결과는 재앙을 초래한다고 본다. 아무리 프로의 스윙을 관찰해 보아도 나는 두 가지 리듬을 관찰한 적은 아주 희소하다. 아마추어의 경우 백스윙을 두 번, 세 번 꺾어서 올리는 것을 자주 보는데 이런 골프는 100%가 90 이상을 깨기가 힘들다고 본다.

　문제는 폴로스윙이다. 프로의 스윙을 자세히 관찰하면 백스윙 시에는 A축(왼발)과 B축(오른발)의 간격이 유지되나 폴로스윙시에는 L축(척추)과 B축(오른발)이 겹치기 때문이다. 이 간격차이만큼(체중이동의 차이만큼) 리듬이 달라질 수 있기 때문이다. 또 한편으로는 L축과 B축이 폴로스윙시 겹치는 시점까지는 리듬은 같으나 L축이 A축으로 옮겨가는 과정에서는 리듬이 빨라진다고도 할 수 있으므로 나의 한계로 확인할 방법이 없다. 그러나 우리가 걱정하지 않아도 되는 것은 리듬은 우리의 우뇌작용에 의해서 만들어 지는 것이 아니고 우리의 몸이 알아서 처리하는 동작이므로 그 리듬이 빨라졌다고 하면 거기에 맡겨 놓으면 된다고 본다. 아마 이 차이는 어드레스의 기본원칙인 그립에서 오른손이 밑에 있고 척추각이 아주 미세하게 오른쪽으로 이동하고 지구의 중력을 이기기 위해 드라이브의 페이스 각도가 9~12° 상향되어 있는 것과의 연관 동작에 의해 백스윙의 리듬은 같거나 또는 미세하게 달라져서 B축과 L축이 겹치는 결과를 초래하지 않을까 하는 추측을 해본다.

⟨Swing like a pro⟩에 대한 나의 해설　9

　부치 하먼Claude Harmon Jr(미국, 1943~　)은 골프의 90%는 그립과 셋업이라고 한다. 골프 아카데미 3개월 코스에 가면 가르치는 과정의 90%가 이 두 가지라고 한다. 그래서 PGA 프로 100여명의 스윙을 컴퓨터 분석에 의해 가장 많이 사용하는 방법을 소개한 "Swing like a pro"에서 이야기하는 내용을 소개하고 해설하고자 한다.

　그런데 한 가지 유의할 것은 이것은 서양인의 기본자세를 기초로 한 통계적 기준치이지 절대적인 것은 아니라는 점이다. 하버드대학교가 밝힌바에 의하면 인류가 최초 농경생활을 하기 전에는 수렵생활로 생존하였기 때문에 오른쪽 뼈와 근육의 발달 정도가 다르다고 한다. 이는 지구상의 같은 시기에 농경생활을 하였느냐 수렵생활을 하였느냐에 따라 골격차이가 다르게 나타난다는 것을 시사하고 있다.

　모든 프로와 골프 레슨가는 자기의 선호를 레슨생들에게 절대적인 법칙이나 원칙으로 가르쳐서는 안 된다는 것을 분명히 하고자 한다. 리듬 속에 환경적, 신체적 특성이 녹아 있고 또한 그것을 해석하는 정신적 뇌의 작용이 다르다는 점은 앞선 장에서 여러 번 설명한 바 있다.

〈Swing like a pro〉에 대한 나의 해설

프로의 그립

원칙에 어긋난 그립은 좋은 스윙을 망치는 결과를 초래한다. 프로는 클럽헤드가 공에 직각을 이루도록 스퀘어Square 그립을 한다. 그립의 오차가 5°이상이면 공은 페어웨이를 벗어난다. 원칙에 어긋난 그립은 또는 그립의 오차는 손과 손목의 올바른 움직임을 방해한다. 대부분의 프로가 채택하는 그립은 바던 그립Vardon Grip이다. 바던그립은 손가락이 샤프트를 감싸지는 형태를 취하고 양손이 포개지도록Overlapping 오른쪽 새끼손가락이 왼쪽 검지와 중지 사이에 들어가도록 하는 방법이다. 왼쪽의 엄지가 샤프트의 오른쪽 위에(목표의 반대방향) 놓이게 되고 오른손의 엄지와 검지가 이루는 삼각선이 어깨를 가리킨다. 이 그립은 양손의 간격을 좁혀주고 두 팔꿈치의 축이 접점을 이루도록 함으로써 양손이 일체화되어 움직이도록 도와줌으로 생체 물리학적 관점에서 가장 좋은 그립이다. 가장 좋은 그립은 양손이 임팩트를 전후하여 샤프트와 손이 일체화가 되어 회전운동을 하여야 하는데 이 그립이 그 회전운동을 가장 원활하게 해주는 그립이기 때문이다.

다음으로 중요한 것은 그립에 대한 압력이다. 그립에 압력을 너무 가하게 되면 손과 손목의 움직임을 방해하게 된다. 욕망과 본능 때문인지 모르지만 대부분의 골퍼가 그립할 때 필요 이상의 압력을 가하는 것이 불치의 병이다. 특정 손가락의 압력으로 페이드나 드로, 심한 훅이나 슬라이스의 치료방법으로 사용하는 경우도 있으나 이는 오랜 연습량이 필요한 방법이고 손목 손가락을 조작하지 않는 방법으로 스윙자세를 바꾸는 것이 좋다고 본다.

그립은 되도록 방향과 각도가 유지되는 범위 내에서 되도록 약하게 잡고 임팩트시에 방향과 각도가 뒤틀리지만 않으면 된다. 그립을 강하게 잡을수록 임팩트가 강하게 된다고 믿는 생각과 개념을 버려야 한다. 내가 본 99%의 아마추어는 이 생각을 버리지 못하고 있다고 생각한다. 거리는 임팩트시에 가속에 의해서 나오지, 그립의 힘에 의해서 나오지 않는다는 것은 골프 물리학, 템포와 리듬에서 수차례 설명한 바 있다. 과도한 그립의 압력은 최대 속도가 임팩트 에어리어에서 가속되는 것을 방해하는 요소라는 것을 잊지 말자.

그립의 압력은 ABC라인 선상에 있도록 방향만 유도하는 정도의 압력만 있으면 된다는 것이 나의 생각이다. 체중 이동을 Staple 형태로 하지 않기 때문에 손가락별로 그립의 압력을 조정할 필요가 생겨나지 않았나 추정한다. 오른손으로 치느냐 왼손으로 치느냐의 생각을 갖는 그 자체가 그립에 불필요한 압력을 가하는 것이라고 굳게 믿는다.

모든 아마추어가 이 생각만 버려도 싱글 핸디캡 진입을 수월하게 할 것을 이 기본 관념을 버리지 못하고 있기 때문이라고 생각한다. 약한 그립Weak Grip을 잡았을 때 잘 맞지 않는 결과가 나오면 이는 다른 기본을 잘못해서이지 그립을 잘못해서가 아니라는 점을 분명히 한다.

부록에 수록한 14가지 원칙이 기본이다. 그것을 참고하기 바란다. 손가락이나 손바닥에 군살이 생기면 그립을 잡는 방법, 그립에 대한 압력이 잘못되었기 때문이다. 이것을 고치지 않고는 백약이 무효다. 골프가 잘 되지 않으면 그립으로 다시 돌아가자. 잭 니클라우스는 해마다 그립을 다시 복습한다고 그의 책에 기술하고 있다. 다시 말하지만 골프의 기본 중에 기본이 그립이다.

　클럽헤드가 임팩트 에어리어에서 나오는 속도는 아마의 경우 시간당 80마일 전후다. 그리고 임팩트 에어리어를 지나가는데 소요되는 시간은 0.2초에 불과하다. 임팩트시의 충격은 120파운드에 달하는데 반하여 보통 우리가 통제가능한 원심력은 20파운드에 불과하다. 따라서 우리의 생각과 의지로 임팩트 전후에 근육을 조종하여 손과 손목과 팔뚝과 팔꿈치를 움직인다는 것은 매우 어렵다.

　이 말은 또한 임팩트시 손과 손목을 또는 그 외의 근육을 사용하여 페이드나 훅을 만들어 내는 것은 매우 어렵다고 생각한다. 그것들이 가능한 것은 손과 손목의 동작이라 보기보다는 체중부분하중의 이동이 페이드성이냐, 드로우성이냐에 따라 결정된다고 보는 것이 나의 생각이다.

　이상의 논증에서 알 수 있듯이 적당한 척추의 기울기, 몸통을 움직이는 리듬, 이에 따른 팔의 움직임에 의한 ABC 라인을 따라가는 궤적에 의해서 골프 스윙은 이루어진다는 것을 주장한다.

　우리의 몸은 타격의 준비동작(백스윙의 탑), 타격후의 동작(폴로스윙의 끝)에 의해서 임팩트가 이루어지지, 임팩트 과정에서 우리의 몸과 근육이 할 수 있는 역할은 없다는 점이다. 이 말은 나의 골프 입문시절 백스윙, 임팩트, 폴로스윙 몸통의 위치를 3면의 거울 속에 그려놓은 방법이 합리적이고 좋은 연습방법이라는 것을 증명하고 있다. 나는 그때 골프의 물리적, 음악적 성격을 모르고 본능적으로 떠올랐던 착상이 오늘날의 나를 있게 하지 않았나 하고 생각한다.

　척추각도가 똑같이 유지한다는 전제하에서 백스윙이 끝났을 때 왼팔의 각도와 다운스윙이 거의 끝날 무렵 오른손의 각도가 같으면 임팩트시에 Square(직각)하게 맞았다는 증명이다.

헤드가 볼에 타격을 가하였을 때 그 느낌을 전달받는다고 하는 표현을 내 나름대로 해석하면 나는 옳은 템포와 리듬에 따라 타격이 가해졌을 때 실제로는 헤드가 앞으로 가고 있지만 나의 느낌은 헤드가 공에 맞았을 때 그 반발력으로 헤드가 약간 목표방향과는 반대로 튕겨나오는 느낌을 갖는다. 이 느낌을 가지려면 그립에 압력이 있어서는 절대로 느낄 수 없는 느낌이다. 이 느낌을 많이 받는 샷이 나올수록 그날의 스코어는 언더 파(Under Par)를 기록하는 날이다.

〈Swing like a pro〉에 대한 나의 해설

척추각과 셋 업 Set Up

스윙 모든 동작의 질은 어드레스시 셋 업Set Up의 결과에서 결정되어진다. 좋은 셋 업 없이는 좋은 스윙이 나올 수 없다. 셋 업에 따라 균형, 힘, 타이밍, 리듬, 역학(기법, 매커니즘)으로 연결되기 때문이다.

그 첫 번째가 공의 위치다. 드라이버는 왼발 뒤축 끝부분과 일직선되는 위치, 페이스의 각도가 증가함에 따라(쇼트 아이언까지 갈수록) 공의 위치는 점점 오른쪽으로 이동하고 웨지의 경우 양발의 중앙 부근에 오는 것이 조금씩의 편차는 있으나 모든 프로들의 공통사항이다. 공의 오른쪽으로 이동하여야 하는 것은 그립시에 오른손이 왼손 밑에 있게 되는 것에 따라 샤프트의 길이가 점점 짧아지는 오른쪽 어깨가 왼쪽 어깨보다 밑에 있게 되는 결과에 따른 당연한 결과이다. 그리고 공과 발의 거리도 샤프트의 길이와 라이각 때문에 드라이버는 멀게 되고 웨지는 짧아지게 되어있고 손의 위치도 프로의 통계를 보면 웨지의 경우는 짧고 드라이버의 경우는 조금 길다. 그러나 이 차이는 아주 적다. 이게 어드레스 시 공의 위치에 관한 기본 원칙이다. 클럽이 일정한 경우에는 척추의 각도와 팔의 길이에 따른 가감만 존재할 뿐이다. 아마추어가 클럽을 고를 때는 자신의 신체적 조건 특히 팔의 길이는 클럽의 길이와 클럽의 라이와 밀접한 관계가 있고 특히 척추의 숙이는 각도에 따라 이 관계가 더 많이 작용되어진다. 이 점이 클럽의 무게나 탄성보다 먼저 고려해야 할 중요한 요소가 된다.

프로의 통계는 드라이버의 경우 발과 공과의 간격 32인치 아이언 9번인 경우 20인치로 나와 있다. 공과 발과의 거리는 척추각과 팔의 길이뿐만 아니라 키, 어깨와 히프의 폭, 팔의 길이, 발의 사이즈에 따라 가감이 있게 된다. 볼의 위치는 타격 방향 설정보다 더 많은 영향을 끼친다는 것은 통계적 결과가 아니라 물리적, 기계적 특성의 결과다. 이 점에서 이 모든 특성도 일정한 척추각의 기울기와 무릎의 기울기를 전제로 한다. 어드레스마다 이 양 기울기가 달라지면 아무리 자신의 신체조건에 맞도록 피팅 된 클럽도 제 기능을 발휘할 수 없게 된다는 점을 명심하기 바란다.

다음으로 발의 위치는 목표방향과 평행되는 위치에 두되 발끝이 향하는 각도다. 양 발을 90° 직각으로 놓는 것이 백스윙과 폴로스윙을 동일한 리듬으로 하기 위해서는 수직으로 놓는 것이 정상이나 프로의 대부분은 왼발을 목표방향으로 조금 돌린다. 그 이유는 아마, 프로 불문하고 몸통의 백스윙의 리듬에 맞추어 주지 못하는 다운스윙의 리듬을 맞추어 주기 위함이라고 풀이된다.

다음으로 무릎의 위치와 각도다. 프로는 오른쪽 무릎의 위치를 지키기 위해서 약간 굽힌다. 이렇게 하는 이유는 체중이 과도하게 오른쪽으로 이동하는 것을 방지하며 골반과 허리와 상체의 비틀림이 과도하지 않도록 제어하기 위한 수단도 되고 다운스윙 시의 힘을 축적하기 위한 수단도 되고 백스윙과 다운스윙의 전환점을 제어하기 위한 수단도 되기 때문이다. 이상의 과정은 상체의 움직임을 제어하고 통제하기 위한 것이고 다른 말로 하면 일정한 리듬을 만들기 위한 수단도 되기 때문이다. 나는 같이 스윙하는 동반자의 오른쪽 무릎만 유심히 보고 있어도 샷의 결과를 미리 알 수 있다는 것을 경험하였다.

아마 인간은 본능적으로 위치 에너지를 높이는 것이 힘을 증대시킨다는 것을 알고 있다. 그래서 백스윙을 되도록 높이려고 노력한다. 그래서 굽힌 무릎을 높은 위치 에너지를 갖기 위해서 무릎을 펴게 되든가 척추기울기를 세우는 뇌의 작용이 있게 된다. 그 결과 머리 위치는 원래 위치보다 더 높이 올라간다. 이게 바로 그 유명한 헤드업이다. 헤드업은 머리를 드는 것이 아니고 무릎을 펴고 척추를 세우는 것이 헤드업이다. 이 뇌가 작동하지 않도록 스윙 전에 다짐을 하여 둘 필요가 있다. 무릎을 약간 굽힌 상태로 척추기울기를 유지하는 것이 헤드업을 안 하는 방법이다.

척추가 기울어져 있기 때문에 어깨를 수평으로 돌리더라도 양손은 자동적으로 오른쪽 어깨보다 높은 위치에 있게 된다. 의도적으로 양손을 오른쪽 어깨보다 위로 보내려는 근육작용, 뇌 신경에 명령할 필요가 없다는 점이다. 다시 말하면 어깨를 수평으로 돌리면 왼쪽 어깨는 자동적으로 기울기만큼 내려오고 오른쪽어깨는 기울기만큼 올라가는데 이를 뇌신경이 잘못 이해하도록 하면 안된다는 것이다.

폴로스윙도 마찬가지다. 수평으로 돌려주면 척추각 때문에 왼쪽어깨는 자동적으로 올라오는데 이를 의도적으로 뇌신경이 근육에 명령해서 위로 올릴 필요가 없다는 점이다. 왼쪽, 오른쪽 어깨를 움직이는 근육은 허리와 등판의 반대편 근육의 수축이다. 이 수축이 리듬을 만들어 낸다. 이 수축작용을 일정하게 하도록 느낌을 갖게 되면 한결 부드러운 스윙, 부드러운 리듬을 가질 수 있다고 장담한다.

그래서 나는 리듬의 정의를 몸이 제어되고 통제된 움직임으로 포함시킨 것이 그 이유다. 지금까지 이야기 한 척추의 기울기는 엉덩이 꼬리뼈를 기준으로 앞으로 숙인 기울기였으나 척추의 기울기는 오른손의 위치가 약간 내려온 이상 그 만큼의 척추 기울기가 당연히 생겨야 된다는 점이다.

이 기울기를 의도적으로 수직으로 갖는다는 것은 공의 위치를 오른발 쪽으로 그만큼 이동시키는 결과와 마찬가지이므로 어떤 기본과 기준을 정하였으면 이를 변경시키지 말고 우리 몸의 자연스러운 상태가 유지되도록 해주는 것이 물리법칙과 운동법칙을 복잡하게 만들지 않는 당연한 방법인 것이다. 이 자세가 바로 프로의 통계적 기본자세인 양팔과 양다리가 만들어내는 거꾸로 세운 K인 것이다. 이것이 의미하는 바는 몸의 중심인 척추가 오른쪽으로 기울어 있다는 것인 수직일 경우보다 최저점이 약간 왼쪽으로 이동한다는 것을 의미한다. 이에 따라 공의 위치를 왼발 뒤축 끝 지점으로 옮긴 것이라고 이제 이해가 되었을 줄 안다. 그리고 티를 사용하여 타점을 약간 높인 것도 바로 이 이유 때문이다. 스탠스를 넓힐수록, 척추를 오른쪽으로 더 기울일수록, 오른손을 더 밑에 잡을수록 당연히 티를 더 높여 주어야 최대속도에 임팩트를 맞이하는 타이밍이 맞아들기 때문이다.

교습가는 이 원리를 가르치지 않고 무조건 드라이버 헤드 높이보다 티의 높이를 약간 높게 하라고 하니 교육생의 입장에서는 하늘로 치솟는 스카이 볼을 칠 것 같아서 티를 자꾸 낮추는 우를 범하게 된다고 생각한다. 내가 동반한 아마추어는 대부분 정상위치의 티보다 낮게 티를 꽂는다는 것을 경험적으로 체험하고 있다.

다음 양팔의 위치와 기능을 생각해 보자. 프로의 어드레스 자세는 왼팔은 거의 수직으로 쭉 뻗어 있고 오른팔은 약간 굽어있다. 오른팔을 약간 굽히지 않고 쭉 뻗어 잡으면 양손과 양손가락 샤프트에 잡은 바든그립의 원칙을 준수할 수가 없다. 일단 바던 그립을 기본으로 정한 이상 거기에 맞는 팔의 길이는 약간 굽힘으로써 맞추어 줄 수밖에 없고 약간 굽히는 것은 다른 효과도 있다. 왼팔은 몸과의 일정한 리듬에 맞추고 쭉 뻗어서 호를 크게 하는 역할이 주된 역할이나 오른팔은 손목과 팔꿈치를 이용하여 가속하는 역할을 하여야 하므로 쭉 뻗어 근육의 긴장을 가져오는 것보다 약간 굽힌 상태가 훨씬 유리하기 때문이다. 약간 굽힌 상태가 레이트 히팅Late Hitting을 하기 위한 오른팔의 자세 즉 샤프트 지면과 수평으로 유지시키는데도 유리하다.

다음으로 대부분의 프로는 백스윙의 중간단계(샤프트가 지면과 수평이 되면서 B라인에 있는 경우)와 다운스윙의 임팩트 이후 폴로스윙 끝의 중간단계(샤프트가 지면과 수평이 되면서 B라인 선상에 있는 경우)에서 팔의 오금의 방향이 어드레스 시의 오금의 방향과 거의 일치, 최소한 유사하다는 점이다.

이와 같이 프로의 스윙 폼에서 찾은 통계적 유사성은 모두 다 일정한 리듬, 템포, 타이밍을 찾기 위한 수단으로 설명이 가능하다는 점이다. 마지막으로 셋 업Set Up의 열쇠는 위치가 아니라 체중의 배분이다. 통계적 검증의 결과는 체중을 양발에 균등배분하고 그 위치도 엄지 발가락 뿌리 부분Ball of Feet이라는 점이다. 발바닥의 중심에 오지 않고 앞으로 가끔 교습서에서 보면 체중 배분을 클럽의 길이에 따라 오른발에 더 두라고 하는 경우가 많은데 이는 14가지 기준을 자기 취향과 선호에 따라 함부로 바꾸는 결과를 초래한다는 것을 인지하였으면 좋겠다고 생각한다. 체중을 더 두라고 할 것이 아니라 오른쪽 무릎의 위치를 지키고 약간 굽혀서 몸통의 움직임을 제어하라고 가르쳐야지 체중을 오른쪽에 두어서 몸통의 움직임을 제어하라고 하면 전후 순서도 바뀌었고, 한 번 정한 기준을 전체의 조화 없이 함부로 바꾸는 것을 의미하는 것이 아닐까 한다. 보다 정확한 표현은 부분하중이 증가하는 곳의 이동경로가 있다는 것이다.

나는 경험적으로 연습장에서 실제 고수의 프로가 아마추어에게 교습을 할 때 14가지 원칙을 무시하고 또는 리듬과 템포의 진정한 의미를 모르면서 일반 아마추어를 실험대상으로 삼는 것 같은 교습방법에 강한 거부감을 느낀다. 그래서 나는 스윙 폼에 대한 어떤 특징이나 현상을 말할 수는 있지만 대부분의 경우 그 치유방법을 언급하는 것에 대해서는 대단히 조심스럽고 자제해야 된다는 것을 경험적으로 알고 있다.

따라서 보기 플레이어가 하는 교습방법은 혼란을 초래할 뿐이니 귀담아 들을 필요가 전혀 없고 속으로 '당신이나 잘해라.' 하고 잊어버려야 된다고 생각한다. 자기가 고민하고 자기 몫으로 그 해답을 찾아야 한다. 최소한의 기본자세에 대해서는 책에서 습득하고 척추각의 기울기로 엉덩이 꽁지뼈에서 경추까지 직선이 아니고 경추에 가까운 쪽에서 약간 꺾인 형태를 취한 것이 프로의 통계적 기본 폼이다.

나는 이 기본 척추의 기울기가 동양인과 서양인이 약간 다르다고 생각한다. 동양인은 약간 타원형으로 더 굽은 형태이고 같은 서양인이더라도 프로골퍼와 일반인과도 약간의 기울기 차이가 있다는 것을 관찰과 경험으로 알고 있다고 생각한다. 이는 나의 경험에서 착안한 육식동물과 초식동물의 차이, 농경민족과 유목수렵민족의 차이 등에 의해서 척추의 기울기가 다르게 되고 이에 따라 일상생활에서도 달라지게 된다는 것을 굳게 믿고 있다.(이동철 호흡법 참조)

척추의 기울기가 기본적으로 다르면 팔뚝의 각도가 달라진다. 척추를 세우게 되면 손바닥이 하늘을 보는 자세가 기본자세가 되고 척추를 약간의 타원형으로 굽히게 되면 손등이 하늘을 보는 자세가 기본자세가 된다. 내가 관찰한 것이 경험적으로 나는 증명되었다고 믿고 있고 전수조사를 해도 당연히 그 결과가 나오리라고 장담한다. 이것을 전제로 했을 때는 그립, 셋 업, 어드레스 등 골프의 모든 자세에 대해서 새로운 검증시도가 이루어져야 한다고 생각한다.

〈Swing like a pro〉에 대한 나의 해설

03

프로의 백스윙

백스윙은 힙과 어깨턴에 의해서 힘을 축적한다. 또한 모든 동작의 연결이 쉽게 되도록 도와주는 량과 흐름과 리듬과 템포를 전해주는 역할을 하는 것으로 일반적으로 알고 있다. 그러나 백스윙은 힘과 흐름 외에도 많은 일을 수행한다. 백스윙은 스윙의 궤적을 모양 짓고 알맞은 균형(체중 이동)으로 충분한 스윙의 폭과 호를 만들어준다. 백스윙은 가장 이상적인 다운스윙의 구성요소가 빠르게 자연스럽게 작동될 수 있도록 몸의 각 부분이 정확한 위치와 방향을 잡아주는 역할을 한다. 나의 경험상 백스윙이 좋으면 다운스윙도 자연스럽게 좋아진다는 것을 경험으로 알고 있다. '다운스윙은 백스윙의 거울이다.'라고 생각한다.

많은 유명한 프로골퍼의 경우에도 컴퓨터가 분석한 동작의 최대 수렴치 밖에 있는 경우도 많았고 백스윙은 다운스윙과 달리 컴퓨터 분석이 쉽도록 천천히 움직이는 특성 때문에 다음과 같은 7가지 특성을 컴퓨터는 발견하였다.

첫 번째 특성은 팔과 어깨는 하나의 unit(구성단위)로 같이 움직인다는 점이다. 양팔과 어깨가 만들어 내는 역삼각형은 스윙 초기 동일면적으로, 동일방향으로 움직인다는 점이다. 스윙 초기에는 팔이 주도적으로 움직이는 동작은 없다는 점이다. 즉 몸통이 이동하고 선회함으로써 팔이 움직인다는 점이다. 내가 동반 라운드 한 아마추어의 90%가 내가 관찰하기에는 팔과 손이 먼저 움직이고 몸통이 뒤따라 움직인다는 점이다. 팔이 먼저 움직이면 백스윙은 필연적으로 빨라진다. 초기 백스윙이 빠른 투어 우승자는 거의 없다는 점을 TV 중계로 확인하기 바란다.

백스윙이 샤프트가 목표 방향과 평행되는 허리 높이까지 도달했을 때도 역삼각형은 거의 원형을 유지한다. 다만 오른쪽 팔꿈치가 아주 살짝 굽어질 뿐이다. 이 때 양손이 B라인 위에 위치한다. 이렇게 아주 살짝 굽어지는 것은 내가 관찰해서 창안한 ABC라인을 유지하기 위한 방법도 되고 과도한 상체이동(체중이동)을 자제하기 위한 방법도 된다. 그립의 특성상 오른손이 더 밑에 위치하고 있기 때문에 역삼각형을 오래 유지하기 위해서는 필연적 현상이다.

나의 오랜 고질병 중에 하나는 오른쪽 팔꿈치와 팔목을 굽히는 동작이 빠른 것을 아직도 완전히 고치지 못하고 있다. 공이 안 맞을 때는 항상 역삼각형의 상대적 오랜 시간의 유지라는 생각으로 돌아가면 금방 정상적인 스윙으로 돌아오는 것을 경험하고 있다.

두 번째 특성은 초기 몸통의 이동(체중 이동)이다. 오른발과 오른쪽 무릎에 체중이 왔다고 느낄 정도로 힙과 어깨와 머리를 오른쪽 측면으로 이동해주는 것이다. 초기 몸통 이동의 목적은 팔과 클럽을 원피스 테이크어웨이One Piece take away하는 다음 동작을 촉진시키기 위함이다. ABC라인의 B라인까지는 초기 체중이동은 어깨턴이 수직으로 더 많이 움직일수록 양손과 헤드는 수평으로 더 많이 움직이게 된다.

세 번째 특성은 몸의 턴(회전)이 시작된다. 이때부터 손목의 코킹이 시작되고 팔꿈치의 굽힘은 L자가 될 때까지 One Piece로 이루어진다. 이 단계는 ABC라인 이론에서 양 손이 B라인에서 C라인으로 헤드의 위치도 B선상에서 C선상으로 이동하는 단계이다. 체중의 부분하중도 이 때에 앞꿈치에서 뒷꿈치로 이동한다. 어깨의 이동은 주로 수평으로 이동하지만 척추의 기울기 때문에 양손과 헤드는 수직이동을 많이 하게 된다.(코킹과 팔꿈치의 굽힘도 수직이동을 강화하게 된다.)

몸의 회전이 시작되면 오른쪽 다리가 축의 역할을 하면서 힙과 상체와 어깨가 공으로부터의 거리가 최대한 멀어져서 샤프가 지면과 평행되게 되면(C라인 위에 있게 되면) 백스윙은 완성된다. 여기가 백스윙의 정점이다. 더 이상 몸통의 회전Turn이 일어나면 오른발에 과도한 체중이 실리게 되고 올바른 다운스윙을 시작할 수 없다.

네 번째 특성은 클럽의 페이스 각도가 목표라인 대비 백스윙 과정 내내 약간 닫힌 형태가 된다.(공쪽으로 약간 기운 형태) 약간 닫힌 형태가 되는 것은 손으로 클럽을 조작한 결과가 아니고 초창기 바든그립을 하고 코킹을 한 자연스러운 결과라는 점이다.

다섯 번째 특성은 손목, 팔목의 꺾임과 풀림이다. 올바른 그립만 하면 의도적인 코킹은 필요가 없다. 샤프트와 헤드 무게 때문에 ABC라인의 적정궤도를 따라가면 코킹은 저절로 이루어진다. 왼손의 코킹은 스윙 초기 샤프트가 허리 높이에서 지면과 평행될 때부터(B라인) 시작하여 점진적으로 이루어지다가 샤프트가 다시 지면과 평행될 때(C라인) 절정에 달한다.

여섯 번째 특징은 pace(속도)는 천천히 보다 매끄럽게 하라이다. 100명의 프로들 백스윙 소요시간은 0.9초이다. 이에 비해 결정적인 다운스윙 소요시간은 0.2초에 4배 이상으로 느리다. 0.9초는 어떤 의미로 길지 않은 시간이다. 따라서 스윙 속담, '느리면 느릴수록 좋다.'는 말은 틀린 말이다. 그리고 "프로같이 스윙하라 Swing like a Pro"는 것은 맞는 말이다. 나는 이 말도 맞고 속담도 맞다고 생각한다. 어떤 의미로 아마는 백스윙이 너무 빠른 경향이 있는 것도 사실이다. 올바른 궤적에 따라 0.9초에 올라가면 좋지만 그렇지 못하기 때문에 되도록 천천히 올려서 올바른 궤적을 찾아가야 한다는 뜻으로 해석되기 때문이다.

프로는 많은 연습량과 레슨에 의해서 궤적이 정확함으로 0.9초에 톱에 물 흐르듯이 매끄럽게 도달할 수 있다. 아마는 이 매끄러움이 없다. 이 매끄러움만 있으면 0.9초에 올라가도 좋지만 매끄럽게 올바른 궤적을 따라가지 못하기 때문에 되도록 천천히 움직이라는 뜻으로 해석하면 된다. 매끄럽지 못하게 하는 이유는 몸통의 회전 Turn이 리듬에 따라 제어되고 통제된 움직임으로 작동이 되지 않기 때문이다.

골프연습을 할 때, 손과 팔로 하는 것이 아니라 몸통의 꼬임과 풀림이 일정한 리듬으로 제어되고 통제되는 것을 터득해야 한다. 아마추어는 이것을 최우선 과제로 삼아야 한다고 생각한다. 프로는 많은 연습량에 의해서 빠른 리듬을 소화하지만 아마추어는 그렇지 못하기 때문이다. 단, 조건이 같은 상태하에서는 빠른 리듬의 차이가 30~40m의 거리 차이로 나타난다고 생각하기 때문이다.(당연히 근육꼬임의 강도도 거리에 영향을 미친다.)

'프로처럼 스윙하라.'에서 수 백명의 프로를 대상으로 최대 공약수로 추출한 기본자세 4원칙은 내가 주장한 ABC라인 개념에 거의 100% 부합하고 거기에 나의 템포와 리듬의 정의를 대입하면 반대도 된다든가 또는 어긋나는 점이 없다는 점을 그립, 셋 업Set Up, 백스윙Back Swing의 해설에서 밝히고 있다.

〈Swing like a pro〉에 대한 나의 해설

프로의 스윙 톱 Swing Top

샤프트가 지면과 수평이 되고 목표방향과 평행선이 되었을 때 톱 스윙Top Swing이 완성된다고 하는데 이는 정적인 표현으로는 맞는 정의나, 동적 정의 면에서 미완성이라 생각한다.

프로의 스윙 톱Swing Top이나 아마추어의 스윙 톱은 위에서 밑으로 내려찍은 사진 상으로는 그 차이점을 발견할 수는 없다. 아마추어와 프로의 차이는 정지 상태에서의 다음 동작을 준비하는 운동 방향에 차이가 있다.

나는 부분하중이 오른발 뒷축에서 앞축으로 이동하는 것을 느끼도록 노력한다. 부분하중 이동의 정지상태가 바로 탑 스윙의 정점이라는 점이다. 우선 프로의 헤드운동 방향은 C선상에서 내려가고 히프의 운동방향은 목표방향으로 움직이는데 반하여 아마는 반대다. 이 차이가 속도와 방향에 엄청난 차이를 보인다.

아마나 프로의 시각적으로 인지한 스윙 폼에서는 그 차이점을 발견할 수는 없으나 정적인 상태의 스윙 톱에서 상체와 하체의 운동방향은 다르다는 점이다. 다시 말하면, 상체는 목표 반대방향으로 움직이는데 반하여 하체는 스윙의 톱에 도달하기 전에 목표방향으로 움직이는 이 타이밍을 발견하는 것이 싱글 핸디캡퍼가 되기 위한 전제조건이다.

이는 퍼팅에서도 마찬가지다. 퍼팅의 백스윙 톱에서 정지상태는 있지만 백스윙 탑은 올라가는 운동과 내려가는 운동이 서로 교차하는 교차점이다. Swing like a Pro 책자에서는 이것을 X Factor 또는 Stretch Ward Load로 표현하고 있다.

백스윙 리듬과 다운스윙Forward 리듬의 교차점은 템포의 영역이 아니다. 오른쪽 뇌의 신경명령에 의해서 백스윙 운동은 멈추고 오는 운동을 다시 시작하는 근육은 다르다. 이 근육은 각각 몸의 다른 부위에 존재하고 있어서 근육운동의 뇌신경의 연쇄적 연결체계에 부합하지 않는다.

이 전환점에서 가는 방향(백스윙)과 오는 방향(다운스윙)의 이동 비밀은 체중이동에 있다. 헤드에 있던 체중심의 중심은 백스윙이 시작됨과 동시에 발 뒷축으로 옮겨간다. 그리고 샤프트의 궤적이 올바른 범위 내 (C라인)에 있을 때는 체중이동은 발 뒷축으로 가지만 갈 수 있는 한계점에 도달하여 그 이상 가지 않고 응축된 근육의 꼬임은 그 반작용에 의해서 다시 목표 방향으로 하체가 움직이는 단서를 제공하고 있기 때문이다. 여기서 내가 정한 C라인의 위에 손과 헤드가 있어야 한다는 물리적 설명이 완성되었다고 생각되어진다.

양손과 헤드와 그립의 끝이 ABC라인 선상에서 움직이면 'Swing like a pro' 책자에서 나온 프로의 통계적 최대 균형치에 모두 접근하는 것에 대하여 나는 희열을 느끼며 또한 골프의 템포와 리듬의 용어정의에서도 밝힌 바와 같이 제어되고 통제된 몸통의 움직임에 주안점을 둔 정의의 내용에도 부합된다는 것을 다시 한 번 강조하고 싶다.

야구와 테니스에서도 스쿼트Squat 자세라는 것이 있다. 영어로 'Squat'는 '쪼그리고 앉다'를 의미한다. 무릎을 약간 굽힌 자세로 위치 변동을 하지 않고 제자리를 지키는 자세를 스쿼트 자세라고 하는데 골프에서도 백스윙의 톱에서 이 스쿼트 자세를 유지하는 것이 좋은 스윙을 하기 위한 기본 중에도 기본이라 생각한다.

나는 동반자와 라운드 할 때 항상 동반자의 무릎 굽힌 자세가 유지되는가 안되는가를 유심히 관찰한다. 무릎의 움직임만 보아도 샷이 좋고 나쁨을 사전에 인지한다. 아마에게 스쿼트 자세가 중요한 것은 다운스윙의 초기 동작을 하체가 리드하도록 만들어 주기 때문이다. 다른 조건이 동일하다면 무릎의 위치와 자세가 벙커샷, 퍼팅 등 골프의 모든 동작에 적용된다.

C라인은 샤프트의 길이에 따라 개인의 척추각도와 팔의 길이 등 신체적 조건에 따라 발의 크기 범위 내에서 이동한다는 것을 밝힌다. 이는 물리법칙의 당연한 결과이지 인위적으로 창조한 선이 아니다. 또한 드라이브는 목표 방향과 지면방향과 수평을 이루나 아이언의 경우는 손의 위치는 마찬가지이나(C라인) 샤프트의 위치는 그 길이에 따라 헤드에 미치는 지구 중력에 따라 비스듬해 지는 것도 물리법칙의 결과라 생각

한다. C라인 수평방향으로 가는 중간지점에서 머무는 것이지 C라인을 벗어나는 것은 아니다.

〈Swing like a pro〉에 대한 나의 해설

임팩트 순간

잘 알려진 격언 "임팩트의 목표는 어드레스 자세로 돌아오는 것이다."는 프로의 동작분석에서 틀렸다는 것이 증명되고 있다. 고속촬영의 결과를 분석하면 헤드가 똑바로 가는 경우 인In에서 아웃Out으로 가는 경우, Out에서 In으로 가는 경우, 세 가지 모두 다 상체의 차이점은 발견할 수 없다는 점이다.

그러나 하체의 경우 체중이 왼쪽으로 이동되었다는 점, 오른쪽 발의 뒤꿈치가 약간 들렸다는 점, 양쪽 무릎이 목표 방향으로 조금 움직였다는 점, 히프도 6인치 가량 목표 방향으로 움직인 점, 양손의 위치도 목표 방향과 위로 약간 움직인 점, 머리는 고정되어 있으나 상체가 목표 방향으로 약간 회전되었다는 점, 이 하체의 모든 움직임은 헤드를 가속시키기 위한 수단으로 사용되었고 상체의 왼쪽어깨가 제자리를 지킨 것은 목표방향의 정확성을 유지하기 위한 방편으로 활용되었다는 점이다. 그래서 어드레스시에 스트롱 그립과 스윙 내내 클럽페이스를 약간 Close 하라는 앞부분의 원칙은 임팩트시에 원심력의 작용에 의해서 양손이 약간 위로 올라온다는 물리법칙의 결과를 반영한 것이다.

프로의 동작분석에 의해서 이 모든 것은 이제 상호연관성이 몸의 동작과 자세로 설명되고 있다. 14가지 원칙(기본)은 서로 순작용이 있을 때 가감조정은 가능하나 그 원칙을 훼손할 정도의 가감은 안된다는 것을 다시 한 번 일깨워 주는 대목이다.

아마와 프로의 차이는 리듬 있게 움직이는 상체의 동작에도 있지만 임팩트에 발과 다리, 히프의 동작 연계성에도 다시 말하면 하체의 움직임 때문에 엄청난 거리 차이가 난다고 말하고 싶다. 골프는 하체의 강화 없이는 거리를 증대시킬 수 없다는 명백한 진리에 동의하고 카트에서 이제 모두 내리자. 골프는 걸어야 샷도 좋아지고 스코어도 향상된다.

〈Swing like a pro〉에 대한 나의 해설

06

알 가이버거의 템포

알 가이버거는 많은 골퍼들이 템포와 타이밍의 차이에 대해 혼란을 갖고 있다고 말한다. 골프 사전에서는 템포를 스윙의 속도라고 정의한다. 다른 말로 하면 템포는 당신 스윙의 속도다. 그 속도는 사람마다 다르다. 당신의 가장 이상적인 템포를 찾는 가장 좋은 방법은 당신의 몸통과 클럽을 통제할 수 있는 최대 속도로 스윙하는 것이다.

타이밍은 동작의 특정한 순서다. 좋은 타이밍을 가지면 클럽헤드는 최대속도로 볼Ball에 도달하고 그 가는 길도 목표방향에 일직선으로 나타난다. 이와 같은 상황이 일어나면 템포도 좋았고 타이밍도 올바르다고 판단한다. 템포와 타이밍은 각각의 특징을 가지는 몇 개 요소이지만 떨어질 수 없는 관계를 갖고 있다.

타이밍은 좋은 템포에 의존한다. 만약 당신이 볼을 더 세게 치려고 하든가 스윙을 빨리하려고 노력하면 당신의 스윙은 당신의 통제 밖에 있게 되고 당신 몸통의 일부분에 의한 동작의 올바른 순서를 파괴하게 된다. 좋은 템포는 견고한 기본에서 나온다고 설명하고 있다.

나는 알 가이버거의 '타이밍에 대한 특정한 동작의 순서다.' 라는 정의에 공감하면서 특정한 동작의 순서는 바로 체중이동으로 본다. 특정한 동작의 순서가 이루어지려면 내가 주장하는 ABC라인 범위 내에 있으면서 LDW하중으로의 부분하중 이동이 이루어져야 한다는 것을 강조하고 싶다.

Late Hitting도 ABC라인과 LDW하중의 기준점을 지켜야 가능하지만 이 때 양손이 수직성분으로 내려오는 거리와 헤드가 수직성분이 내려오는 거리가 또한 같아야 한다는 것을 강조하고자 한다.

백스윙이나 폴로스윙의 전단계에서 양손이 BC라인에서 움직일 때 체중 중심점이 LDW하중에서 이동할 때 만큼은 양손과 헤드의 움직이는 거리는 같고 그 이외의 구간에서는 샤프트의 길이만큼 비례적으로 큰 차이가 난다는 점이다. 양손이 움직이는 거리와 헤드가 움직이는 거리의 큰 차이가 가속도로 나타나 Head가 임팩트 에어리어를 지날 때는 시속 70~100마일 전후의 최대속도가 사람마다 몸통의 움직임의 빠르기, 리듬의 빠르기에 따라 달리 나타난다는 점이다.

잭 니클라우스가 말하기를 "볼을 더 멀리 보내고 싶으면 클럽을 더 천천히 백스윙하라." 했다. 톰 왓슨은 스윙의 탑에서 스윙의 속도를 조금 줄였더니 좋은 템포를 얻어서 1973년 시즌에 디 오픈 The Open을 포함한 7개 대회에서 우승하였다고 말한 바 있다.

톰 와이스코프Thomas Daniel Weiskopf(미국, 1942~)는 일상생활의 모든 것을 슬로우 다운Slow Down하였더니 백스윙과 다운스윙의 전반부를 천천히 함으로서 좋은 템포를 가질 수 있었다고 말하고 있다.

　"당신의 스윙은 ~ 올바른 순서를 파괴하게 된다."는 알 가이버거의 말은 바로 내가 정의한 리듬을 정확히 표현하고 있다고 본다. 좋은 템포와 좋은 타이밍을 갖게 하기 위해서는 몸통의 움직임이 척추를 중심으로 일정한 리듬 안에서 움직여 주어야 한다.

　30cm 어깨턴이 시계추처럼 백스윙과 폴로스윙으로 몸통이 뒷받침해 주어야 한다. 돌팔매질을 연상해 보자. 몸 중심부의 일정한 제어 동작 하에 천천히 돌리더라도 외곽 돌의 속도를 엄청나게 증가시킬 수 있는 원리 마찬가지다.

　좋은 타이밍을 언급하면서 "그 돌이 가는 길도 목표방향에 일직선으로 나타난다."는 내가 언급한 골프 물리학의 변위 동작에서 수평성분을 오래 유지하면 된다는 것과 뜻을 같이 하고 있고 ABC라인에서 클럽헤드가 A라인을 벗어나지 말라는 것과 동의어이다. 또한 잭 니클라우스, 톰 왓슨Tom Watson(미국, 1949~), 톰 와이스코프의 이야기는 천천히 하는 것이 ABC라인 위에서 더 멀리 더 낮게 백스윙할 수 있는 전제조건이 되고 폴로스윙시에도 수평성분을 더 오래 유지하면서 가속력을 높이는 방법이라고 생각한다. 오른쪽 팔꿈치와 손목의 코킹을 너무 빠른 시기에 완성해 버리면 수평성분보다 수직성분을 길게 가져오는 동작이 되기 때문에 나는 추천하지 않는다. 좋은 타이밍의 효과를 반감시킬 수 있게 되기 때문이다.

　좋은 타이밍의 효과를 얻으려면 임팩트 이후에 클럽헤드를 더 가속시킨다는 느낌을 가지면 된다. 일반적으로 모든 아마추어가 그러하듯이 공에 도달하기 전에 최대 속도를 내면서, 공을 히트하는 경우가 많은데 타이밍은 이것을 예방하는 효과를 가지게 된다. 클럽헤드와 샤프트가 공기와 접촉하면서 내는 소리가 스윙 초기에는 절대 나타나서는 안 된다. 그 바람소리는 임팩트 에어리어 직선상에서 나와야 좋은 템포, 좋은 타이밍이 나와서 본인의 최대거리가 나온다.

레이트 히팅과 좋은 템포를 가지면 거리와 방향에 긍정적 효과를 가진다. 이를 시간과 거리의 개념으로 표현하면 공과 헤드의 간격이 스윙 내내 가능한한 멀어져 있는 시간이 길면 길수록, 샤프트가 지면과 평행되고 목표방향과 평행에 가까운 시간이 많을수록 좋다고 생각한다. 이렇게 하는 방법이 바른 ABC라인을 준수하고 LDW부분하중을 스테이플 알 형태(⌐⌐)로 이동시키는 것이다.

초기 높은 속도에 가속도를 붙여 임팩트시에 더 높은 속도를 얻는 것은 이론적으로는 가능하나 몸통이 이를 제어, 통제하지 못하는 것이 현실이기 때문이다. 초기 늦은 속도로 시작하여야 제어 가능한 가속도를 붙여서 최대(고) 속도가 나온다는 것을 명심하자. 골프는 그냥 멀리 보내는 운동이 아니라 정확하게 목표지점에 보내는 운동이라는 것을 명심하자. 장타대회에서 8번의 스윙 중 한두 번 똑바로 가는 스윙은 골프 라운드에서도 인생살이에서도 불필요한 만용蠻勇이라는 것을 명심하자.

체중 부분하중 이동의 기준 10

　잭 니클라우스는 골프를 발바닥의 감각과 느낌으로 스윙한다고 말한다. 체중이동의 중심점은 높은 상공에서 외줄타기를 할 때 몸의 특정부위의 시각적 위치파악으로 뇌에 전달되어 근육신경에 명령이 하달되어 균형을 잡는 것이 아니다. 우리 몸이 알아서 느껴 움직이는 것이다. 자전거를 탈 때도 마찬가지다. 중심을 잡는 것은 뇌의 명령이 아니라 우리의 몸이 알아서 균형을 잡는 것이다. 울퉁불퉁한 큰 돌을 중심을 잡아 세우는 것도 뇌의 위치교정 명령보다도 손가락에 느껴지는 힘의 가감에 따라 중심을 찾아서 세우는 것이다.

　씨름선수가 자기보다 체중이 훨씬 더 나가는 상대방을 무너뜨리는 것도 상대방의 체중 중심점을 몸이 감각으로 인지하여 수행하는 것이지 상대방의 특정 몸 부위의 위치 파악으로 이루어지는 것이 아니다.

　골프스윙도 체중 부분하중의 이동 관점에서 출발해야 한다. ABC라인의 위치 중심의 개념에서 LDW부분하중 이동의 느낌을 숙달하게 되면 누구나 쉽게 Late Hitting을 느끼고 골프의 재미를 만끽하게 된다. Late Hitting에 익숙하게 되면 골프스윙이 힘이 들지 않는다. 나는 전동카트를 탄다면 하루에 3라운드를 일주일 내내 할 수도 있다고 생각한다.

　이는 바로 체중 부분하중의 이동이 골프 스윙의 요체라는 것을 뜻한다. 많은 교습서가 수 많은 체중이동의 요령을 설명하고 있지만 따라하기가 힘들다. 그 이유는 체중 부분하중 이동의 기준이 없기 때문이다.

전 장에서 엄지발가락의 끝부분 볼록한 부분이 Ball of Feet라고 하고 D축이라고 이름지었다. 그리고 발 뒷꿈치를 W축이라고 하였다.(D축과 W축의 연결선은 당연히 발바닥의 안쪽이다.) 왼쪽 발바닥도 마찬가지로 D축, W축이 존재한다.(오른쪽은 D'축 W'축) 그리고 D와 D'축을 연결한 선이 B라인이라 하였고 W와 W'축을 이은 선을 C라인이라 하였다.

체중 부분하중의 이동은 양 손이 B라인을 따라 하프스윙(허리높이에서 샤프트가 C라인과 평행하는 지점)까지는 D'축으로 이동하고(내전) 코킹이 시작되면서 W'축으로 이동한다. 체중이동이 완료되었을 때(근육꼬임이 완료되었을 때) 샤프트는 C라인과 평행을 이룬다.(또는 양 손이 C라인 선상에 있다.) 이때가 백스윙의 접점과 정확히 일치하나, 여기서 가장 중요한 요체는 폴로스윙의 시작점이 헤드나 양 손이나 샤프가 아닌 발바닥의 체중의 부분하중 이동이 W'축에서 D'축으로 선행된다는 점이다. 이후 폴로스윙은 백스윙과 반대되는 순서로 체중이동이 일어난다. 처음에는 C라인에서 B라인으로 이동하면서 체중은 W'축에서 D'축으로 이동하고 임팩트가 이루어지는 순간(이론적으로는 D'축에 1~2%의 체중이 더 있어야 한다고 본다.) 체중은 균등하고 체중은 D'축에서 D축으로 이동한다.

다음은 D축에서 W축으로 이동하는 것은 백스윙과 마찬가지다. 한 가지 분명한 것은 체중이동은 순간적으로 급격한 변화가 없이 스윙과정 내내 서서히 일정한 리듬과 템포로 이루어져야 된다고 생각한다. 아마도 나의 리듬과 템포의 정의상 체중이동만큼은 리듬과 템포가 같지 않을까 추정해본다. 다만 임팩트 에어리어 부근에서는 다른 리듬의 존재 가능성도 있을 수 있다고 본다. 이는 오른손이 왼손보다 밑에 위치하고 따라서 오른쪽 어깨가 왼쪽 어깨보다 밑에 위치하고 있기 때문이 아닌가 추정해 본다. 발바닥의 체중이동을 시간대별 부위별로 측정 가능한 기계장치가 나온다면 나의 이론은 100% 검증 가능한 이론이 되리라 본다.

 이로써 첫째 ABC라인, 둘째 LDW축, 셋째 근육꼬임, 톱 스윙, 호흡, 체중이동의 전환점, 넷째 리듬과 템포의 네 가지 분야의 연관성과 일관성이 모두 다 규명되고 설명되어진 나의 가설이 완성되었다고 생각한다. 위치, 속도, 무게를 동시에 측정가능한 센서가 개발되면 이 가설은 증명되리라고 본다.

 나는 골프라는 운동을 '체중을 이동시켜(W→D→L→D′→W′→D′→L→W→D) 몸의 특정부분(양손, 팔꿈치, 어깨) 또는 골프채의 특정부분(헤드, 샤프트그립의 끝)을 특정위치로(ABC라인) 이동시키는 운동이다.'라고 정의하고자 한다. 이때 가장 중요한 Point는 체중이동의 위치(각도) 변화와 몸의 특정부위의 위치(각도) 변화는 비례적으로 아주 천천히 이루어져야 한다는 점이다. 스테이플러(호치키스)의 알의 모양(⌐⌐)으로 체중이동을 느끼자. D와 D′축에 부분하중이 머물수록 후자의 경우 백스윙 호의 길이도 늘어나고 전자의 경우 임팩트 구간 헤드의 직선거리 구간도 늘어난다는 점이다.

 모든 골프의 최대 관심사인 거리는 당연히 체중이동이 좌우하고 방향성도 체중이동의 일관성이 가장 중요한 영향을 미친다고 결론내고자 한다. 한 마디로 표현하면 '골프는 체중이동이 전부다.'라고 해도 과언이 아니다. 체중이동이 없으면 정지된 볼에 운동에너지를 부여하기 힘들기 때문이다. 스윙이 힘들다는 사람은 체중이동을 등한히 하고 팔과 손목의 근육운동을 과도하게 하기 때문이다. 아마와 프로의 차이는 '체중이동을 아느냐, 모르느냐 얼마만큼 일관성 있게 하느냐, 안하느냐의 차이다.'

체중 부분하중 이동의 기준

01

ABC라인과 LDW부분하중 이동 이론의 결합(Staple 이론)

헤드와 양손의 위치 추적 경로

(하늘 위에서 내려다 보았을 때)

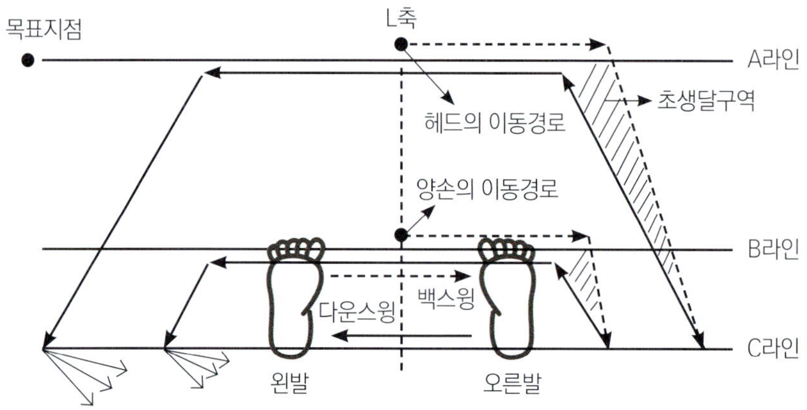

목표지점
L축
A라인
초생달구역
헤드의 이동경로
양손의 이동경로
B라인
백스윙
다운스윙
C라인
왼발
오른발

체중 부분하중의 이동경로

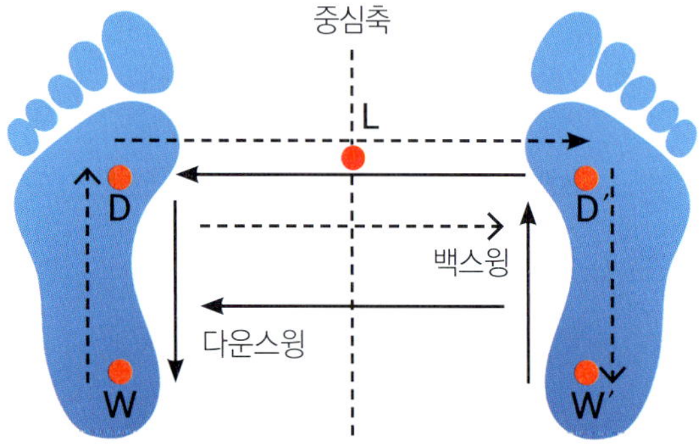

중심축
L
D
D′
백스윙
다운스윙
W
W′

체중하중의 변화가 큰 곳의 이동경로

– Search for the perfect swing에서 인용 ▶

Downswing

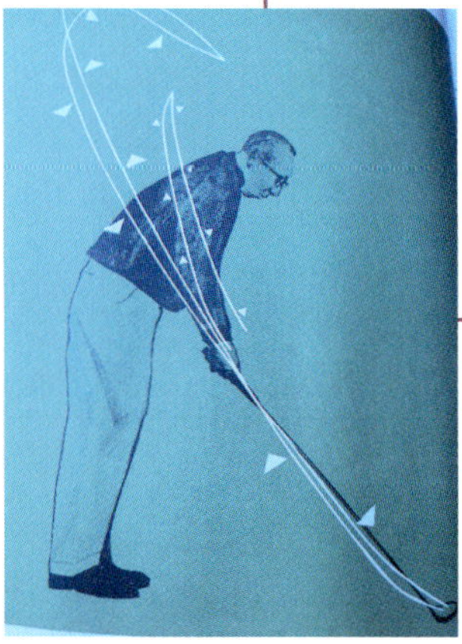

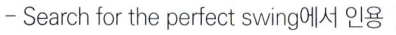

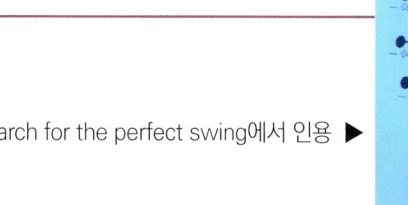

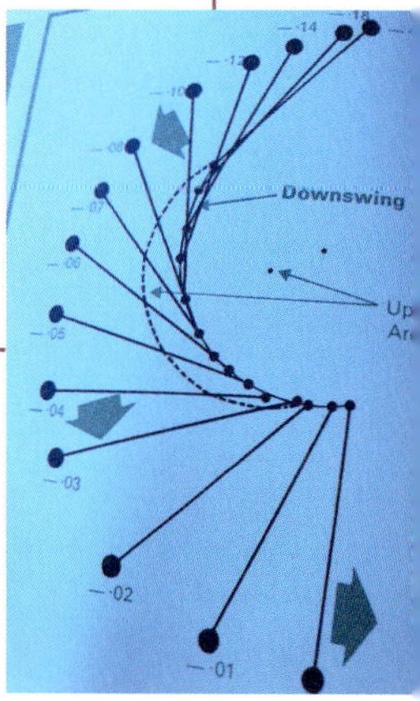

라고 결론내리고자 한다. 체중이동과 몸 부위의 위치 이동이 비례적으로 일치하는 다음 도표가 그것을 증명하고 있다.(일치하지 않는 만큼 공의 방향과 거리는 차이가 난다.)

체중의 이동 또는 체중의 중심점 이동이라는 뜻은 정확한 표현이 아니다. 체중의 하중은 교각의 하중처럼 여러 곳에 분산되어 있다. 인체는 두 다리라는 교각과 발바닥 뼈의 앞뼈교각과 뒷뼈교각에도 항상 부분하중이 작용하고 있다.

정확한 표현은 부분하중의 변화가 심하게 일어나는 곳의 이동경로라는 표현이 가장 근접한 표현이다. 이 책을 읽는 독자에게 이 개념을 처음 단순히 체중이동 또는 체중 중심점(체중이 가장 많이 모이는 곳)의 뜻으로 표현하고 마지막 단계에서 체중 하중의 변화가 큰 곳의 이동경로로 표현하였다. 회전하는 물체의 균형을 잡아주는 중심점Pivot이 되는 척추의 각도 변화는 없다. 이 Pivot를 중심으로 부분하중이 변한다는 뜻이다.

앞의 도표에서 기술되어 있는 것처럼 체중 이동경로는 Staple(⌐⌐) 형태로 이루어지고 있다. 가장 흥미롭고 신기한 발견은 양손의 위치변화와 헤드의 위치변화도 Staple 형태로 이루어진다는 점이다. 이는 해와 지구의 관계, 지구와 달의 관계처럼 같은 원리가 적용된다고 본다.

내가 40년의 골프인생과 40만 번의 스윙에서 발견한 가장 중요한 point는 양손의 위치변화는 수평성분과 수직성분이 있는데 수평성분은 부분하중의 D에서 D´로의 이동과 일치시켜야 하고 수직성분은 D´에서 W´로의 부분하중의 이동과 일치시켜야 한다는 점이다.(다운스윙도 마찬가지다.) 양손이 정확하게 위치를 지켰다고 하더라도 부분하중의 이동과 일치하지 않으면 거리와 방향의 정확도가 그만큼 떨어진다는 사실이다.

투어프로의 실수한 샷은 호흡이 원인일 수도 있지만 부분하중의 이동이 양손의 위치이동과 일치하지 않음으로서 일어나는 현상이라고 결론 내리고자 한다.

  원심력과 구심력이 스윙내내 균형을 유지할려면 체중의 부분하중 이동이 계속적으로 일어나야 하는 것이 물리법칙이므로 Staple ⌐─┐ 형태의 부분하중 이동은 필연이라고 단정하고자 한다.(이하 LDW부분하중 이동 스윙이라 한다.)

  Tour Pro가 가끔 임팩트 이후 오른손을 놓아버리는 경우가 발생하는데 체중의 부분하중 이동이 잘못되어 원심력과 구심력이 무너졌기 때문이라고 생각한다.

  체중은 정확한 스테이플러 침(⌐─┐) 형태이고 양손과 헤드는 사다리 모양이지만 후자는 척추를 기울기와 손목과 팔의 굽힘 작용 때문에 사다리 모양이 된 것으로 풀이할 수 있다. 손목과 팔의 굽힘 작용은 헤드의 가속도를 높이기 위한 방편이다. 초생달 구역의 크고 작음은 가속도의 차이라고 할 수 있다. 오른팔 굽히는 시기를 최대한 늦추어서 호의 크기를 크게 하면 초생달 구역이 많이 생기게 되면 거리의 증대를 가져올 수 있다.

  요즈음 다수의 PGA프로는 C라인을 준수하면서 B라인이 양발 앞쪽에 있는 경우가 많다. 디셈보는 더욱 앞쪽으로 가고 있다. 이는 거리의 증대보다 방향의 정확성(페어웨이 안착)을 높이기 위한 노력이 아닐까 추축해 본다. 양손, 헤드의 위치센서와 체중 부분하중의 변화를 감지하는 무게 센서를 결합시키면 이것이 규명되리라고 본다. 지구와 달의 궤적이 중력의 작용과 밀접한 관련이 있는 것은 바로 나의 가설이 맞다고 확신한다.

  골프의 기본인 In-To-In 스윙이 되기 위해서는 뒷축, 앞축간의 전후 또는 후전 이동없이는 달성하기 어렵다. 체중의 이동이 없다면 팔, 손목, 손가락 힘을 조작하여야 In-To-In 스윙이 되기 때문이다.

몸의 각 부위의 위치와 무게(하중)를 최초로 결합시킨 골프 이론이라고 생각한다. 이 둘을 결하면, 벤 호건, 잭 니클라우스, 데이비드 레드베터David Leadbetter(영국, 1952~), 짐 퓨릭Jim Furyk(미국, 1970~), 디셈보의 스윙을 분석하는 최고의 도구로 활용할 수 있다고 본다.

이 이론이 가장 값어치 있는 특징은 모든 Golfer들의 타수를 획기적으로 줄일 수 있는 이미지 스윙에 한 발 다가가는데 있다. 기술적 스윙은 위치를 생각하지만 LDW부분하중 이동 스윙은 무게를 감지함으로서 스윙의 질을 획기적으로 개선할 수 있기 때문이다.

부분하중 이동형태는 LPGA 고진영(한국, 1995~)과 박인비, 렉시 톰슨 Lexi Thompson(미국, 1995~)의 형태 3가지로 분류할 수 있다.

나의 부분하중 이동 이론에 가장 완벽하게 수행하는 형태는 고진영 프로이고 렉시 톰슨(스테이플러 알의 다리가 긴 형태)은 발가락 바깥쪽에 치우친 이동형태이고 박인비(스테이플러 알의 다리가 짧은 형태)는 발바닥 중앙에 치우친 이동형태이다.

고진영 선수(스테이플러 알의 다리가 중간형)가 현재의 부분하중의 이동형태를 유지하면 세계 랭킹 1위를 오래동안 유지할 것으로 확신한다.(스윙폼보다 더 중요한 형상화 능력과 마인드콘트롤 영역은 별개의 문제다.) 세 선수중 다운스윙 후 균형을 제일 유지 잘 하는 프로는 두 말할 것도 없이 고진영 프로다.

PTA투어대회 또는 최고 권위의 대회에서 우승자가 결정적 스윙을 한 것은 평소에 단련해 놓은 기술적 스윙의 위치에 몸의 부분하중 이동이 완벽하게 조화됨으로서 이룬 결과라고 결론내고자 한다. 나는 부분하중 이동의 구체적 실천의 마지막 열쇠는 벤 호건처럼 비밀의 장으로 남기고자 한다. 왜냐하면 그 열쇠를 만드는 방법은 전부 이 책에 설명되었기 때문이다.

골프 스윙 이론에서 앞으로 풀어야 할 과제는 근육과 호흡이라고 생각한다. 근육과 호흡은 눈에 보이지 않고 꼬임(수축)과 풀림(이완), 들숨과 날숨은 서로 밀접한 관계를 가지고 있다.(이동철 호흡법 참조)

근육의 꼬임과 풀림도 근육의 단련 정도에 따라 그 크기, 길이가 다르고 운동방향과 힘의 크기도 다를 것이기 때문이다. 호흡도 길고 짧게 크게와 작게로 다를 것이기 때문이다. 나는 호흡과 근육은 상수로 취급하고 호흡은 낮게, 길게, 천천히 일정하게 한 가지로 전제하고 근육도 그 힘이 동일하고 일정하다는 것을 전제로 하고 있다.

그러나 근육의 꼬임과 풀림도 체중부분하중의 변화, 양손, 몸통의 위치 각도 변화와 비례적·동시적으로 일치하기 위해서는 ABC라인과 LDW부분하중의 변화 범위 내에 있어야 하는 것은 자명하다.

부분하중의 변화가 90° 각도로 움직이는 것은 근육꼬임과 풀림의 작용을 극대화 하기 위한 수단이다. 원 모양보다 직각 모양의 꼬임과 풀림이 가속도를 내는데 도움이 되는 것은 자명하다. 그리고 다운스윙시 하체의 선행동작도 바로 꼬인 근육의 풀림이 그 열쇠다.

프로의 스윙을 관찰하면 양손은 스윙의 전 과정동안 항상 가슴의 정중앙 부분에 위치하고 있다.(플로스윙의 끝부분은 제외)

양손은 원심력과 구심력이 접하는 부분이기 때문에 정확한 스윙의 궤적을 유지하기 위해서는 몸통의 중심점과 직선으로의 연결선상에 있어야 하기 때문이다.

척추를 숙인 각도에서 몸통이 회전하면 각자의 B와 C라인 범위 내에 양손이 위치변화가 자연적으로 수반되고 또한 이 위치변화는 지면에 접히고 있는 발바닥에 부분하중의 변화가 동시적·비례적으로 일어난다. 이 관계를 p.140에서 도표로 표시한 바 있다.

몸통이 회전하면서 손과 팔이 클럽을 탑스윙의 위치까지 들어올린다고 생각을 하는 사람들이 대부분의 Golfer이다. 손과 팔의 들어올리는 행위는 몸통과 양손의 비례적·동시적 움직임을 어긋나게 하고 원심력과 구심력 접점의 위치를 어긋나게 하는 것이다. 손과 팔의 역할은 양손이 코킹하는 것(예각을 만드는 것) 뿐이다. 헤드와 샤프트가 지면에서 탑스윙까지 가는데 주된 역할수행은 몸통의 수평 Turn만으로 이루어진다.

부분하중(체중)	W	D	D´	W´	D´	D	W
샤프트 각도	45°	45°	180°	180°	180°	180°	다양

팔과 샤프트는 어드레스 자세 때 180° 전후(직각보다 큰 각인 둔각)다. 백스윙의 중간 허리 높이에서 샤프트가 지면과 수평이 되고 목표방향과 나란히 되는 경우 양손과 샤프는 90° 전후(직각)가 되고 그 이후 스윙탑에서는 예각(직각보다 적은 각)이 된다.

손이(손가락 또는 사지) 몸통에서 가까워지는 것을 내전Adduction이라 하고 몸통에서 멀어지는 것을 외전Abduction이라 한다. 코킹을 하는것, 예각을 만드는 것에 외전, 내전의 비밀이 있다.

골프스윙의 가속도는 이 예각에서 나온다. 이 예각의 절대값이 적을수록 가속도는 더욱 크게 된다. 아마는 코킹이 일찍 풀려서 스윙의 중간단계에서 평각(180°)이 되어버림으로 거리가 나지 않는 반면에 프로는 몸통 가까이까지 이 예각을 오래 유지하는데 장타의 비밀이 있다.

양손을 외전, 내전시키는 것(손목을 구부리는 것, 코킹을 하는 것)의 시점과 종점 기준점을 여기까지 열심히 읽어준 독자들을 위하여 골프교습과 이론상 최초로 공개하고자 한다.

그립을 적당한 압력으로 잡고 양손이 BC라인 범위를 준수하고 LDW

부분하중 이동의 원칙을 지키면 코킹은 자동적으로 이루어진다. 여기에 Tip과 Hint를 준다면 샤프트가 허리 높이에서 B라인에서 수평이 될 때까지는 오른손이 주도적으로 외전되고(몸 바깥쪽으로 코킹) 왼손은 수동적으로 외전되며, 그 이후부터는 양손은 몸통쪽으로, 목표방향으로, C라인 선상으로 코킹된다.(내전)

코킹의 내·외전의 비밀은 예각을 작게 하여 가속도를 높이는 데만 있는 것이 아니라 양손과 샤프트가 체중의 중심선상(또는 균형점)에 놓이게 함으로써 궤적의 정확성을 높이고 헤드 페이스가 골프공과 Square(직각)가 되도록 하는 역할도 수행한다. 스윙 전과정 동안 몸의 균형을 유지할 수 있는 것은 이 코킹 덕분이다. 몸통의 턴과 코킹을 비례적으로 동시적으로 서서히 같이 해주는 것이 가장 좋은 방법이라 생각한다.

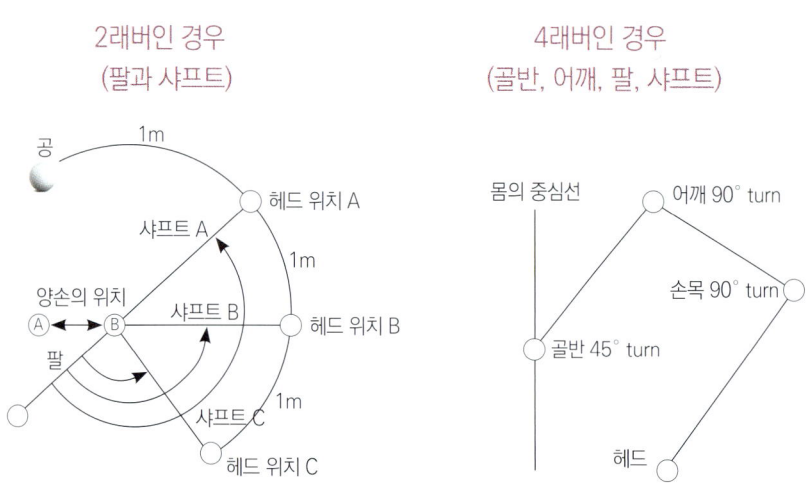

위의 도표에서 헤드 위치 C에서의 팔과 샤프트가 이루는 각은 직각보다 적은 예각이고 헤드 위치 B에서는 직각에 가깝고 헤드 위치 A에서는

평각이다.

　양손이 B의 위치에서 A 위치로 가는 거리가 20cm이고 0.1초가 소요된다고 가정하고 헤드는 예각의 크기에 따라 다운스윙의 중간단계(허리 높이)에서 공과의 거리가 각 1m, 2m, 3m로 가정할 수 있다.

　프로는 예각의 절대크기가 적어서 공과 헤드의 거리가 2~3m가 되고 아마는 직각과 평각 사이에 있어서 1~2m가 된다. 1m와 3m의 가속도 차이는 시속 36km와 시속 108km로 계산되어진다.

　옆의 도표는 손목의 예각 하나만 계산한(쌍절봉) 결과이지만 골프스윙은 실제적으로 골반의 Turn 45° 전후 어깨의 Turn 90° 전후가 보태어진 4절봉의 형태이므로 그 속도는 시간당 200km 전후까지 올라가는 것이 가능하다. 스윙탑에서 이루어진 예각을 임팩트 직전까지 유지하면 공과 헤드의 거리는 최대가 되고(분자는 커지고) 몸통의 움직이는 시간이 같더라도(분모가 일정하더라도) 또는 몸통의 Turn 속도를 높이지 않고도 가속도가 높아져서 거리가 증대된다는 것을 위의 도표가 증명하고 있다.

　전장에서 몸통의 Turn 또는 어깨턴 30cm를 일정한 속도로 천천히 돌리는 것이 리듬이라 하였고 자기만의 천천히 돌리는 일관된 리듬을 찾아내는 것이 모든 Golfer와 Player의 숙제다. Golfer는 그 리듬이 빨랐다, 느렸다 자주 변하고 Player는 그것이 일정한 Golfer다. 모두가 다 이제 Player가 되자.

　골반(허리)을 돌리는 속도를 높인다는 뜻은 리듬을 빠르게 한다는 뜻이고 예각을 적게 하고 얼마만큼 스윙 직전까지 오게 유지하여 가속도를 높이는 것이 템포다. 이제 모든 교습가와 골프이론서가 나의 리듬과 템포의 정의를 표준화하고 용어의 정의를 같이하자고 제안한다.

　국내·외를 막론하고 내가 읽은 모든 교습서가 리듬과 템포의 정의를 하지않고 혼용하여 사용함으로서 수 많은 독자들에게 골프 스윙의 숙달 과정에서 고통의 시간을 주고 있다고 생각한다.

돌고래는 팔과 다리의 역할이 없든가 적다. 주로 몸통의 움직으로 생활한다. 우리 인간은 진화의 역사에서 몸통의 빠른 움직임보다 팔과 다리의 빠른 움직임에 특화되어 왔다. 몸통을 움직이는 근육은 제한적이고 적다. 따라서 몸통을 빨리 움직이는 방법은 피하는 것이 좋다.

달리는 기차 위에서 오토바이로 달리면 단위 시간당 이동거리는 늘어난다. 몸통을 완행열차에서 급행열차로 바꾸고 팔과 손을 오토바이 역할로 활용하면 엄청난 비거리飛距離 증대가 온다. 그러나 프로는 이런 선택을 하지 않는다. 완행열차를 타고 팔과 손은 몸통의 움직임과 같이 하고 다만 예각을 오래 유지하려고 할 뿐이다. Golfer는 일관성과 정확성을 요구하는 Sports이다.

이런 관념을 가지려면 리듬과 템포의 정의를 골프시작 초기단계부터 가르켜주고 배워야 한다. 빠르게 가는 것(손의 코킹에 따른 헤드의 움직임)과 천천히 가는 것(몸통의 Turn)이 한 몸에서 같이 이루어지고 있다. 나는 이 원리와 원칙과 기준이 정치, 경제, 사회 등 모든 분야에서 똑같이 적용되어야 한다고 생각한다. 골프는 리듬과 템포의 조화다. 골프스윙에서 리듬 따로, 템포 따로가 아니다.

어떤 목표를 달성하기 위해서는 선택과 집중을 잘 하여야 한다. 빠른 템포로 멀리 가는 것만을 추구하면 옆길(러프·해저드)로 갈 가능성이 높아진다. 조금 적게 가더라도 정확하게 가는 것이(페어웨이) 빨리 가는 방법이 될 확률이 높다.

박인비의 스윙은 몸통을 다른 프로보다 천천히 돌리고 코킹은 적지만 그 예각을 임팩트 순간까지 되도록 오래 가져가기 때문에 다른 선수와 거리 차이가 비슷하게 나오면서 정확도가 높다고 관찰되어진다. 몸통의 Turn 속도, 예각의 크기, 예각의 지속시간이 3가지 중에 자기 성격과 신체구조에 맞는 선택은 모든 Golfer들의 몫이지만 Player는 몸통 Turn의 속도를 상대적으로 낮추고 예각의 지속시간에 더 많은 관심을 갖는다.

나는 아마가 몸통 Turn의 속도를 높이는 것을 해서는 안되는 선택이라고 생각하지만 그 선택은 Golfer의 몫이다. 적은 예각을 만들고 지속시간을 길게 하는 것은 근육의 역할이 크다. 따라서 이 3가지의 관계(근육 포함하면 4가지)를 설명해 주고 어떤 선택을 할 것인가를 학생에게 물어야 한다.

대부분의 골퍼교습가와 프로는 TV해설에서도 그렇고 나의 경험에서도 그렇고 본인 경험과 신체적 특성에 기초한 스윙 기법을 타인에게 가르치고 있다고 생각한다. 이 선택은 교습가와 학생의 성격에도 관계가 깊다. 많은 아마는 정확도 보다 거리에 관심이 더 많은 경우도 있기 때문이다.

체중 부분하중 이동의 기준
02

근육(골격)운동의 기초개념

이 때까지 나의 골프이론은 근육은 상수로 취급하고 근육의 움직임에 대해서는 아주 간단하게 언급하고 넘어갔다. 대부분의 골프책에서는 근육 움직임에 대한 용어의 정의를 하지 않고 외국어의 사전적 번역에 치중하고 그것도 두 가지 의미가 있는 것을 한 가지 의미로만 한정하여 사용하다 보니 특정 동작의 개념이해를 하기 힘들게 만들었다.

특히 팔의 동작에 대해서는 팔의 윗면과 아랫면이 동서양(유색인과 백인)이 서로 다른 것을 인지하지 못하고 서술하다 보니 용어 사용을 저자 자신도 명확히 할 수 없는 한계가 있었을 것으로 추정된다.

우선 근육운동은 굴곡Flexion과 신전Extension이 있다. 팔의 경우 오금쪽의 팔 근육을 당기면(줄이면) 손과 팔은 몸쪽으로 다가오고 늘이면 손과 팔은 몸통에서 멀어진다. 반대로 오금 뒷쪽의 근육을 줄이면 손과 팔은 몸 바깥쪽으로 가고 늘이면 손과 팔은 몸통에서 가까워진다. 따라서 팔의 윗면과 뒷면을 정확하게 구분하지 않으면 반대의 결과가 나온다. 팔은 근육운동을 이야기할 때는 혼란을 피하기 위해서 반드시 오금쪽의 근육인가 아니면 오금 반대쪽(팔꿈치쪽)의 근육인가를 밝히고 동작을 설명해야 한다.(원래 오금은 다리에 있으나 팔의 경우도 유사하므로 팔의 겹쳐지는 부분을 나의 친형은 팔오금이라고 명명하였다.)

다음으로 외전Abduction과 내전Adduction이 있다. 전자는 사지를 몸 바깥쪽(오른쪽)으로 보내는 경우를 말하고 후자는 사지를 몸 안쪽(왼쪽)으로 보내는 경우를 말한다. 나의 정의로는 손목의 코킹이 대표적이다. 스윙 초기 오른손(손목)은 오른쪽(바깥쪽)으로 꺾어지고 스윙 중반이후는 오른손과 왼손은 함께 몸통쪽(안쪽)으로 꺾어진다.

여기서 또 한 가지 추가되는 근육운동이 외회전External Rotation, 내회전Internal Rotation이다. 전자는 외전Abduction을 하면서 동시에 팔뚝이 팔뚝뼈를 중심으로 시계방항으로 회전하는 경우를 말하고 후자는 내전을 하면서 시계반대 방향으로 회전하는 경우를 말한다.

다음으로 회외Supination와 회내Pronation가 있다. 명사적 의미의 동사적 의미 두 가지가 있다.

동사적 의미는 엎침과 뒤침을 하는 동작을 의미하는 경우이다. 엎침 Pronation은 영어로 Turn Up Side Down이라 하고 배를 바닥쪽으로 깐다는 뜻이다.(거북이의 형태) 뒤침Supination은 등을 바닥쪽으로 깐다는 뜻이 된다. 이 영어 어원에서도 배의 방향, 팔의 오금방향을 백인은 Up Side(윗면)로 보고 있는 확실한 증거다.

손바닥이 하늘(위)로 향하고 팔꿈치가 몸쪽으로 향하는(당연히 팔의 오금이 앞쪽에서 보인다.) 자세를 Supination 자세라고 하고 이에 반하여 Pronation은 손바닥이 땅(밑으로)을 보고 팔꿈치가 서로 반대방향으로 가리키고 팔의 오금이 거의 마주보게 하는 자세를 말한다.

유색인은 회내Pronation 자세가 편하고(기본 자세이고) 백인은 회외 Supination 자세가 편하다.(기본 자세이다.)

팔의 각도와 자세에서 외전과 회외를 정확히 구분해서 사용하지 않으면 도무지 알 수 없는 동작의 설명이 된다는 것을 모든 골프 관계자가 명심해야 한다. 스윙의 전 과정에서 근육과 골격의 운동방향과 각도는 스윙의 질과 양을 크게 좌우한다.

우선 팔에 힘을 주게 되면 양손의 외전과 내전(코킹)이 적게 일어나고 팔뚝뼈를 중심으로 한 팔 근육의 회전도 일어나기 어렵게 되고 몸통의 부드러운 회전도 방해하게 된다. 팔 근육에 힘을 빼는 것이(긴장이 없으면) 외전과 내전, 외회전과 내회전을 하기 위한 기본 조건이다.

외회전으로 힘을 축적하고 내회전으로 축적한 힘을 발산시키는 것이 골프의 스윙이다. Drive를 감아친다는 것은 바로 척추를 기울인 상태에서 몸통의 회전 팔뚝의 회전 코킹과 언코킹의 자연적인 결과이다. 그런데 의도적으로 손만 감아치면 Shot의 정확성을 잃게 된다는 것을 명심하자.

스윙 자세에서 극단적인 회외Supination 자세를 취하면 시계방향으로의 회전은 힘들고 반대로 회내Pronation 자세는 시계방향으로의 회전은 쉽다. 그래서 유색인과 백인의 오른쪽 왼쪽 당기고 밀고의 선호도가 다른 것은 이런 기본자세의 차이라는 것은 명확하다. 여기서도 모든 Golfer들은 선택의 기로에 있다. 각자에게 편한 자세는 개인의 성격과 생활습관에 따라 다르다. 그 선택을 본인이 찾아야 한다. 타인(특히 외국인)에게 절대적으로 의존하지 말자는 것이 나의 결론이다.

체중 부분하중 이동의 기준

03

스윙연습 Point

① 몸통이 위주가 되어 양손을 B와 C라인 안에 스윙 내내 위치시킬 것.

② 헤드와 샤프트의 끝은 몸통이 위주가 되어 백스윙 전반부는 AB라인, 후반부는 BC라인, 폴로스윙 전반부는 BC라인, 후반부는 AB라인에 위치시킬 것.

③ 척추 각도는 본인 신장과 골프클럽 사이에 맞도록 항상 일정하게 유지할 것.

④ 급격한 체중이동은 재앙을 초래함으로 항상 일정하게 천천히 하는 본인만의 리듬을 숙달할 것.

⑤ 집안 기실이나 서재에 인조매트를 깔고 앞면에(가능하면 옆 양면에도) 거울을 비치하고 매일 10분을 투자할 것. 천정의 높이 때문에 드라

이브는 불가능하나 6번 아이언이 천장에 접촉하는 경우 척추각이 너무 직각에 근접하거나 코킹의 내전이 느려서 ABC라인 기준 스윙궤적이 잘못된 것임. 나는 집안에서 슈퍼에서 구할 수 있는 박스를 테이프를 사용하여 가로 90cm 세로 20cm의 공간을 만들어서 그 밑으로 헤드가 지나가도록 통로를 만들고 연습을 한다. 실제 스윙시에도 그 상자가 있는 것처럼 이미지를 가지면 임팩트 에어리어가 직선으로 길어지고, 호의 길이도 크게 할 수 있는 이점이 있다. 이것도 체중의 부분하중이 Staple형태로 하는 것에 도움을 준다.

  앞의 5가지에 포인트를 두고 집과 연습장에서 최소한 20일 이상 숙달하면 모두가 다 싱글플레이어가 될 것임을 확신한다.

▼ 헤드가 직선구간 지나는 거리를 최대화 하는 드라이브 연습방법

11 SAT와 Imaginative Mind

2018년 겨울 골프여행 페블 비치에서 이 책의 교정을 보다가 우연히 발견한 Glen Albaugh 지음 "Winning the Battle Within"(내적투쟁에서의 승리, 마음의 갈등에서 해방)을 소개하면서 나의 생각을 첨언하고자 한다.

평소 나의 주장이 어드레스의 정열자세가 끝나면 무념무상의 부처님 상태로 들어가자는 것이었고 조용한 곳에서 한 점을 5분 동안 주시하면서 잡념이나 생각을 지우는 훈련을 해 오다가 그것이 잘 안될 때는 한 가지 생각만 하자는 것이 나의 지론이었다.

Albaugh 스포츠 심리학 박사의 책 내용을 내 나름대로 풀이하며 소개하면 다음과 같다. 일반적으로 골프스윙의 기술적 생각을 지우기 위해 Pre Shot Routine(샷 전 준비과정)을 골프교습서가 권고하고 있지만 이분은 Post Shot Routine(샷 후 정리과정)을 더 강조하고 있는 것이 흥미롭고 특이하다. 평소에 실패한 샷 또는 마음에 들지 않는 샷을 한 이후 다음 샷을 하기 전에 그 나쁜 샷의 이미지나 기억을 지워버리라는 것이다. 그 지워버리리는 방법이 SAT Strategy, Aim, Trust이다.

첫째가 샷이 실패한 이유를 분석하되(예를 들면 프로는 디보트자국을 가장 먼저 본다.) 자신을 질책하거나 자신의 능력을 평가 절하하지 말라는 것이다. 클럽을 잘못 선택하였다. 평소와 다른 리듬이나 템포로 하였다는 결론을 내면 새로운 전략이 수립된다.

둘째가 골프 스윙의 기본인 몸의 정렬에 집중하라는 것이다.

셋째가 Trust다. 첫째와 둘째에 의해서 다음 샷은 잘 될 것이라고 자신을 믿는 것이다. 일반적으로 어드레스 시간이 긴 사람은 원인분석, 전략수립, 몸의 정열, 자신의 능력 등에 계속적인 의문을 가진 사람이다. 어드레스 전에 해야 할 일을 어드레스 이후에 하면 좋은 스윙은 거의 나오지 않는다. 어드레스하면 바로 실행에 들어가야 한다.

위의 세 가지 단계를 Review하면 그 다음은 실행Rehearse이고 그 다음은 나쁜 샷의 이미지는 지우고 좋은 샷의 이미지를 기억하는 습관Replace을 가지라는 것이 핵심이다.

나는 이 SAT를 가장 효율적으로 한 Tour Pro는 잭 니클라우스라 생각한다. 메이저 19번의 준우승과 9번의 3등을 통하여 18번의 메이저 우승을 이루었기 때문이다.

나는 마음에 드는 드라이브 샷, 3번 우드 샷, 길고 짧은 아이언 샷, 피칭, 치핑, 퍼팅 등에 대한 좋은 느낌을 기록한 검은색 수첩이 있고 머리 속에 좋은 샷의 이미지를 많이 저장하고 있다고 생각한다. 나는 집에서 무거운 봉을 어깨에 매고 좋은 샷의 이미지를 재현하는 연습을 하루 10~20회 한다는 것을 밝힌다.(몸통 위주의 연습)

Albaugh 박사는 3가지 마음을 소개한다.

첫째가 Rational Mind(RM, 이성적 마음)다. 이 RM은 분석(경사, 거리, 방향), 기술, 전략을 관리하는 Mind로 정지상태에서 작동되면 좋으나 동작상태(Swing 중)에서는 절대 작동되어서는 안된다는 Mind다. 나는 전장에서 여러번 헤드나 퍼트가 움직이는 궤적을 스윙 중에는 눈으로 보지 말라고 했던 것을 기억하기 바란다.

둘째는 Emotional Mind(EM, 감정적 마음)다. 이 EM은 시각, 청각 등을 통하여 실망, 걱정, 슬픔, 좌절, 행복, 기쁨을 느끼는 것인데 이 EM도 스윙 중에 작동되어서는 안되는 Mind다. EM은 내부적 요인과 외부적 요인이 있다.

내부적 요인은 사업, 가정, 건강 등이고 외부적 요인은 경기 동반자의 대화, 소음 등이다. Mind Fulness(마음을 챙기다) Zen(선)의 상태로 들어가는 것이 최고의 목표다. 이것만 하게 되면 Single Player는 자동적으로 될 것이라고 확신한다.

셋째는 Imaginative Mind(IM, 형상화)다. 머리와 마음 속에 저장된 좋은 이미지의 샷을 어떻게 행동에 옮길 것인가가 과제다. 나는 Seeing, Hearing, Feeling 기법을 동원한다. RM과 EM을 Zero 상태로 둘 수 있다면 이는 신선 또는 부처님의 상태고(아마도 파 72를 18타에 끝낼 수 있는 가능성을 열어두고 있다.) 우리 일반인은 되도록 최소화하는 수 밖에 없다.

그 최소화하는 방법이 Seeing은 공이 날라 가는 궤적을 마음 속에 그려보고(0.2초) Sweet Spot에 맞는 소리를 듣고(0.1초) 체중의 중심점이 LDW축에 따라 움직이는 느낌 등을 가지면서 어드레스 자세 후 스윙을 1초 이내에 실행에 옮긴다.

퍼팅의 경우도 공이 홀로 들어가는 모양을 그려보고 공이 홀에 떨어지는 금속성 소리를 듣고 시계추처럼 명치 이하의 몸은 고정하고 어깨와 퍼트페이스가 일정 비례하에 같이 움직이는 느낌을 느끼고 이 모든 것을 1초 이내에 실행한다.

Seeing, Hearing, Feeling의 구체적인 예는 자신의 취향에 맞게 각자 정하면 된다. 순서도 상관없다. 이 세 가지를 이미지화하고 망설이지 말고 즉각 실행하면 된다.

뇌가 작동하는 Outer Game에서는 ABC라인을 준수하는 것을 노력하고, 몸이 작동하는 Inner Game에서는 평소에 SAT를 습관화하고, 스윙 바로 직전에는 Imaginative Mind가 최대한 작동되도록 노력하면 모든 Golfer가 배려받고 배려받아서 모두가 다 Single Handicap Player가 될뿐만 아니라 우리 국가 전체 사회도 가보고 싶은 나라, 살고 싶은 나라가 되리라고 확신한다.

참고로 영어단어의 뜻을 더 쉽게 이해하기 위해서는 라틴어의 어원을 찾아 용어를 정의하면 쉽게 본질에 접근할 수 있다.

Imagery(형상화)는 시각적 인지로서 방향, 거리, 높이, 속도 중에서 2가지 이상이 형상화 되는 것을 의미하고, Sensory는 스윙 전에 두뇌에 인지된 것과 몸의 감각이 일치하여 동작으로 표현될 수 있는 것을 뜻하고, Feel은 Imagery(형상화)와 Sensory(감각)로 스윙하는 Golfer가 몸과 마음으로 잘 되고 있다는 것을 체험하고 있다는 것을 뜻한다.

〈뇌의 근육신경 명령에 대한 검토〉

일반적으로 슬라이스가 많이 나오는 주된 이유는 척추의 각도와 손목의 헤드와 샤프트가 발뒷꿈치 라인 근처로 가는 것을 본인 자신의 몸통이 Turn이나, 팔의 움직임이나, 코킹이 잘못되었다고 뇌신경이 인식하여 그것을 교정하는 뇌근육신경 명령이 작용되었기 때문이다.

골프 연습스윙은 뇌신경의 전달체계에 대한 잘못된 교정 명령이 일어나지 않도록 연습하는 훈련을 위주로 이루어져야지 근육을 단련하는 운동이 되어서는 안된다는 것을 강조하고 싶다.

양손과 헤드를 Golfer가 직선으로 보내려고 하는데 처음 직선으로 조금 가다가 곡선을 그리면서 뒤로 가는 것은 척추의 기울기 때문에 일어나는 자연적인 현상이라고 뇌신경을 훈련시키는 것이 연습 스윙의 목적이 되어야 한다. 뒤로 가는 것을 일정한 패턴으로 형상화하여 뇌신경에 기억시켜 놓고 실제 스윙 시에는 그것만 수행하면 되기 때문이다.

눈으로 인식한 위치에 근거하여 새로운 위치로 가도록 하는 뇌신경의 근육동작 명령은 시차가 필요하다.(1~2초) 그러나 무게 인식은 위치 인식보다 반응 속도가 정확하고 빠르다. 외줄타기의 경우 시각적인 위치 인식에 의해서 위치가 잘못되었다는 교정명령에 의해 중심을 잡는 것이 아니고 무게인식에 의해서 몸이 즉각 반응을 하여 중심을 잡는다.(이 때도 무게가 뇌신경에 전달되어 시차없이 즉각 반응하는 가능성도 있다는 여지는 남겨두고자 한다.)

야구선수가 투수가 던지는 공의 구질을 홈플레이트 근처에서 밑으로 내려가는지 왼쪽으로 휘는지 오른쪽으로 휘는지를 시각적으로 파악하여 방망이를 휘두를 수는 없다고 알고 있다. 이는 위치인식에 대한 뇌의 반응속도가 공의 속도보다 느리기 때문에 타자는 공의 구질을 추측에 의해서 반응한다고 본다.

골프에서도 마찬가지다. 손과 헤드가 움직이는 위치가 정상궤도를 벗어나는 경우 이의 교정명령은 백스윙 시 천천히 움직이는 경우에는 가능하나, 그것도 어렵지만 더군다나 다운스윙 시에는 불가능하다고 본다. 특히 백스윙 시 양손의 위치는 B라인 선상에서 직선후방으로 가야 하나 척추를 굽힌 각도 때문에 발뒷꿈치 선 C라인으로 가는 것이지 팔과 손의 동작 수행에 의해서 가지는 않는다.

ABC라인은 연습스윙 때 위치 확인용으로 필요하고 실제 스윙 시에 이 위치에 대한 마음Mind나 생각Thought을 가지면 안된다. 잘못된 위치로 인식하고 교정명령을 내릴 위험성이 항상 상존하기 때문이다.

그리고 전장에서 언급한 수직성분도 손과 팔이 만드는 것이 아니라 척추를 숙인 각도에서 몸통의 Turn 때문에 일어나는 것이지 손과 팔의 또는 몸통 자체의 수직운동이 아니다. 수평운동인데 척추를 숙인 각도 때문에 양 어깨가 상하로 움직이는 것처럼 보일 뿐이다. 척추를 기울인 각도 때문에 일어나는 현상을 뇌가 잘못 이해하도록 그냥 놔두면 잘 되는 날과 안 되는 날이 되풀이 되면서 고생스러운 골퍼의 길로 들어서게 된다.

결론적으로 골프 스윙을 할 때 눈으로 인식한 위치에 대한 관념을 버리는 것이 가장 중요하다. 그래서 딴 것은 아무 것도 보지 말고 공만 쳐다보아라 하는 이유다. 공만 쳐다 보는 것은 중심을 지키기 위한 수단이 아니다. 중심을 지키는 것은 양다리와 척추의 역할이지 눈의 역할이 아니다. 눈으로 중심에서 벗어난다고 판단하고 이것을 바로 교정하려는 순간 엉뚱한 Shot이 나온다는 것을 모두가 경험적으로 알 수 있으리라고 본다.

골프 스윙은 마음과 생각 속에 형상화된 것을 수행만 하면 된다. 위치의 정확성과 궤도의 정확성을 Check하는 순간 뇌신경의 교정명령에 의해서 엉뚱한 결과가 나온다. 형상화한 스윙의 이미지를 발바닥의 체중이동으로 구현하면 된다는 것이 나의 주장이다. 그 체중이동 방법이 프로 100명의 스윙사진 분석에 의해서 최대공약수로 설정한 ABC라인 범위 내의 헤드와 양손의 위치다.(나는 10년간의 골프다이제스트 잡지의 드라이브샷 16개 전후의 정지사진을 일일히 분석하였다.)

체중의 부분하중 이동도 이 양손과 헤드의 위치에 따라 당연히 비례적으로 변화하지 않으면 원심력과 구심력의 관계 또는 물리학의 기초개념에 반하기 때문이다. 그 부분하중 이동의 경로가 바로 Staple 알 형태의 LDW부분하중 이동 스윙 이론이다.

가장 중요한 것은 체중의 부분하중 이동을 느끼는 것은 위치분석과 뇌의 수정명령과 직접적인 관계가 없거나 적기 때문에 스윙 중에 체중의 부분하중의 변화를 느끼면 쉬운 Golfer의 길로 가는 첩경이라고 생각한다.

▼ 캘리포니아 패창가Pechanga 리조트 입구 상가지역

▲ 페블 비치 근교 Laguna Ceca CC

제 3 부

EPB, SLOOC, FTC 공직생활과 골프

1. 경제기획원(EPB)
2. 서울올림픽 조직위원회(SLOOC)
3. 공정거래위원회(FTC)

1 경제기획원(EPB)

1973년 제14회 행정고시를 합격하고 1년 정도의 기다림 끝에 경제기획원(EPB) 기획국에 발령을 받고 공직생활을 시작하였다. 제2차 경제개발 5개년 계획의 철강과 비철 금속분야의 5개년 계획수립 작업에 참여하였다.

원내 부서간 체육대회에서 축구를 잘한 덕분에(초등학교 축구대표 선수 경력) 강경식 전 예산국장의 눈에 띄어 기획국에서 예산국으로 발령을 받고 한국전력 예산을 담당하는 주무 사무관이 되었다. 당시만 해도 전력이 부족하였기 때문에 우리나라 총 투자비의 20%를 전력부분에 투입할 정도로 그 비중이 컸다.

그때 발전소 건설방식은 국내회사가 기술력이나 자금력이 부족하기 때문에 외국회사의 하청기업으로 참여할 수 밖에 없었다. 그래서 국내 건설회사가 한국전력의 주계약자가 되고 외국기업이 참여하는 소위 국내 턴키방식으로 전환하는 제도적 장치를 강구하라는 당시 강경식 예산국장의 지시에 따라 강봉균 과장님을 모시고 한 달 이상 불철주야 일한 기억이 크게 남아 있다.

당시 공무원 봉급을 3년 이내에 100% 증액하는 계획이 있었지만 시급한 전력 시설확보 때문에 차일피일 미루어지는 실정이었다. 예산국 1년은 1년 내내 아침출근 저녁 12시가 다 되어야 퇴근하는 격무의 연속이었지만 그래도 박봉에 우리나라의 경제개발에 기여하는 사명감 덕분에 보람찬 나날이었다고 회고된다.

그때 최고의 고민거리 중 하나가 한전 자체예산으로 부족한 발전소 건설예산을 전기요금인상, 정부출연금, 금융차입으로 조달하여야 하는데 그 비중을 어떻게 해야 할 것인가를 두고 예산국, 물가정책국, 경제협력국의 이해가 상충되는 최대의 난제 중 하나였지만 결과적으로 3등분되어 조달되어졌다.

1977년도부터 정부가 국비로 공무원 해외유학을 시작하였다. '76년도에 하버드대학 캐네디 스쿨에서 5년(군경력 포함 가능) 이상 경력있는 공무원을 장학생으로 선발하기 위해서 하버드대 교수가 직접 한국으로 와서 희망자 8명을 인터뷰하는 기회가 있었다. 운좋게 2년차 사무관이 과장과 선배 사무관과 경쟁하게 되었는데 미 8군 사령부에 근무한

하버드 캐네디 스쿨 77/78 동기생 ▲

경력이 있어서 영어듣기는 비교적 문제가 없었고 결정적으로 전력개발 자금조달방법(전기요금인상, 국가재정투입, 국내외차입)에 따른 국민경제적 효과를 가장 높일 방법을 배우고 싶다는 나의 의견에 그 교수가 크게 감명을 받아 내가 선발의 영예를 가질 수가 있었다.

그때 마침 공무원 국비유학생제도가 생겨서 그 자금을 이용하여 국비유학 1호 공무원이 되어 하버드대학 캐네디 스쿨로 청운의 꿈을 꾸며 유학길에 올랐다.

그때 수학 1년은 고시공부보다 더 힘들었다. 1년에 8과목을 올 B이상을 득하여야 석사학위가 주어졌기 때문에 짧은 영어실력으로 그 많은

▲ 공무원 제안제도 은상 수상기념

독서목록을 소화했는데 지금 하라면 도저히 불가능한 일을 한 것으로 기억된다. 2일 연속 밤새우는 일이 비일비재하였다.

　1년간의 유학 끝에 행정학(경제발전분야) 석사를 취득하고 바로 경제 협력국에 발령을 받았다. 여기에서도 해외자본을 도입 승인하는 업무, 도입 후 사업자금이 제대로 집행되도록 사후관리하는 업무를 주로 담당하였다. 그때 처음으로 교육기자재를 도입하기 위한 1BRD차관 미화 1억불, EXIM차관 미화 1억불 등이 추진되어 공업고등학교에 실험실습 기자재가 도입되어 공업 발전의 기초가 되었다고 생각한다.

　업무 중에 터득한 경험으로 "차관도입에 따른 금융비용 절감방안"을 공무원제안제도에 응모하여 은상과 대통령 표창을 받은 것이 기억이 남는다. 그때 그 시절에는 대통령표창을 받으면 승진이 최소 남보다 6개월~1년 정도 빨라지는 가점 혜택을 받았다. 외자관리국과 투자심사국 총괄사무관을 거쳐 고시합격 10년 만에 대망의 과장승진을 하고 서울올림픽 조직위원회(SLOOC) 기획과장으로 1983년 파견근무하게 되었다.

　사무관 시절 운 좋게도 나는 경제기획국, 예산국, 경제협력국, 외자관리국, 투자심사국(산업정책) 등 거의 모든 국에 근무함으로서 과장, 국장시설 다양한 각도로 문제를 분석하고 해결책을 제시하는 업무를 수행할 수 있었다고 생각한다.

　경제기획원 시절 다른 부처 사람들과 업무협의를 할 때, 우리의 기본자세는 어떤 정책이, 이떤 방법이, 어떤 괴정이 국익(경제개발과 발전)에 가장 도움이 되는가를 바탕에 깔고 토의를 하기 때문에 이것이 항상 몸에 베어 있었다. 심지어 가정사까지 이것을 확대하기 때문에 70~80년대 집값이 무섭게 오를 때 30평 이하를 고수하고 아내가 복부인이 되는 것을 아주 엄하게 경계하였다. 지금도 아내는 한 번쯤 내가 눈 감아 주었더라면 강남 요지에 수 십억짜리 아파트를 장만할 수 있었을 거라고 말하기도 한다.

나는 많은 자산과 자녀와 손녀, 손자를 다시 가지는 기회가 있다면 그들에게 생활비 걱정없게 해주고 오로지 국익을 위해서 또 자원의 가장 효율적인 이용에 앞장서서 일하는 조직과 단체에서 일하기를 소망한다.

나는 부족하였지만 소신과 원칙을 지키는 것이 가장 아름다운 인생이라고 생각하기 때문이다.

페블 비치 #7번홀 ▼

2. 서울올림픽 조직위원회 (SLOOC)

올림픽준비 업무는 동원되는 인력, 물자, SOC(도로 등 사회간접자본) 등이 세계대전을 수행할 수 있는 규모이기 때문에 세계강국 중의 한 나라로 인정받을 수 있는 기회이다. 옛날에 해 본적이 없는 일의 국가대사를 총괄기획하는 기획과장의 임무는 막중하였다. 처음 부임해 보니 부서간의 협조가 거의 안 되고 있고 일을 처리하는 표준절차 SOP Standard Operating Procedure가 없었다. 마침 운 좋게 나는 경제개발 5개년 계획과 한전예산을 다루어 본 경험이 있기 때문에 5년 후의 올림픽 준비도 유사방식으로 기획할 수 있었다. 그때 한전은 발전소 건설시 PERT Program Evaluation and Review Technique, CPM Critical Path Method 기법을 도입하여 공정관리를 하였기 때문에 올림픽도 1988년 개최시기를 연기할 수 없는 목표일까지, 인력, 예산, 물자를 합리적으로 적기에 조달하는 것으로 대상만 달랐지 발전소 건설과 대소동이한 것이 마스터플랜과 세부 시행계획을 수립하는데 큰 도움이 되었다.

올림픽조직위에 처음 부임하였을 때 느낀 것은 부서간의 협조와 경쟁이 안된다는 점이었다. 2~3달 간 조직위 내의 전원이 PERT, CPM 도표를 그리는데 동원되어 일정표를 작성하니 1992년도에야 올림픽을 개최할 수 있는 것으로 나왔다. 이 작업을 하는데 최고의 성과는 각 부서 간의 업무영역의 양보와 경쟁과 협조없이는 목표를 이룰 수 없다는 것을 인식한 것이라고 생각한다.

이 벽을 허무는 좋은 방법 한 가지는 특정부처에서 승진을 하면 전원이 이유 여하를 불문하고 무조건 경제, 비경제부처 관계없이 다른 부처에 2~3년 파견 근무를 법제화 하면 된다고 생각한다. 요즈음은 융합의 시대다. 한 부서의 고정된 사고의 틀에서는 창조적 혁신은 일어나지 않는다.

한전예산을 담당할 때 일광 절약시간제(서머타임)를 시행하면 발전소 건설예산을 감소시킬 수 있다는 것을 알았다. 마침 조직위에서도 TV방영권 판매와 연관하여 썸머 타임을 실시하면 방영권 가치가 미화 약 1억불 증가하는 것을 알게 되었다. '86년도 미화 1억불이면 지금 가치로는 미화 30억불 이상 될 것이다. '88올림픽 때 주요 결승 경기가 특히 육상의 경우 낮 12시간 전후하여 경기가 이루어지도록 짜여져 썸머 타임을 실시하면 미국 동부 시간 밤 11시에 볼 수 있는 경기가 밤 10시에 보게 되면 그만큼 광고단가가 올라갈 수 있었기 때문이다. 그래서 세계 각국의 썸머 타임제도를 조사하고 썸머 타임의 경제적 효과, 역사적 유래 등을 종합 분석하여 TV방영권 이야기는 공식 문서상에서는 빼고 기안하여 당시 노태우 올림픽조직위원장을 경유하여 전두환 대통령의 결단으로 썸머 타임을 '87~'88년 2년간 시행하게 되었다.

비슷한 위도에서 썸머 타임을 실시하고 있지 않는 나라는 한국, 일본, 중국뿐이라는 점에서 나는 아직도 썸머 타임을 계속 실시하여야 한다고 생각한다. 최대의 단점은 특히 공무원의 경우 출근시간만 빨라지고 그에 맞추어 퇴근시간이 빨라져야 하는데 현실은 그렇지 못하여 근무시간만 늘어나는 사회적 관습 때문에 도입에 주도적인 역할을 하여야 할 공무원이 반대하기 때문에 도입이 안 되는 것으로 생각하고 있다.

시골 농부는 매일 썸머타임을 실시하는 셈이다. 해가 뜨면 일하러 나가고 해가 중천에 뜨면 점심을 먹고 해가 지면 퇴근하는 매일 달라지는 썸머타임을 하고 있다. 여름 9시 출근할 때는 겨울과 달리 해가 거의 중천에 떠 있어 특히 금융권 생활자가 10시에 출근할 때는 점심시간에 출근하는 기분이 들 정도라고 생각된다. 일광절약으로 발전소 건설비를 줄일 수 있고 무엇보다도 아침의 1시간 보다 저녁의 1시간의 한계효용이 높기 때문에 취미생활의 다양화, 또 다른 직업을 가질 수 있는 기회 증대 등의 긍정적인 측면이 1년에 2번 정도 1시간을 당기고 늦추는 불편을 감수할 수 있다고 본다.

1987년 6·29선언(대통령 직선제 수용) 등의 민주화 운동의 촉매제가 썸머 타임이라는 것을 유시민 전 장관이 TV대담에서 밝혔다. '87년 당시 화이트 컬러는 비교적 정치 사회운동에 무관심하다가 썸머 타임 실시에 따라 퇴근시간이 빨라져 민주화 운동에 동참하는 현상이 일어나 민주화 운동에 중요 기폭제가 되었다고 하였다.

이를 나와 연관 지어 보면 소위 나비효과라는 것이다. 초등학교 축구 대표선수 → 한전예산담당 → 일광 절약 시간제에 관심 → 조직위 파견 → TV 방영권 수입증대 → 썸머타임 실시 → 민주화 운동의 동력 → 6·29 선언 대통령 직선제 쟁취 등이다.

골프에도 나비효과가 있다. 부정적인 자신의 생각과 마음이 제1의 적이고 동반자가 제2의 적이다. 잘할 수 있을까 하는 조그만 의심, 경기 동반자의 작은 소근거림이 경기자의 근육신경회로를 자극시켜 공의 구질과 탄도를 크게 바꿀 수도 있다.

타이거 우즈가 완벽하게 재기하여 역시적 대기록을 앞둔 순간 여기에 초청받은 시골 농부의 어쩔 수 없는 생리적 기침소리는 나비의 날개짓

이 태풍을 몰고 오는 효과를 가질 것이다.

올림픽조직위 근무 후반부에는 메인 스타디움 운영을 지원하는 일과 육상경기운영본부 사무국장을 맡았다. 그때 세계적 육상선수 벤 존슨과 칼 루이스와 친교를 맺는 기회도 있었고 특히 벤 존슨이 9초 79 세계기록을 수립하는 순간 10만 관중이 1~2초 동안 잠시 동안의 침묵으로 빠져 들어간 순간을 잊을 수가 없다. 아마도 10만 관중 모두가 엔돌핀이 나오는 것을 느꼈을 것이라고 생각한다. 감동이 벅찬 순간 천만원 상당의 1mg 엔돌핀이 나온다고 가정하면 10만 관중이면 10조원 가치의 엔돌핀. 이것이 진정한 의미의 올림픽 개최효과라고 생각한다.

지금까지도 깨어지지 않은 세계 신기록으로 100~200m를 우승한 미국의 그리피스 죠이너의 경우도 재미나는 사례를 목격하였다. 약물을 복용하면 도핑테스트Doping Test에 적발될 우려가 있지만 특정부위를 열심히 만져 흥분되면 기록이 단축되고 도핑테스트에 위반되지 않는다는 것이다.

올림픽의 성공적 개최 여부는 수 많은 다른 각도에서 평가되어야 한다. 그 중 하나가 흑자냐, 적자냐의 여부와 결과적으로 서울올림픽은 천억 전후의 흑자를 내고 회계상 종결되었지만 서울시가 전부 부담한 메인스타디움 건설비용, 88올림픽 도로건설비용 등을 조직위가 부담하였다면 적자로 마감되었을 것이다. 그러나 천만인구를 보유한 서울시가 시민의 이용편의를

▲ 벤 존슨 9.79 세계기록 순간

▼ 벤 존슨과 함께

▲ 칼 루이스와 함께

▼ 칼 루이스가 나에게 선물한 신발

위해 메인스타디움 한 개 정도는 보유할 만하다는 서울시의 정책적 판단이 있으면 적자, 흑자의 회계기준은 달라지는 것이다.

또 한 가지는 대회기간 중 또는 준비기간 중 인명사고가 없어야 한다. 다행히 서울올림픽은 관련시설 건설, 올림픽운영 관계자, 관중, 선수, 보도 관계자 등 몇 백만명의 인력중 인명사고가 일어나지 않았다.

다음으로 얼마만큼의 세계기록, 올림픽기록이 나와서 선수들이 최고기량을 낼 수 있도록 시설을 준비하였느냐, 경기진행을 정시에 하였느냐의 문제다. 전자의 경우 역대대회 이상으로 신기록이 수립되었고 경기의 정시진행은 역대 최고였다. 특히 육상의 경우 방영권 가치도 가장 크고 경기수도 가장 많았음에도 불구하고 수 백종의 예선, 결선경기가 정시에 진행되었다.

요즈음 같으면 카톡이나 핸드폰이 있어서 모든 운영요원이 동시적 업무수행에 어려움이 없었을 것이다. '88년 전후만 해도 일방통행의 호출기가 통신수단의 전부였기 때문에 운영요원과의 협조는 사전에 미리 작성된 SOPStandard Operating Procedure 없으면 매우 어렵다. 우리가 만들어 낸 SOP는 차기 올림픽개최 도시인 바르셀로나가 스페인어와 카탈로니아 언어로 번역하느라고 한국 유학생이 알르바이트 특수경기를 누릴 정도였다.

국민의 마음을 하나로 모을 수 있는 국가정책적 수단이나 목표로 과거에는 수출과 올림픽이 있었는데 요즈음은 그것이 없는 것 같다. 청년실

업 저출산 경제성장둔화 등을 해결할 수 있는 새로운 먹거리 산업의 개발을 통한 고용창출에 국력을 집중할 때라고 생각한다. 고용창출은 국가보다 민간이 주도해서 힘을 모아야 지속성과 효율성을 가진다는 것을 강조하고 싶다.

올림픽이 끝나고 행운이 왔다. IAAF(국제육상경기연맹)에서 대통령과 조직위원장을 모나코 몬테카를로Mont-carlo에서 개최되는 갈라쇼(망년회)에 초대하였는데 정치적 상황으로 두 분이 가지 못하고 박세직 위원장님이 육상을 담당한 나를 출장 보내라고 명하셨다. 거기 가서 식사, 음료, 숙박, 관람하는 것이 최고 일류인 것은 말할 것도 없고, 그쪽 초청장에는 귀 기관의 부담으로 오라해 놓고 막상 도착하니 항공권 요금을 현금으로 지급해 주는 행운뿐만 아니라 초청장 말미에 부부동반 가능조항을 발견하고 집사람까지 동행한 행운을 누렸다. 국제 체육계는 이렇게 하는 것이 차기회장 출마를 위한 사전선거운동으로 관행이 되어 있어서 해당 종목의 수장을 오래하면 할수록 내부조직이 부패의 온상이 되어가고 있었다.

올림픽을 끝내고 경제기획원에 복귀하기 전 오래전부터 생각하고 있던 올림픽 준비방식과 과제를 집필하기 시작하였다. IOC가 올림픽 준비자료를 축적해 놓지 않아서 개최도시가 그때마다 많은 고생을 하는 것을 줄여 주어야겠다는 것이 나의 생각이어서 조직위 근무 5년 동안 틈틈이 자료를 모아서 2달 만에 국영문을 발간할 수 있었다. 발간비용은 아식스스포츠 회사가 미화 3만 불을 후원해 주었다. IOC 회원 가입국 100여개 나라에 무료로 발송해 주었더니 수없이 많은 감사편지를 받았고 사마란치 위원장도 50부를 구입하여 로잔느 올림픽 본부 도서관에 비치하였다. 이를 계기로 IOC의 주요 간부로 일할 기회가 있었는데 모

▲ KBS인터뷰 화면

▲ 노태우 위원장님

▲ 박세직 위원장님

인사의 방해공작으로 성사되지 못하였다는 것을 나중에 알게 되었다.

경제개발 5개년 준비방식과 한전발전소 건설방식 중 공정관리를 올림픽에 도입할 수 있는 방법론을 알고 있는 조직위 내에서의 몇 안 되는 사람이었기 때문에 기획과장 보직이었지만 노태우, 박세직 위원장님에게 매주 보고하는 기회를 자주 가질 수 있었다.

특히 다른 부처에서 온 사람들과 달리 국가 이익을 최우선하여 사업 우선순위, 추진방법을 기안하기 때문에 사랑받을 수밖에 없었다. 이것이 마음에 들지 않는 다른 부서 특히 경기인들은 우리 기획과를 정신 나간 사람들의 집단이라고 뒤에서 수근대는 경우도 자주 있었다. 그때 우리 기획과에서 매주 책 한 권 분량의 기획서가 생산되어 전 부서에 전파되었다.

특히 체육인들은 자기 분야의 필요한 물자, 인력, 예산을 요구할 줄만 알았지 전 경기장 전체를 고려하여 시간과 장소 개념을 도입하면 그 필요량이 1/3, 1/2로 줄어드는 것을 생각지도 못한 것 같았고 그렇게 하는 것을 싫어하였다. 극단적인 예로 통역 안내과는 각 경기장과 각 부서에서 요구하는 통역 안내원의 숫자를 단순 합산하여 내 기억이 정확하다면, 3만

명의 필요 인력이라고 보고하여 조직위가 야단법석이 난 것을 기억한다. 이 숫자는 우리나라에 있는 일정 수준 이상의 외국어 하는 모든 사람들을 올림픽에 모두 동원하여야 하는 숫자였기 때문이다. 우리 기획과에서 이를 20% 이하로 조정하였다. 기획과가 시간의 한계로 조정치 못한 인력, 물자, 예산이 아마도 올림픽 전체예산의 1/3 이상은 될 것이라고 생각한다.

이런 현상은 과거의 정부, 지금의 정부 내에서도 일어나고 있다. 특정사항을 두고 각 부처와 기관이 다른 목표와 논리를 내세워 집행하는 중복성 예산이 전체 예산의 1/3 혹은 최소 1/4은 넘을 것이라고 생각한다. 민간기업에서는 생각할 수도 없는 일이다. 민간기업은 불필요한 조직과 예산이라고 판단되면 하루 만에 없애버린다. 정부내에서는 불필요한 조직이 10~20년 계속 존속되고 있다. 그래서 되도록 민간기업이 맡길 수 있는 일이라면 정부나 공기업이 나서는 것보다 민간기업과 시장에 맡겨놓는 것이 최선의 정책이다.

올림픽 준비방식의 요체는 각 장소별(경기장, 선수촌, 공항, 보도 지원센터 등)로 필요한 자원 즉 인력, 물자, 예산을 기본적으로 먼저 산출하고 이를 각 장소별로 연계운영을 어떻게 하면 자

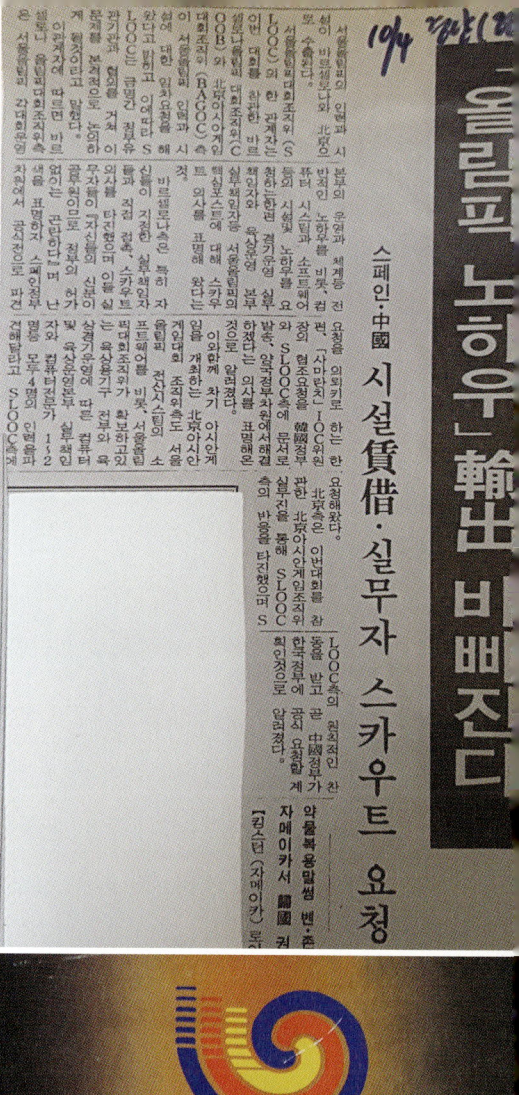

올림픽 준비방식과 과제

원의 소요를 최소화 할 수 있느냐의 문제다.

인천공항이 세계 1등 공항이 된 것도 '88올림픽 개최시 그 많은 선수와 보도관계자, 관광객을 어떻게 안전하고 신속하게 입국시킬 것인가의 Know-How가 크게 도움이 되었을 것이다.

한 종목의 국제경기대회에 필요한 자원이 있는데 이것이 한꺼번에 23개 종목의 국제대회가 개최된다면 필요한 자원이 23배가 되는 것이 아니라 극단적으로는 한 종목의 자원만으로도 운영될 수도 있고, 3~4 종목의 자원으로 23개 종목을 커버할 수도 있다는 점이다.

미국 맥나마라 Robert Mcnamara(미국, 1916~2009) 국방장관이 도입한 개념, 자원의 효율적 사용을 위한 총량개념, 쉽게 말하면 육·해·공·해병대가 각기 필요한 군사력을 확보하는데 4개 부서의 요구량을 단순 합산하면 4배가 되지만 육·해·공·해병대를 연계 운영하면 1.5~2배 정도로도 확보가능하다는 자원의 효율적 사용개념이다.

국가 운영방식도 마찬가지다. 각 지방자치단체나 각 부처가 필요한 자원을 단순 합계하면 각 부처의 수 또는 지방자치단체의 수, 예를 들면 200만큼 나오지만, 이를 기능별로(교통, 건설, 도로, 주택, 금융 등 정부 중앙조직)합산하여 효율적으로 운영하면 50~100으로의 숫자로도 가능하기 때문이다. 우리나라의 경제개발 방식은 경제기획원이라는 통합조직을 두어서 자원의 효율적 사용이 가능케 한 점이다. 그러나 특이한 점은 경제기획원에게 기획하고 통합 조정하는 기능은 주면서 절대적으로 이를 집행하는 기능은 주지 않음으로서 자원의 획득, 이용, 관리과정에서 필연적으로 발생하는 사익이나 집단이익의 추구를 하지 못하게 한 점이다. 이래서 경제기획원의 정책방향은 항상 국익을 최우선시 하는 것을 원칙으로 하고 내부 토의 과정에서 사익 추구나 집단 이익추구는 상상할 수도 없었다는 것이다.

이런 국가경영방식은 경제개발 초기단계는 경제, 사회, 정치구조가 비교적 상대적으로 단순해서 경제기획원이라는 조직으로 운영 가능하지만 경제규모가 커지면 경제기획원 대신 또는 법령이나 규제대신에 민간기업(대기업과 중소기업)이 상당부분을 맡아서 시장원리가 작동되어 움직이도록 하는 것이 국가경영방식이라고 생각되어진다.

좌파, 우파의 개념도 쉽게 말하면 여기서 나온다고 생각한다. 우파는 민간기업이 맡는 것이 더 효율적이라 생각하고 좌파는 정부가 맡는 것이 더 효율적이라 생각하는 것이다. 우파 내부에서도 정부가 맡아야 하는 특정분야의 범위를 두고도 다투고 있고 좌파 내부에서도 그 범위를 두고 다투다 보니 중도보수의 개념도 나온다고 본다. 한 가지 분명한 것은 국가형성 초기 단계에서는 공동생산, 공동분배의 방식이 효율적이지만 경제, 사회구조가 복잡다단하게 되면 국가가 직접 개입, 운영하는 분야는 점점 줄어 최소화 되어가는 것은 역사의 필연적인 흐름이라고 본다. 좌·우파는 역사적인 흐름은 나의 생각으로는 어느 정도 공유하고 있다고 생각하지만 집권의 수단과 방편으로 과대포장하여 이념투쟁을 하고 있다고 본다.

모든 집권한 정권이 혁신과 창조를 외치지만 기득계층의 이익을 지키기 위한 제도와 규제를 혁파하지 않고는 선진사회로 진입하는 동력을 얻을 수 없다고 본다. 중요한 정책결정을 내리는 고위공무원이 되기 위한 시험과목을 보면 1900년대초 일제 강점기 교육의 잔재가 그대로 대부분 남아 있다.

▼ 조부님 보성전문 졸업증서와 수학과목

새로운 사상, 새로운 트렌드Trend를 알 수 있는 과목을 선택 또는 필수 과목으로 과감히 도입하여야 하고 교육제도와 과목도 경쟁과 협조를 이끌어낼 수 있는 체육 운동과목과 게임과목이 필수과목이 되어야 다른 나라에 앞서가는 나라를 만들 수 있다고 생각한다.

바르셀로나 올림픽 조직위에 자문을 할 때도 경제기획원 업무와 관련이 없는 분야에 공적으로 출장을 갈 수가 없어서 동 조직위에 갈 수 없음을 통보하였더니 외무부를 통하여 국가 간의 협조지원을 요청하여 경제기획원이 동의를 하여 동조직위에 서울에서 한번, 브라셀 EU 대표부에서 2번 자문을 하였다. 자문을 하러 갔다가 도리어 자문을 받아야 할 3가지 놀라운 현상을 발견하였다.

여기서는 기능별 담당자가 전권을 갖고 전 경기장에 필요한 자원량을 산출하고 있었다는 점이다. 예를 들면 수송국장이 각 경기종목에서 필요한 차량수를 먼저 계산하고 각 종목 담당자들에게 이 정도면 숫자를 갖고 어떻게 운영하면 되겠느냐고 자문을 구하는 것이었다. 우리 서울 올림픽 조직위원회SLOOC의 그때 현실은 각 장소별로 요구한 숫자를 수송국은 단순 합산하여 그대로 집행하려는 생각밖에 가지지 못하는 것을 우리 기획과가 고군분투하면서 이 숫자를 줄이려고 노력하였지만 만족할만한 성과는 아니었다고 생각한다.

두 번째로 놀란 것은 수송국장은 대회 임박시점에서는 특정 소수운영 차량만 직접 관할로 남기고 모든 권한과 집행을 각 장소별로 위임하였다는 점이다.

세 번째로 놀란 점은 우리처럼 수송국장이 교통부 공무원 출신이 아니라 공모방식으로(공무원도 응모가능) 최서비용으로 수송 업무를 완수하겠다는 목표제시자가 되는 방식이고 산하에 인원 선발자율권을 가진다는 점이다.

이게 바로 세계를 제패해 본 경험이 있는 나라의 국가경영방식이라고 생각한다. 우리나라는 중앙부서가 가진 지방청을 20~40년 아직도 존속시키고 있고 그 숫자가 줄기는 커녕 도리어 늘고 있다. 공기업의 수도 줄기는 커녕 그 조직과 인력을 비대화 시키고 있다. 과감히 민간기능에 맡기던가 또는 지방자치단체에 권한을 넘기고 그 집행에 대한 책임을 묻는 구조로 바꾸어야 한다고 본다.

올림픽 준비방식과 과제는 논리적 틀과 자료와 결론을 보강하면 세계대전을 준비하고 실행하는 소재라 생각한다. 나는 경제기획원의 업무 처리방식을 조직위 내에서 5년 동안 기획하고 집행한 것을 집대성했을 뿐이다.

▼ 88년 중앙일보 1면 톱기사

올림픽 메인스타디움의 자원인력은 경찰·경비인력을 포함하여 자원봉사자까지 5,000명이 넘었다. 경기본부, 운영본부, 경비본부와의 협조가 없으면 행사진행이 불가능하다. 그래서 사무국장으로서 올림픽이 무사히 끝나면 전체 운영요원의 이름을 메인스타디움 남문 벽에 동판으로 남기겠다고 약속한 덕분에 전 운영요원의 사명감과 협조를 고취시킬 수 있었다. 그런데 막상 올림픽이 끝나고 보니 올림픽 전체조직, 이를 실천할 수 있는 전 부처 지원조직, 올림픽 참가 체육인 등 전부를 포함하는 계획이 되면 실현이 불가능하게 되는 것이 명백하였다. 그래서 조직위가 해산되는 시점에 동판을 남문 벽에 붙이고 슬며시 조직위를 떠났는데 아직도 남문 벽에 무사히 붙어있고 그때의 운영요원이 가족을 데리고 와서 자랑하는 모습을 보곤한다.

3 공정거래위원회(FTC)

경제기획원 복귀 후 경제기획원에서 EU 대표부 약 4년 파견근무 후 공정거래위원회FTC로 소속을 바꾸게 되었다. 골프와의 연관은 소비자보호 국장시절 이어졌다. 약관제도과가 산하에 있는데 시설물과 각종 서비스를 운영하는 자와 이를 이용하는 자 사이에는 이용약관이라는 게 있다. 공정위는 이 분야에 표준약관을 정하고 이의 사용을 권장하고 개별약관의 경우 이용자에게 불리한 경우에는 시정명령을 내릴 권한을 갖고 있다. 그때는 골프장 수가 적고 이용자는 많아서 골프장의 횡포가 무척이나 심해서 한 홀만 치고 우천으로 중단되는 경우에도 18홀 전체요금을 강제 징수하는 것이 대세였다. 이에 표준약관을 정하여 9홀 미만일 때는 50%만 받도록 표준 이용약관을 정하여 소비자를 보호한 바 있다.

요즈음은 골프장이 수가 많아져 손님을 유치하는 이용자 우월시대가 되어서 경기한 홀 수만큼만 비용을 지불하는 골프장도 다수가 되었다.

태릉 골프장은 육사가 관장하고 있었기 때문에 여자 졸업생이 그때는 당연히 없어서 여성은 출입이 안 되도록 이용약관이 정해져 있었기 때문에 어느 여성 국회위원이 라운드하러 갔다가 라운드를 거절당한 후 공정위에 이용약관을 변경시키라는 압력을 받았다. 남녀 차별조항이므로 태릉 골프장에 권고하여 이용약관을 변경시킨 이후 여성출입이 가능하도록 한 것이 기억에 남는다.

지금은 회원제 골프장이 대부분 부도가 나서 퍼블릭으로 전환하고 회원제 골프장의 회원권 가격도 폭락해 버린 것은 정부의 정책 실패라고 생각한다. 골프장을 산업으로 간주하고 정부의 규제를 대폭 줄여서 민간자율로 육성해야 하는데 부자들의 놀이터라고 간주하고 각종 세금과 규제를 한 과오로 회원권을 구입한 많은 이용자에게 손해를 끼친 것으로 생각된다.

골프장 부킹이 어렵고 전 행정부서와 공공기관이 부킹 청탁을 위해서 권한을 남용하고 규제를 신설하다보니 이용요금이 높아질 수밖에 없는 구조를 갖고 있고 일반 국민들도 이용자격이 없는데도 불구하고 이용하려고 관계기관에 부킹 청탁금을 준다든지 함으로써 골프장이 시장기능이 작동하는 산업으로 크지 않고 부정부패의 온상이 되도록 한 것은 정부 관계 기관과 전 국민이 책임져야 할 것으로 생각된다.

그때 그시절 4~5년간 가까운 서울근교 골프장의 주말 부킹이 백만원 이상의 프래미엄이 붙어서 거래될 정도였다. 정부는 시장기능이 작동하도록 여건을 조성하는데 주력해야 하는데 도리어 많은 규제를 만들어서 산업으로 크게 성장하는 것을 저해하고 있다고 본다. 골프장과 콘도 회원권을 새로이 구입하는 사람이 거의 격감한 것은 이용자 권익보다 생산자를 보호하는 사회경제적 체제가 되어있기 때문이다. 선진국으로 도

약하기 위해서는 이용자 권익이 우선되어 그 산업이 발전할 수 있도록 기본 마인드를 바꾸어야 한다고 본다.

골프는 가끔 기상천외한 일도 일어나는 운동이다. 모 클럽 챔피온과 중앙 공무원 교육원 동기생 세 사람이 보광 피닉스 골프장에서 라운드를 하였다. 마지막 18홀에서 참사가 일어났다. 개울까지 220야드 밖에 안되는데 그만 캐디가 깜빡하고 260야드로 불러준 것을 믿고 굉장히 잘 쳤는데 그만 OB가 나서 더블 보기 나머지 세 사람은 투 온Two On후 롱 퍼팅인데도 불구하고 연속하여 홀에 빨려 들어가서 모두 버디를 잡았다. 반면 그 챔피온은 평균 스코어가 70대 초반이고 우리는 80전후인데도 불구하고 게임에서 참패했다. 타당 만원짜리 내기골프에서 배판이 걸린 쇼트홀에서 확률 12,000의 1인 홀인원을 정식계산으로 면제해주지 않고 다 받으면 80~100만원을 횡재하는 수도 있다.

골프와 관련 있는 정치인과 국회의원의 골프라운드 약속에 대해서 보고 듣고 한 이야기를 하고 싶다. 국회의원을 단체로 초청했을 때 전날까지 참석을 약속한 사람 중 출석률은 50% 정도이고 대부분 당일 아침 불참을 통보하든가 아예 안 나타나는 경우도 많다. 골프 약속 이외 다른 중요한 정치적 이벤트 때문이 아니고 더 수입이 좋은 이해관계가 많은, 또는 해당 국회의원의 甲의 관계에 있는 분이 갑자기 초대해서 다른 골프장으로 가기 때문이다.

우리 속담에 골프 라운드는 병원에 입원하기 전에는 꼭 지켜야 할 약속이라고 하지 않던가. 현직 국장시절 장관이 같이 라운드하자고 제의를 받았는데 중요한 선약 라운드가 있어서 못 간다고 하였다. 당일 골프장에서 그 장관과 마주쳤는데 내기 동반한 골퍼가 말단 과장들이었다. 그 장관은 기분이 안 좋았을 것이고, 말단 과장들은 나의 신의가 대단하다고 느꼈을 것이라고 생각한다.

내가 초대한 골프 라운드일지라도 나는 집중하여 라운드에 임한다. 초청한 분들에게 1번 홀에서 오늘 최고의 성적을 내기 위해서 최선을 다하겠다고 미리 양해를 구한다. 결과적으로 70대 초반을 치면 그분들은 한 수 배워간다는 기분으로 라운드를 하기 때문에 기분 나빠하지 않고 끝나고 나면 사부님의 호칭을 불러주는 경우도 많았다. 골프는 습관이 매우 중요하다. 접대골프를 하면서 집중력을 발휘하지 않으면 그것이 습관화 되는 경우가 많기 때문이다.

현대기아 그룹의 상임고문시절에도 기업현실과 어떤 정책이 국익에 도움이 되는가를 열심히 설명드리고 기업 간의 이익이나 사익을 청탁한 일도 없고 그렇게 하는 것은 경제기획원 사무관 시절 그렇게 주장하는 생각을 근무지가 달라졌다고 해서 쉽게 바꾸어지지 않는 것은 바로 교육의 힘이라고 생각한다.

제도나 법률보다 더 중요한 것이 공동체의 문화와 교육이라 생각한다. 경제기획국 사무관 시절 같이 일한 국과장과 사무관 중 장관급까지 승진하신 분들이 30명이 넘는다. 이것이 무엇을 말하는가? 기획국은 힘이 센 부서도 아니고 청탁을 하는 민원인도 없고 업무협의가 필요하면 우리가 상대편 부서에 가야하는 실정이었다. 우리나라 교육은 주입식 교육에서 벗어나 토의와 대화에 의한 경쟁과 협조를 이끌어 내도록 해야 선진국으로 진입하는 가장 빠른 지름길이라 생각한다.

그때 그 시절에는 사무관 10년을 해야 과장 승진하던 시절, 7~8년쯤 되었을 때 다른 부처 과장으로 가는 선택도 있었지만 당시 강경식 차관보의 만류로 가지 않은 것을 지금도 잘했다고 생각한다.

국장승진을 몇 년 앞둔 시점에서도 올림픽 조직위에서 경제기획원으로 복귀하지 않고 청와대 비경제분야 비서관으로 가는 기회도 있었지만 국익보다, 특정단체나 집단의 이익을 대변하는 자리로 가는 것은 마음 내키지 않았다. 내가 아는 많은 장, 차관은 국과장 시절의 소신을 꺾고 그 부처의 이익이나 특정집단의 이익을 위해 그렇게까지 하지 않아도 되는데 하는 생각을 많이 하기도 한다. 물론 장, 차관자리는 어떤 의미에서 국익보다 정치적 결단을 하는 자리이다 보니까 그렇게도 할 수 있겠지만 10~20년 이상 지켜온 가치관이 그렇게 바뀌어도 되는지 나는 이해가 되지 않는 경우가 많았다.

기업 간의 내부거래는 무조건 나쁘다고 인식하는 사람이 다수일 것이다. 그러나 이것을 가만히 들여다보면 그렇게 단순한 일이 아니다. 기업 간의 내부거래를 검찰은 배임횡령죄로 다스리고 국세청은 세금탈루로 취급하고 공정위는 경쟁을 저해하는 불공정거래로 금융당국은 회계기준으로 다룬다. 똑같은 기업의 유사행위나 현상을 두고 각자 자기 목적을 위해서 경쟁적으로 법령에 의한 규제를 만들어 각 부처의 규제수단으로 삼고 있기 때문이다. 공무원의 합리적 배치에 의해서 또는 역량을 키워서 한두 부처에서 다루면 되는 것을 3~4개 부처에서 그럴듯한 논리를 앞세우고 규제를 양산하고 있는 것이다. 지금도 이들 기관들의 업무영역 확대와 그 영역을 지키기 위한 전쟁은 계속되고 있다.

재벌이 자회사를 만들고 내부거래에 의한 기업 이익의 불공정 배분으로 2세, 3세 승계수단으로 삼는 물론 나쁜 관행도 있다. 기업이익의 불공정 배분만 없으면 내부거래는 개별산업의 효율성을 높이고 국제경쟁력을 제고시키는 긍정적인 효과도 많은 것도 사실이다.

국제시장에서의 치열한 경쟁보다도 국내에서의 내부규제를 만들고 그 규제를 피하기 위한 각종 수단과 방법을 찾는데 국력을 낭비하고 있는 것이다. 대기업 사외이사는 그 산업에서의 전문성을 갖고 관리, 감독하는 역할을 하여야 하는데 대기업의 사외이사는 이를 4개 기관의 퇴직인사로 채워져 있는 것이 대표적 예라고 할 수 있다. 사회주의적 사고, 비시장 경제적인 방법으로 국가가 산업에 관여하는 것은 국가경쟁력을 낮추고 선진국으로 진입하지 못하는 최고의 원인이라고 생각한다. 이념 교육이 아닌 시장 지향적 경제 교육으로 어릴 때부터 무장하여야 우리나라의 고질병이 고쳐질 것으로 생각된다.

대기업의 경우 세금을 적게 내고 2세 승계를 위해서 지출하는 연간 법률비용은 일반인의 상상을 초월하는 수백억 원에서 수천억 원에 달한다. 이를 위해서 사장급이 책임자가 되는 전담조직이 있을 정도다. 정부쪽에도 이를 감시, 규제, 감독하는 4개 기관 이상이 쓴 행정비용, 아까운 두뇌의 낭비 등 사회적비용과 부패비리의 소지가 있다. 대기업으로부터 걷어 들이는 상속세는 얼마되지도 않은데 이를 피하고 규제하기 위한 기업과 정부의 줄다리기에 들어가는 사회경제적 비용은 상상을 초월한다. 많은 다른 나라들의 제도를 참작하여 기업에 대한 상속세를 폐지하고 대안을 찾는 국가적인 공론화운동이 일어나기를 소망한다.(이는 공정위와 대기업에 거의 같은 기간을 근무한 경험에서 나오는 소회다.) 이를 판단하는 중요한 가치 중 하나는 똑같은 자원을 가지고 기업과 정부 중 누가 국가 전체 경제를 위해서 효율적으로 사용하여 국익에 기여하는가가 되어야 할 것으로 생각한다. 그 다음 요소는 국부의 빠른 증대냐(템포) 부의 공평분배(리듬)냐의 갈림길에서 양자를 조화시키는 노력이 필요하다고 생각한다.

과거에 부실기업을 특정기업에 매각할 때 그 기업의 시장가치보다 훨씬 낮게 인수시킨다든가, 어느 특정기업을 암묵적으로 지정하는 경우가 많았다. 현대자동차 그룹에서 한보철강을 인수할 때 나의 역할은 청와대뿐만 아니라 타기관에서도 시장가치대로 매각되도록 내버려 두도록 여론조성과 설득을 하는 것이었다. 다행히 노무현 정부시절에는 청와대가 관여치 않는 것을 원칙으로 하였기 때문에 가장 높은 가격을 써낸 현대차 그룹이 인수할 수 있었고 자동차 강판의 원가절감을 통하여 현대기아 그룹의 경쟁력을 크게 향상시킬 수 있었다고 생각한다.

만약에 그때 한국의 철강산업은 포스코로 일원화 되어야 한다고 여론조성을 하던 포스코로 인수되었다면 포스코의 독점횡포가 계속되었을 것이고 또한 정부의 입김으로 철강제품 공급을 전제로 한 강한 압력수단으로 작용되어 자동차산업은 정부의 지배하에 들어갈 수도 있었을 것이다.

공기업 또는 정부 영향 하에 있는 기업이 국제경쟁력을 갖는 경우는 극히 희소한 것은 세계 역사가 증명하고 있다. 단기적 일자리 보호가 국제경쟁력을 저하시켜 그 산업을 도태시킨다는 것을 정책 입안자들은 타산지석으로 삼아야 한다고 본다. 노조활동은 보호되어야 하지만 불법적 파업과 비정규직 노동자의 임금상승과 신규노동자의 진입을 막는 무노동, 무임금 원칙을 지키지 않는 노조활동은 없어져야 할 관행이고, 그 관행을 계속 눈감는 정부도 크게 반성하여야 선진 사회로 진입할 수 있다고 생각한다.

정부가 민간기업에서 배워야 할 것은 정책(기업)의 목표가 정해졌을 때 자원(예산)을 가장 효율적으로 쓰기 위해서 인력과 조직을 가장 신축적으로 운영하는 것이라고 본다. 정부조직은 한 번 구축되면 어지간해서 없어지지 않고 계속 존속한다. 존속뿐만 아니라 그 조직의 존속을 위해서 계속 새로운 규제를 만들어내고 예산을 늘려 나간다. 민간기업은 하루아침에 불필요한 인력과 조직을 신축적으로 운영한다. 민간과 정부, 양쪽에서 일해 본 사람으로서 우리나라 예산의 50%는 낭비가 되고 있다고 본다. 정부가 하는 일 중 50% 이상은 민간위탁이 가능하고 본질적 내용만 정부가 관리하면 된다고 본다.

소비자가 결정하면 될 것을 정부는 국민과 소비자를 우민으로 취급하고 소비자가 결정할 몫을 정부가 하는 일이 너무 많기 때문이다. 경제개발 초기에는 정부의 역할이 크지만 선진국으로 가기 위해서는 개발 초기의 압축 성장방식은 이제 청산할 때가 되었다고 생각한다. 기업의 내부거래 방식이 개발 초기에 없었다면 지금의 경제발전 단계까지 오는 데는 더 많은 시간이 소요되었을 것이라 본다. 모든 정부 부서의 기능을 소비자 지원방식으로 전환해야 국제적인 산업으로 육성가능하고 전환이 늦어지면 질수록 선진국 진입 기회는 줄어든다고 본다. 정부의 규제를 보면 대부분 다수 소비자를 보호하기 위한 목적을 내세우고 있지만 그 권한을 소비자보다 생산자(공급자)에게 많은 분야에서 악용하고 있다.

우리나라에서 제일 국제경쟁력이 없는 산업 중 하나인 금융산업이 대표적 생산자(공급자) 위주의 정책을 시행하고 있는 곳이다. 국내 시장의 기득권이 없으면 하루 아침에 대부분 문을 닫을 수밖에 없는 구조적 한계를 갖고 있다고 생각한다.

강경식 전 부총리가 이사장으로 재직하고 있는 국가경영전략연구원 NSI은 1년 2~3달 정도의 방학기간을 제외하고는 매주 수요일 1년 내내 수요포럼을 운영한다. 나는 이 포럼에 해외여행이나 골프약속이 없는 한 매주 참석하는 것을 원칙으로 하고 있다. 현직에 계시는 분들도 정책 수립에 필요한 자료와 트렌드를 수집, 획득하는데도 유용하지만 은퇴하신 분들도 건강, 상식, 삶의 방법이나 자세 등에 대한 강의를 들으면 삶

▲ NSI 실크로드탐방

▲ NSI 골프대회 사이클버디기념

의 자양분을 높일 수도 있다. 나는 특히 강의를 듣고 이 정보를 활용하여 장기 주식 투자를 하는데 큰 도움을 받고 있다. 구체적인 금액은 손익계산을 해보지 않았지만 그렇게 곶감 빼먹듯이 쓰면서도 원금이 줄어들지 않고 오히려 증가한 것을 큰 행복이라 생각하고 있다.

특히 NSI는 회원들의 협조에 의해서 운영되는 철저한 비영리 단체이고 특정 집단이나 기관의 이익을 대변하지도 않고 오로지 국익을 최우선한 국가경영전략을 수립, 홍보, 집행하는데 그 설립목적이 있으므로 뜻이 있는 분들의 많은 참여가 있었으면 한다. NSI에는 골프와 여행 모임인 비공식 모임도 있는데 골프회 회장을 맡아 달라는 권유와 나의 관심도 있었지만 1년에 4~5개월 해외여행, 삼척에 한 달에 열흘 이상 체류하는 나의 일정과 목표 때문에 맡을 수가 없었다. 언젠가는 때가 되면 NSI의 비공식적 모임에 일조가 되었으면 하는 바람이 있다.

제 4 부

민간기업근무와 은퇴이후의 골프여행

1. 현대기아자동차그룹 상임고문
2. 삼척 파인벨리와 장호항
3. 말레이시아 동해안
4. 미국 동부 캐나다
5. 뉴질랜드 남북섬
6. 잉글랜드와 스코틀랜드
7. 프랑스 전국 일주
8. 태국 파노라마
9. 하와이
10. 페블 비치 반도
11. 샌디에이고 일대

▲ 페블 비치 Cypress point

1 현대기아자동차그룹 상임고문

30년간 공직생활을 끝내고 2001년 현대기아자동차 그룹의 상임고문으로 부임하게 되어 새로운 골프 인생이 시작되었다. 상임고문으로서의 임무를 나는 나름대로 정립하였다. 특정 현안의 해결이나 청탁보다도 전후방 산업연관효과가 크고 고용효과가 가장 큰 우리나라 제1의 산업인 자동차 제조업의 기업 현실을 알리고 규제기관의 미처 생각지 못했던 대규모기업 집단의 효율성을 홍보하는데 주력하더라도 봉급가치를 충분히 할 수 있다는 것을 착안하였다.

자동차산업이 외환위기를 극복하고 기아자동차의 노조위기를 극복하고 이만큼 온 것은 환율과 수 많은 부품의 품질과 가격경쟁력을 제고시킨 결과다.

자동차산업의 경우 타산업과는 달리 수 많은 협력업체가 있다. 이 협력업체의 선정이 국제경쟁력이 있는 산업이 되기 위한 필수 코스다. 협력업체의 선정에는 가격과 품질이 최우선 되어야 한다. 형제가 많은 대규모기업의 경우 형제 수만큼 협력업체 선정이 왜곡되기도 한다. 특히 기업외부에서 들어오는 청탁, 압력과의 전쟁에 경제사회적 비용이 들어간다. 이런 전쟁에서 이기기 위해서는 각 개별회사에 협력업체 선정을 맡기지 않고 외부압력을 차단시키기 위해 별도회사를 설립하여 오로지 가격과 품질우선으로 협력업체를 선정하는 체제를 갖추는 것이다. 대규모기업단들이 별도회사를 설립하여 2~3세 승계수단으로 삼는 경우도 있지만 별도회사의 설립이 국제경쟁력 제고를 위한 수단도 된다는 점이다.

부임하자마자 나에게는 경제기획원, 재정경제부 공정거래위원회 인맥보다 더 큰 인맥자산을 가지고 있었다는 것을 알게 되었다. 올림픽 조직위에 내가 기억하는 인원만도 300여명의 전 부처 공무원이 파견근무를 한 것이 나에게는 큰 자산이었다. 조직위원회 기획과장으로서 전 부서를 총괄 지휘하는 대원칙이 경제기획원에서 배운 국익 최우선주의였기 때문에 나의 열정에 감동하고 따르는 많은 후배가 있었다. 그 분들이 세월이 지나고 보니 전 부처에서 국장급 이상 고위직으로 근무하고 있었다. 국익을 위해서 만나자고 하는데 거절할 사람은 없었고 정당한 주장을 아주 쉽게 관철할 수 있는 기회가 많다보니 회사로부터 인정을 받게 되고 근무기간도 연장되어 8년간이나 장수하게 되었다.

나는 주중, 주말을 구분하지 않고 골프라운드를 할 수 있는 특권을 부여한 정의선 부회장께 지금도 감사의 마음을 전하고 싶다. 국회, 청와대, 총리실, 정당, 언론사, 방송사, 연구소, 정부관계기관에 자동차산업의 특성과 육성방법을 설득하는데 골프라운드를 활용하였다. 특정사안에 대한 개별 청탁을 하는 것이 아니고 어떤 방법이 국익에 도움이 될 것인가에 대한 정보를 주고 받는 것이므로 초청 상대방도 부담감 없이 나와 라운드하는 것을 거절하지 않았다. 내가 주는 선물은 시스템수첩, 퀸틴골프책, 건강유지용 대나무통 등이 전부였다. 그때 나를 만나고 라운딩을 같이 한 분들께 고마움의 표시로 골프이론을 전파하고 선물하고자 이 책을 쓰게 한 주된 이유이었음을 밝힌다.

골프실력도 70대 초반 싱글 핸디캡이니 금상첨화일 수밖에 없었다. 많은 고위직분들이 나를 골프사부라 칭하는 사람도 많다. 공정위시절

과천청사 출입기자들이 과천 챔피언이라고 호칭하였다. 회사에서 제공한 렉스필드, 파인크리크, 해비치 골프장 법인 회원권과 뉴스프링빌, 삼척파인밸리 개인회원권을 가지고 8년 동안 무제한 라운드를 하였다.

결국 골프실력은 라운드 횟수에 비례한다고 생각한다. 벨지움 4년 근무, 상임고문 8년, 은퇴 이후 해외골프원정(1년에 최소 3달) 등 대강 계산해 보아도 4,000번의 라운드를 한 것으로 추산된다. 초대한 손님은 그때 4~6장이 찍히는 스윙동작 연속사진을 찍어서 잘못된 스윙동작을 지적하는 서비스를 수백 명에게 제공하다보니 골프사부의 명칭은 저절로 따라왔다고 생각한다.

상임고문 8년 동안 많은 사람이 공정거래 위원장을 거쳐갔다. 일반적으로 생각할 때 재벌그룹의 총수가 권력을 가진 사람과 친교를 맺기 위해서 사적만남을 가지고 싶어한다고 생각하기 쉽다. 4~5대 재벌그룹의 경우 이와 반대라는 것을 말하고 싶다. 정권이 바뀌면 이 사적 만남이 형법에 저촉되어 재판회부 또는 전과를 가질 가능성이 매우 높아지기 때문이다. 공적인 장소에서의 만남은 사업상 여러 가지 필요성은 있으나 사적인 만남은 권력자의 개인청탁을 받는 자리가 되기 때문이다. 어떻게 해서든지 사적인 만남을 피하고 싶어한다는 점이다. 아마도 10 중 8, 9 사적인 만남은 강요에 의한 만남이라고 보아도 좋다.

공정거래 위원장이 재벌총수를 만날 때도 혼자 만나는 경우는 거의 없다. 공정거래 위원장의 입장에서도 재벌총수의 입장에서도 배석자가 있으면 부정한 청탁을 하지 않게 되고 받지도 않게 되기 때문이다. 공정거래 위원장 중 한 명은 제 3자를 내세우고 나를 경유하여 재벌 총수에게 부정한 청탁과 거래를 제안해 왔지만 나는 이 사실을 내부 보고하고 이 제안을 거절할 것을 건의하였다. 이런 제안은 공정거래 위원회의 결정이 나더라도 법원에 가면 기업이 이길 수 있는 여지가 있다는 것을 의미하고 공정위 내부 검토가 위법사실이 명백한 경우에는 공정거래 위원장의 재량으로도 어쩔 수 없기 때문이다.

재벌 3세의 망나니 같은 생활방식, 사고방식에 대해서 사회적으로 지탄 대상이 되는 경우가 많다. 세상만사가 그늘과 햇빛이 있는 것과 마찬가지로 그렇지 않은 재벌 3세도 많다는 것을 알리고 싶다. 공정위 국과장시절 8년, 현대기아자동차그룹 상임고문 8년을 합쳐서 16년 동안 많은 재벌 3세의 행태를 직·간접으로 듣고 보아왔다. 그중에는 신문, 방송에 보도된 것은 주로 그늘쪽이고 우리 사회는 재벌의 그늘쪽에 더 촛점을 맞추는 것 같다. 햇빛쪽에 더 많은 관심과 보도를 함으로서 경제, 사회를 발전쪽으로 이끌었으면 좋겠다는 생각을 한다.

내가 아는 많은 재벌 3세는 시간을 쪼개어 가면서 피나는 노력을 하고 있는 분도 있다. 소위 한국의 일류학교를 나온 임원들의 말을 이해하고 지휘하기 위해서는 각종 분야에서의 지식을 축적해야 한다. 새로운 성장 산업과 기업 또는 새로운 먹거리를 찾기 위한 노력을 게을리하면 부모들이 물려준 위상을 하루 아침에 잃을 수도 있다는 두려움까지도 있다.

재산과 돈을 가진만큼 쓸 자격이 있는데도 함부로 사용치도 못하고 각종 사회적 제약을 받으면서 생활하고 있다. 예를 들면 미국사회에서는 자가용 비행기는 사업의 필수 수단이다. 우리는 그것조차도 눈치보아 가면서 구입해야 한다. 그들의 1시간의 가치를 평범한 봉급생활자의 가치와 동일시 하면 공산주의 국가이지 자유시장 자본주의 국가가 아니다.

공직생활시절부터 은퇴 이후 최소 10개의 모임이 있어야 3일에 한 번 정도 라운드할 수 있다는 생각에 내가 주도적으로 모임을 만들어 회장을 맡은 골프모임이 6개가 되고 그 모임을 모두 최소 5년 이상 지속한 것은 나의 골프에 대한 열정이 대단하였다고 생각한다. 상임고문시절 한 가지 기억에 남은 것은 과거에 나를 골프라운드에 초대한 거의 모든 분을 다시 반대로 초대하여서 그 고마움을 다시 갚았다는 점이다.

많은 아마추어가 하는 질문, 대답하는 것 중의 하나가 골프를 오른손으로 치느냐, 왼손으로 치느냐를 묻고 답하는 것이다. 나는 둘 다 맞는 답인데 기본적으로 왼손은 일정한 속도로 내려오는 역할을 하고 오른손은 임팩트 순간에 가속을 더하는 역할을 한다고 생각한다. 아마추어 중에 오른손으로 친다는 사람은 비교적 거리에 중점을 두는 장타이고 왼손으로 친다는 사람은 거리보다 방향성에 중점을 두는 골퍼라고 생각한다.

프로선수들의 왼팔의 움직임을 자세히 보면 비교적 움직이는 속도가 가속되지 않고 일정하다는 것을 알 수 있다. 왼손이 가속되면 장타가 나오지만 항상 일정하게 가속할 수 있는 방법을 찾기 힘들기 때문이다. 그러나 장타 대회에서 400m 전후를 보내는 사람의 경우 왼손을 가속시키는 것을 볼 수 있다. 그러나 8개 중 6~7개가 OB가 나는 경우를 보면 프로의 정규대회에서는 이 타법을 사용할 수 없다는 것을 누구나 알 수 있을 것이라고 생각한다.

장타대회에서 10인치 정도의 높은 티를 사용하는 이유는 최저점에서 임팩트 되고 올라가면서도 왼팔이 가속되는 원리를 응용한 것이라고 본다. 나는 가끔 페어웨이가 넓은 곳에서는 평소보다 티를 높이고 스탠스를 조금 넓히면 20~30m가 더 나가는 것을 종종 경험한다. 그러나 정확도가 떨어지는 것은 당연히 감수하여야 한다. 20~30m가 더 나아가 투온의 가능성이 높은 경우 가끔 시도해 보는 것도 좋은 방법이다. 특히 왼쪽이 산이어서 그쪽 빙향으로 가는 경우 굴리서 내려오는 경우가 많은 우리나라 산악지형 골프장에서는 시도해 볼만한 가치가 있다고 생각한다.

〈나의 숨은 실력은 여섯 가지다.〉

첫째, 높은 나무를 넘겨야 파온이 가능한 경우(외국의 골프장에 특히 많음. 우리나라는 산악지형으로 외국은 산림으로 난이도를 구성하고 있다고 보면 된다.) 넘길 수 있는 높이를 클럽을 가지고 측정 가능하다. 클럽 페이스의 눕히는 각도에 따라 발사각이 달라진다. 클럽 샤프트 끝이 나무 꼭대기보다 높으면 볼의 탄도가 그렇게 간다는 것을 벨지움 있을 때 그곳에서 프로선수로부터 배웠다.

둘째, 나는 64° 샌드웨지를 갖고 다닌다. 풀 샷을 하는 경우 공을 왼발 쪽으로 놓는 경우 30m, 중앙에 놓는 경우 40m, 오른쪽에 놓는 경우 50m를 하늘 높이 떠올라서 간다. 64°이기 때문에 백스윙량이 많아서 거의 50cm이내에서 멈춘다. 벙커 또는 급경사 바로 근처 홀이 있는 경우 파 세이브 할 확률이 무척이나 높아진다. 그리고 그린 주변 급경사에 공이 놓였을 경우에도 구르는 거리가 짧기 때문에 아마추어는 불가능하게 보이는 거리에서도 파 세이브를 자주 한다.

셋째, 그린 주변 러프나 프린지Fringe에 공이 있는 경우 풀의 저항을 가늠하는 것이 힘들기 때문에 퍼팅하기가 쉽지 않다. 이럴 경우 7~8번 아이언(때로는 9번)을 세워서 어드레스하면 퍼터와 똑같은 역할을 하는 대신 페이스의 상향 각도 때문에 30cm~2m를 저항을 받지 않고 날아간다. 이 방법의 좋은 점은 퍼팅 때와 같은 스트로그 속도로 해주기 때문에 퍼팅과 똑같은 효과가 나타나기 때문이다.

넷째, 나무 높이 때문에 넘길 수 없고 나뭇가지 밑으로 깔아서 스윙을 해야 하는 경우 그린을 10~20m를 오버시키기 때문에 파온을 하기가 쉽지 않다. 나의 경우 100m를 기준으로 하였을 때 7번 아이언으로 하프스윙을 하면 2/3는 낮은 높이로 날아가고 1/3은 굴러서 홀에 접근하는 방법을 쓴다. 5~7번 아이언으로 하프스윙을 자주 연습해서 날아가는 거리와 굴러가는 거리를 측정해 놓으면 유용하게 대처할 수 있다. 특히 그린 주변에 낮은 벙커가 있는 경우에 굴러가는 힘이 있어서 벙커를 지나서 그린에 안착하는 경우도 있다.

다섯째, 공이 놓인 라이의 각도를 멀리서부터 유심히 살피는 것을 습관화하고 있다. 왼발, 오른발 연결선의 경사각과 공의 위치가 몸 앞 기준 오르막인지 내리막인지 5°, 10°, 15°, 20° 기준으로 판별하려고 노력한다. 정확히 판별하는 것은 불가능하지만 5°와 20°의 차이는 OB, 해저드, 벙커로 연결되지만 5° 이내의 오차범위는 온그린 할 확률로 이어진다. 이론적으로 경사각이 10°이면 그린 중앙에서 10° 가량 오조준하는 것이 이론적으로 원칙이지만 나의 경우 5° 정도만 오조준하고 항상 그 결과를 후회한다. 어지간한 담력이 없으면 10° 오조준은 목표 방향과 너무 떨어져 있어서 시도하기가 힘들다. 정확도의 한계, 담력의 한계를 골프에서 절감한다. 아마추어 중에도 이 경사각을 등한시하는 골프가 대다수라는 점에서 크게 각성하여야 한다고 본다. 보통 사람들은 경사각의 결과를 자기가 잘못 친 것의 결과라고 생각하는 경우가 많은 것을 나는 자주 보아왔다.

여섯번 째는 그린주변 또는 나무근처에서 백스윙의 공간이 거의 없는 경우 30~40야드까지도 원하는 방향으로 보낼 수 있는 방법에 익숙해져 있다. 이 비법은 벨지움 근무시 골프장 소속 프로로부터 전수받은 것인데 샌드웨지를 지면과 수평으로 만들고 몸을 공이 가는 방향에 방해가 되지 않도록 정열한 후 팔을 사용치 않고 오로지 손목의 코킹만으로 공의 뒷부분을 찍어주면 거짓말처럼 직선으로 공이 뒤로 간다는 점이다.

2018년까지는 Shot후 공이 몸에 닿으면 벌타가 부과되지만 2019년부터는 벌타규정이 없어진 것을 참고하기 바란다.

　마지막으로 잘 맞았을 때 몸의 특정부위의 특히 몸통에 느낌이 올 때가 있다. 그 느낌을 꼭 골프수첩에 기록하는 습관을 가지고 있다. 특히 스윙 최초의 스타팅 포인트에서 어느 부위가 어떤 방향으로 어떻게 움직이는가의 느낌이 가장 중요하다. 스윙 초기의 동작이 스윙 전체를 좌우하기 때문이다. 내가 가장 좋아하는 느낌은 오른손목과 오른쪽 팔꿈치가 어드레스 자세를 오래 유지하면서 몸통부터 백스윙이 시작되어 스윙의 중간부분이 지나서부터 오른손목과 팔꿈치가 ABC궤적에 맞게 자연스럽게 꺾이는 느낌을 가장 좋아한다. 스윙초기부터 오른쪽 손목이 서서히 꺾이는 방법, 미리 꺾고 스윙을 하는 방법 등 다양한 방법은 개인의 취향에 따라 다르겠지만 항상 일정한 템포와 리듬으로 스윙을 하면서 꺾이는 포인트도 항상 일정해야 똑같은 스윙을 되풀이 할 수 있다고 생각한다.

　특히 마음에 안정이 없는 경우 전체 스윙 속도가 빨라질 뿐만 아니라 오른쪽 손목과 팔꿈치가 꺾이는 속도와 방향도 불안정하게 된다. 이런 날은 80대 스코어를 기록하는 최악의 날이 되어버리곤 한다. 집에 와서 더 많은 반성과 연습을 하곤 하지만 마음의 평화가 없이는 내가 가장 좋아하는 템포와 리듬이 반복되지 않는다는 것을 느끼고 있다.

　PGA대회에서 59타를 친 여러 사람 중 하나인 알 가이버거는 18홀 라운드 전 과정을 생생하게 바둑 복기 하듯이 기억하고 있다가 그것을 한 권의 책으로 옮겨 놓았다.

　골프의 특징은 다른 운동과 달리 생각을 많이 하는 활동이기 때문에 매 과정의 복기가 가능함으로 노후에 치매 예방을 위해서는 가장 적합한 운동이라고 생각한다. 또한 18홀 내내 만보 이상 걷기 때문에 노후에 약해지기 쉬운 하체를 보강하는 좋은 방법 중의 하나다. 또한 건강의 제1요소 중 하나인 깨끗한 숲속, 해변, 산림의 공기를 하루에 4시간 이상 흡입하는 이보다 좋은 장소가 없다고 생각한다. 거기에다 마음에 맞는 동반자까지 있다면 금상첨화가 아닐 수 없다.

라운드를 자주 할 수 있는 친구가 있는 노년의 삶이 되려면 항상 배려하는 마음가짐이 없으면 오래가는 동반자를 가질 수 없다. 나의 경험으로는 아내와 아주 사소한 일로 자기의 주장이 옳다고 다투는 경우가 자주 있지만 서로를 배려하는 마음이 있기 때문에 금방 잊고 다시 일상의 생활로 돌아가듯이 다른 라운드 동반자에게도 너그러운 배려로 서로 위로해 준다면 오래 갈 수 있으리라고 생각한다.

벨지움 근무 시 한국 사람이 4명이 자주 라운드를 하고 있으면 현지 외국인들이 매우 부러운 눈으로 쳐다보는 것을 자주 보았다. 그들은 4명의 동반할 사람을 찾는 것은 하늘의 별따기이기 때문이다. 사실은 한국사람은 골프를 워낙 좋아해서 배려가 없더라도 짧은 기간에는 자주 만나지만 오래가지 못하는 것은 그들은 아마 모를 것이라고 생각한다.

친구들과 또는 친구 부부 동반으로 골프여행을 가는 경우가 많다. 짧은 기간은 서로의 성격과 문화가 다르더라도 어느 정도 지나갈 수 있지만 일주일 이상의 장기골프나 관광여행은 피하는 것이 좋다고 생각된다. 각기 다른 숙소와 집단급식을 하고 라운드할 때만 만나는 경우에는 장기 골프여행이라도 어려운 문제가 없다.

동반여행 시 고려해야 할 사항은 첫째, 6시간 이상의 장거리 여행인 경우 지불하고 싶은 항공권가격의 차이, 둘째, 숙소를 Air B & B를 통해서 얻는데 한 달 기준으로 100~700만원까지 다양한 숙소가 있는데

이 수준을 정하는 문제, 셋째, 자동차 렌트 가격과 운전자 문제, 넷째, 식당을 고르는 문제, 메뉴를 선택하는 문제, 가격부담을 달리하는 문제, 집에서 재료를 구입하여 만드는 경우에도 업무분담과 방법론의 문제 등 특히 식성이 까다로운 사람이 있는 경우는 말할 필요도 없다. 다섯째, 관광대상도 문제다. 증명사진 찍기 위주의 여행을 하는 사람, 도심 상업시설에서 쇼핑을 좋아하는 사람, 조용한 경관과 풍광을 좋아하는 사람의 구미를 맞추기가 힘들다. 여섯째, 골프장 선택의 문제도 있다. 그린피가 미화 2십불에서 미화 2백 불까지, 트롤리냐 전동카트냐 어느 수준으로 맞추어야 할지 등이다.

서양 사람들의 노년의 생활 제 1호는 "노년은 그동안 모은 돈을 즐겨 쓰는 시기이다. 돈을 축적하거나 신규투자를 하는 시기가 절대 아니다. 자식들에게 휘둘리지 말고 평화롭고 조용한 삶을 찾아라." 새겨들을 필요가 있다고 본다.

구라파에서 벤츠를 타고 패스트푸드 음식점에 오시는 분은 거의 없다. 또한 벤츠를 타는 분들이 현지가격으로 1~2만원짜리 포도주를 마시는 사람도 없다. 아무리 부자라도 벤츠 2대를 가지지 않고 한 대는 값싼 소형차를 보유한다. 소득수준에 맞추어 식사, 숙소, 운동, 차량 등에 균형이 맞아야 한다. 우리나라는 특히 50년대 전쟁을 경험한 특수한 상황이어서 그런지 균형 맞는 생활비 지출을 하는 가정이 그렇게 많지 않다는 것을 보고 있다. "Life is too short to drink cheap wine.(값싼 포도주를 마시기에는 인생이 너무 짧다.)"는 서양 속담이 많은 뜻을 내포하고 있다.

우리나라도 이제 소득수준에 맞는 생활비 지출의 균형을 찾을 때가 되었다고 생각한다. 특히 중소득층 이상의 경우에 자신의 몸과 마음을 가

◀ 수집한 로고볼들

꾸는데, 여행과 레저생활의 질을 높이는데 중점을 두어야 한다고 생각한다. 우리나라 사람이 집안 말고 집 밖 창문이나 대문, 담장 등에 지나가는 사람이 볼 수 있도록 꽃을 가꾸는 가정은 매우 드물다. 이런 꽃을 가꾸는 마음이 사회 전체를 풍요롭게 하고 자신도 풍요로워진다는 것을 알았으면 선진사회에 한 걸음 다가가지 않을까 생각한다.

우리나라가 얼마나 삭막한 나라인지 단적인 증거 하나를 들면 철물점이 동네마다 있지만 정원용품을 파는 가게는 서울시내 전체 몇 군데 셀 수 있을 정도다. 서구 나라는 말할 것도 없고 일본만 해도 조그만 동네마다 정원용품 가게가 있는 것을 일본여행 가면 바로 알 수 있을 것이다.

캐나다 나이아가라 폭포 근처에 나이아가라 온 더 레이크Niagara on the lake라는 조그마한 마을이 관광지로 부상한 것도 동네 사람들이 서로 꽃을 심어서 주변을 아름답게 하고 여기에 "버나드 쇼"가 상당기간 체류한 덕분에 유명하게 되었다. 남을 위한 조그마한 배려 덕분에 온 마을이 꽃마을로 관광지로 부상되어 서로서로 원원하는 사회가 바로 선진사회라 생각되어진다.

삼척 파인벨리와 장호항 2

  2009년 8년간의 상임고문을 그만 둔 이후 조그만 중소기업 「(주)숲」에서의 고문을 하면서 삼척 파인벨리를 한 달에 2번 정도 방문하고 한 번 가면 4~5일 정도 체류하면서 3~4일 정도 연속 라운드를 하였다. 서울에서는 정기모임이 8번 정도 있어서 한 달에 15일 정도 라운드하는 생활이 계속되었다. 겨울 두 달과 여름 두 달은 해외에서 장기 체류하면서 관광과 골프를 위주로 시간을 보냈다. 현직에 있을 때보다 어떤 의미에서는 더 바쁜 생활을 하고 있다고 본다. 다행히 삼척 장호항에 조그만 시골집을 장만하여 이를 근거지로 관광과 맛집을 경상북도 내륙까지 두루 다녀보고 있다.

▼ 삼척 시골집의 풍광(← 여명, 정오 ↑, 황혼 ↓)

▼ 삼척 파인벨리를 방문한 귀빈

　상임고문으로 재임시절에는 수백 명을 삼척 장호에 초대하고 파인벨리의 계곡을 넘나드는 지루하지 않는 코스에서 라운드를 즐기고 삼척 명물인 곰치국, 해물탕, 생선구이, 막국수, 콩국수, 돌솥 백반 등을 소개하기도 하였다. 다녀가신 분들은 파인벨리의 골프코스와 맛집들을 잊지 못하고 회자되고 있다. 특히 이 기간에는 아내가 손님 접대 하느라고 많은 고생을 한 것을 아직도 미안하게 생각하고 있다.

　파인벨리는 서울에서 1~2월 눈 때문에 라운드를 못할 때 겨울골프를 즐길 수 있는 천혜의 골프장이다. 1~2월 낮에는 8~10°까지 올라가기 때문에 라운드에 전혀 지장이 없다. 이 기간 동안 많은 고위관료와 친구와 후배들이 방문하였기 때문에 이들을 뒷바라지하는 아내의 고생을 미루어 짐작할 수 있으리라 생각한다. 음식대접과 숙소환경을 소홀히 하지 않는 아내의 성격상 많은 정성과 고생을 한 아내의 모습이 아직도 눈에 선하다.

　현직은퇴 이후에는 나와 아내와의 둘만의 골프여행과 관광으로 그 수고를 보답하고 있다. 요즈음은 시골집으로 손님 초대를 하지 않고 있다. 워낙 놀기 좋아하고 베풀기를 좋아하는 성격상 초대를 억제하기가 쉽지는 않지만 불가피한 선택이라고 생각한다.

장호항 해돋이 장호항 겨울

삼척 시골집 채송화

장호항 근교 남근공원

3 말레이시아 Malaysia 동해안

　은퇴 초기에는 말레이시아 동부 해안 지역에 있는 난줏트Nanjut 휴양지로 자주 갔다. 과거에 영국군 휴양지로서 바람이 불어주고 산책 가능한 4~5km의 백사장이 있어서 골프, 산책, 수영하기에는 최고의 장소이다. 숙소가 한정이 되어 있어서 골프장도 성수기에는 조금 붐비더라도 샷 건Shot Gun을 한 정도는 아니고 오후에는 항상 한산하였다.

　일주일에 한 번 정도 근처 조그만 동네에서 요리 한 접시에 만원 미만의 중국요리를 즐기곤 하였다. 특히 운이 좋을 때는 비가 온 후 강물이 깨끗할 때 강가에 수억 마리의 반딧불이 대량으로 서식하는 장소를 체험할 수 있는데 아마도 죽기 전에 꼭 보아야 할 100대 버킷 리스트Bucket List에 들 만한 감동을 주는 곳이다. 매년 볼 수 없고 2년에 한 번 정도이니까 최소 2년을 연속해서 휴양지로 가야 볼 수 있는 광경이므로 참고하기 바란다. 특히 그 강가까지 가는데 30분 정도 소요 되는데 뱃전에 누워서 수 억 개의 별을 쳐다보는 것도 반딧불 못지않게 감동을 준다.

미국 동부 캐나다 4

2016년에는 유학시절 가보지 못한 미국 북동부 해안지역과 캐나다 노바 스코티아 지역, 캐나다 몬트리올 근교 몽트랑블랑 휴양지로 2달간의 여정으로 관광여행을 떠났다.

먼저 필라델피아 사촌 여동생 집에 열흘 정도 체류하면서 근교 골프장을 자주 들리고 메트로폴리탄 뮤지움을 하루 종일 전문 큐레이터에게 설명을 들으면서 관람하면서 성서에 연관된 그림을 체계적으로 설명 들을 수 있었다. 박물관 관람은 코끼리 다리 만지기가 아닌 전문해설가를 반드시 동행하여야 깊은 지식습득과 감동을 받을 수 있다는 것을 알았다.

뮤지컬 "시카고"를 보기 위해 호텔과 관람권을 딸이 마련해 주어서 감동 깊게 보았고 특히 배우들의 동작의 활동성과 과감성, 전문성을 한국 뮤지컬 배우들이 본받아야 할 것으로 생각되었다.

식민지 초기 정착지역인 미국 북동부의 아름다운 해안을 따라 캐나다 노바 스코티아(New scotland의 뜻) 지역에 도착하여 첫 이민선이 캐나다에 상륙한 지역, 타이타닉호가 침몰한 해안 인근 지역 등은 북미 대륙의 사람들에게는 선조들의 발자취이기 때문에 수 백만 명의 관광객이 마치 성지를 순례하듯이 찾아오는 것이다. 타이타닉호 침몰기념관에서 특이한 사실을 발견하였다. 희생자의 다수가 3등 객실(창문이 없는 내실) 손님이라는 점이다. 위급상황에서는 승객들이 질서를 유지해야 하기 때문에 3등 객실 복도는 아예 차단해 버리고 1, 2등 객실 손님을 먼저 대피시킨다는 점이다. 크루즈 여행할 때는 이점을 고려하여 객실등급을 결정해야 할 것으로 생각된다.

그리고 빨간머리의 앤의 Prince Edward Island(PEI)는 보잘 것 없는 시골이지만 여성 해방운동과 여권신장의 요람이므로 많은 사람이 그 장소를 체험하러 오고 PEI 진입 해협연결도로는 바다 위를 수십 키로 달리는 환상적 드라이브 코스로 100대 버킷 리스트에 넣을 만하다.

캐나다 지역의 골프장은 한 달 정도 장기 체류하면서 골프를 즐길 수 있는 시즌티켓이 없기 때문에 비싼 그린피를 지불하는 것보다 오후 3~4시 라운드를 시작하면 50% 정도 그린피를 절감할 수 있다. 3시 이전에는 관광과 맛집을 찾고 3시 이후에 라운드 하는 것을 적극 권장한다. PEI에서 몬트리올까지는 울창한 산림이 우거져 4~5km 이내에 차가 한 대 다닐 정도로 광대한 지역이다. 중간에 퀘백, 오타와는 필수 관광지역이다.

몽트랑블랑 휴양지에는 캐나다에서 30대 코스에 드는 골프장이 반경 5km 이내에 La belle(미녀), La bete(야수), Le diable(악마), Le giant(거인), Royal Larentien 등 5~6개가 있다. 그 한복판에 숙소를 정하고 10km 반경내의 10개 정도의 개성 있는 골프장을 번갈아가며 라운드하는 맛은 일품이다.

나이아가라 폭포 관광 후에는 약 10km 전후 떨어진 나이아가라 온 더 레이크Niagara on the Lake라는 조그만 마을을 방문할 것을 추천한다. 부자집, 서민집이 적당히 어울려 있고 집집마다 꽃을 키우고 장식해서 볼만하고 특히 무궁화를 키우는 집이 많아서 캐나다 국화가 무궁화인줄 착각할 정도였다. 우리나라는 무궁화를 한 번 심어 놓고는 관리 소홀로

▶ 몽트레블랑 근교 공원

벌레와 해충으로 고사시키고 있는 것이 안타깝게 느껴졌다. 여름한철 오래가는 꽃이므로 전국의 길을 무궁화로 가꾸어서 우리나라 국화를 국화답게 키웠으면 좋겠다고 생각한다.

  나이아가라 관광코스에서 꼭 포함시켜야 할 곳은 캐나다와 미국 국경 근처 세인트 로렌스 강에 산재해 있는 천개의 섬, 그중에도 볼트저택이 있는 섬을 꼭 방문할 것을 권한다. 각 가지 형태로 흩어져 있는 천 개의 섬도 볼만하지만 서양채소요리에 필수적으로 필요한 드레싱(소스)인 사우센드 아일랜드Thousand Island 드레싱이 바로 이곳과 연관된 이름이다. 국경지역인 관계로 과거에는 담배, 술 등의 밀수선과 이를 쫓는 세관당국의 감시선 이야기도 흥미진진하였다.

5 뉴질랜드 남북섬

▼ 뉴질랜드 남북섬 일주

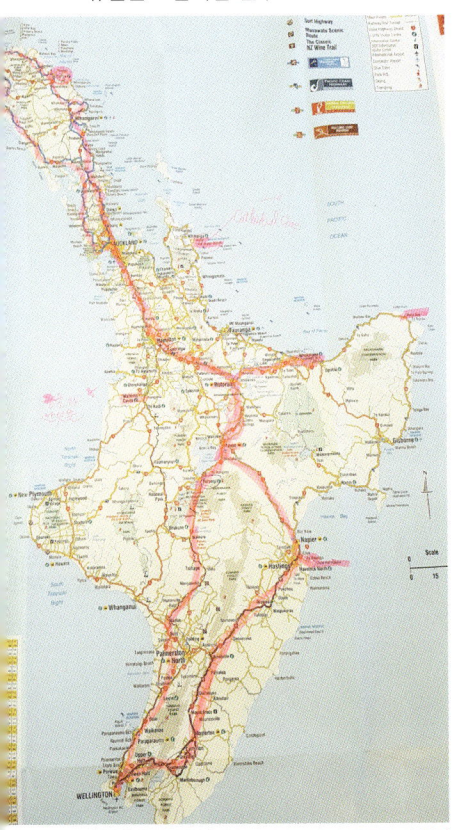

2016년 11월에는 2달 이상의 여정으로 뉴질랜드 남섬, 북섬을 일주하였다. 오클랜드에 도착 후 북섬의 꼭대기 케이프 렝아는 남태평양과 태즈만해를 굽어보고 사막체험과 100km 해안에서의 조개잡이와 도미낚시도 빼놓을 수 없는 재미다. 우리나라는 몇 백년 된 나무는 지방문화재로 보호의 대상이지만 2,000년이 된 나무도 있고 보통 1,000년이 넘는 나무가 헤아릴 수 없이 많다. 로터루아의 온천체험, 타우포Lake Taupo의 번지점프와 요트항해, 통가리로 국립공원의 트래킹을 경험한다면 금상첨화다.

일인당 라운드 비용이 미화 6백불인 케이프키드내퍼CapeKidnapper는 해안절벽 위에 조성한 코스로 빼놓을 수 없는 골프 관광코스이고 그린피가 아까우면 바닷가 쪽 나인홀을 이용해도 된다.

타우포에 있는 와이라케이Wairakei 자연생태 골프장도 타카해와 투이새를 보호하기 위해 전 골프장 주변을 철책으로 둘러놓은 것이다. 몇 개 홀은 30~40m 높이의 수백년 된 나무가 골퍼가 지나갈 때 열병식을 하듯이 좌

ON GREEN / 206

우에 정열하고 있는 곳이다. 그린피는 미화 2백 불 전후이고 연간 멤버십 비용이 미화 3천 불 정도 된다. 2~3개월 체류 시에는 연간회원으로 등록하는 것이 좋고 회원 수는 100명을 조금 초과하므로 골프를 한적하게 마음껏 즐길 수 있는 곳이다. 겨울 한철 장기체류를 희망하면 드라이빙 레인지, 어프로치와 퍼팅 연습장이 완벽하게 갖추어진 이 골프장을 강력히 추천한다.

나의 친구 현지교포 정계종은 이 골프장에서 클럽 챔피언을 여러 번 하였다.

타우포호 주변에는 연간회비가 미화 500불, 1,000불인 골프장도 많고 때로는 2~3개월 시즌Season 티켓도 대부분 구입할 수 있다.

뉴질랜드의 백미 중 하나인 밀포드 사운드Milford Sound를 가기 위해서는 퀸스타운Queenstown을 거쳐가야 한다. 퀸스타운에는 섬 전체가 골프장인 곳이 시내 가까이에 있어서 좋다. 이스터섬Easter Island(칠레 서쪽의 남태평양상에 있는 섬)의 석상을 모방한 조각상과 골프장과 호수가 멋지게 어우러진 코스로써 하늘의 구름조각, 산들바람, 거기에 멋진 동반자가 있다면 금상첨화다.

산 정상에서 내려다 보는 호수와 주택가는

▲ 타우포 호수

▲ 와이라케이 골프장 / 퀸스타운 골프장(뒤의 섬 전체)

케이프 키드내퍼 골프장 ▲

또 하나의 보기 좋은 풍경이다.

남섬의 남단에는 기적의 샷 알바트로스를 꿈꾸는 골퍼가 가 볼만한 듀네딘Dunedin에는 전설의 새 알바트로스가 실제 서식하는 곳이다. 날개 길이가 2m가 넘는 새가 강풍을 타고 뉴질랜드 최남단의 해변을 순항하고 있다. 알바트로스는 대륙을 횡단하는 능력을 가진 새로 알려져 있다. 마운드 쿡 국립공원도 호수, 하늘, 구름, 눈, 산이 어울려진 아마추어도 멋진 사진을 찍을 수 있는 곳이다. 가장 영국다운 도시 크라이스트처치는 지진의 피해를 체험적으로 느낄 수 있는 곳이다.

잉글랜드와 스코틀랜드 6

영국 일주 ▼

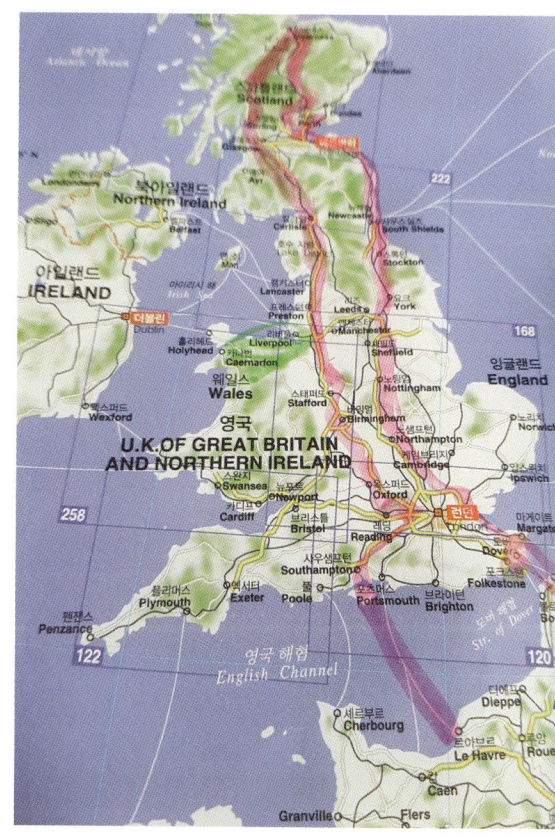

　2017년 여름 7~8월 중에는 영국은 계란형 코스로 7개 도시와 프랑스는 타원형 코스로 10개 도시를 63일간 아내와 단둘이서 카 렌트로 관광하면서 12개 골프장에서 라운드를 하였다.

　세인트 앤드류스올드 골프장은 1년 전 예약을 해야 하는 곳이나 당일 아침 줄을 서서 기다리면 2~3명 치는 팀에 조인해서 라운드할 수 있도록 해준다. 나는 기회를 잡았으나 당일 바람이 너무 세게 불어서 포기하고 눈으로 몇 개 코스를 보는 것으로 만족하였다.

　스코틀랜드의 수도 에든버러에서 이 골프장을 찾아가는 것도 스릴이 있었다. 바다 밑 해저 터널을 건너는가 하면 아주 좁은 시골 오솔길을 거쳐 가는데 길을 잘못 들은 것이 아닌가 계속 의심하면서 가다가 드디어 사진에서 보던 광경이 나타난 올드코스 그리고 주변의 건물들을 보는 순간 내가 드디어 꿈꾸던 골프의 성지에 왔다는 감동을 느낄 수 있었다.

　전설의 네스호를 거쳐 고산지대 하일랜드의 드라이브 코스를 거쳐 비

틀즈의 고향 리버풀에 도착하였다. 비틀즈는 음악가 겸 가수일 뿐만 아니라 시인, 사회운동가, 사상가, 애국자, 시대의 우상 등 5개 이상의 영역에서 활동한 사실을 기념관에서 발견하고 나의 무식함을 깨달았다.

다음날 버크데일에서 The open 대회를 관람하였다. 마침 김시우(한국, 1995~) 선수가 미국의 조단 스피스Jordan Spieth(미국, 1993~)와 한 조가 되어 라운드 하는 것을 4홀 정도 따라가면서 1시간 정도 관람하고 1번 홀에서 2시간 정도 티샷하는 선수를 기다리면서 관찰하고 나머지 2시간 정도는 18번 홀에서 마지막으로 들어오는 선수를 관찰하였다. 참가 선수들 대부분 한 번쯤은 PGA 우승 경험이 있어서 그런지 전부다 백만장자 기품이 풍겨지고 외모가 어떻게 좋은지 골프기술보다도 그들의 외모가 풍기는 인상에도 더 감동하였다.

148회의 디 오픈The Open 역사가 있어서 그런지 수십만 관중의 동선을 연구하고 입장료를 책정하고 편의 시설 준비 등이 올림픽 조직위 기획과장의 눈으로 보았을 때 감탄할 정도로 완벽하였다.

▲ 2018 디오픈 로얄버크데일

2번 홀에서 김시우와 조단 스피스 선수가 경기하는 장면을 카톡으로 보내었더니 "아빠, 우리 지금 바로 그 장면을 보고 있어."하고 TV화면의

▼ 딸이 만들어준 아이언 커버

그 장면을 바로 보내주었다. 개인 핸드폰 하나로 지구 반대편의 장면을 동시에 서로 볼 수 있는 희한한 세상에 살고 있다는 것을 느꼈다.

트라팔가 해전 때 넬슨제독이 탄 배는 아파트 8층 높이를 자랑하고 대포수도 200개는 될 것 같았다. 우리의 거북선이 2~3백년 앞서 만들어진 조그만 배라면 세계역사의 물줄기를 바꾼 위용이 보였다. 영국으로 갈 때는 프랑스 칼레Calais에서 단거리로 도버Dover까지 갔지만 돌아올 때는 포트마우스에서 르아브르로 돌아오는 긴 해협을 건넜다. 포트마우스에서는 비회원을 받지 않는 프라이빗 골프클럽을 정장을 하고 2017년 골프 다이제스트 5월호에 실린 나의 사진을 보여주면서 당시 골프장을 한 번 돌아보고 한국에 소개하고 싶다고 하였더니 회원들의 경기가 있는데도 불구하고 중간에 끼워서 특별히 아내와의 라운드를 허락하였다. 이런 노력을 하면 전 세계 어느 골프장도 출입할 수 있겠다는 생각이 들어서 골프백에는 골프다이제스트 잡지를 꼭 가지고 다니고 있다.

▲ 넬슨제독 트라팔가 해전주함

7 프랑스 전국 일주

▼ 프랑스 전국 일주

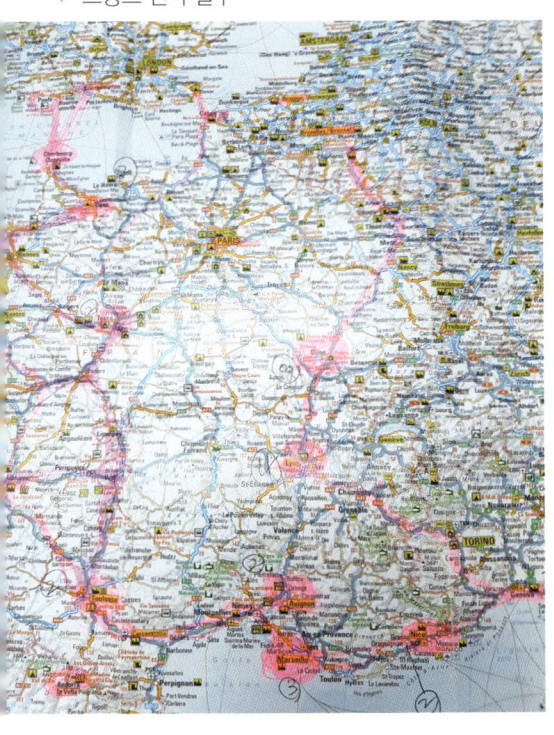

인상파 화가의 고향 모네가 사랑한 센 강변의 도시 "지베르니", 잔 다르크가 마지막을 맞이한 "루앙", 모파상과 세잔이 절찬한 깎아지른 수직 절벽이 있는 "에트라타", 철학자 사르트르와 화가 뒤피의 고향 "르아브르", 많은 예술가가 사랑한 바닷바람과 돛이 나부끼는 "옹플뢰르", 해안선 앞바다 1km 앞 바다에 떠있는 "몽생미셸", 남성적인 항구와 여성적인 항구로 대변되는 "생말로"와 "디나르" 등은 모두 파리 서쪽 대서양 쪽에 있는 프랑스 문화와 예술의 고장들이다. 이 도시들만 한 달 정도 있었으면 했지만 일주일로 만족할 수밖에 없었다.

와인의 고장 보르드를 경유하여 빨간 벽돌이 인상적인 장밋빛 도시 톨루즈에 도착하여 Air B & B의 주인과 근교에서 라운드를 하였다. 무척 더운 날이어서 스코어는 엉망이었지만 주인 부부가 "Not My Shot Today."라고 한다. 오늘은 왠지 안 맞는 날이라고 불평하는 것은 세계 공통으로 느껴졌다. 연간 그린피가 3개의 골프장을 이용하면서 800유로 밖에 안 된다는 것이 무척이나 부러웠다. 물론 페어웨이와 그린은 좋

ON GREEN / 212

지 않고 겨우 라운드가 가능한 상태지만 가성비는 최고라 할 수 있겠다. 스페인과의 국경지역 피레네에 있는 세계에서 가장 작은 나라 안도라 공국Principality of Andorra을 방문하는 길도 중간에 가솔린이 떨어질까 봐 조마조마한 마음, 면세지역의 쇼핑경험, 그 높은 산을 자전거로 올라오는 바이커 등등이 인상에 남아 있다.

프랑스 남부지방의 여행 중 빼놓을 수 없는 것이 온 천지가 보라색 세상인 라벤더 평원, 수십 km 넘게 뻗어있는 해바라기 평원도 100대 버킷리스트에 꼭 넣어야 할 곳이다.

그리고 이태리 쪽까지 이어지는 코트다쥐르지방의 해안도로, 칼랑크 국립공원, 카시스 해안협곡도 인상 깊은 곳이다. 딸에게 카톡으로 바다가 쪽빛 같은 곳을 지나고 있다고 문자 보내었더니 "아빠 코트다쥐르가 '쪽빛바다'라는 뜻이야."라는 문자를 받고 실소를 금치 못하였다.

14세기 로마교황청이 옮겨왔던 화려한 시대의 도시풍경이 지금도 곳곳에 남아있는 아비뇽, 론강과 손강이 만나는 곳에 위치하고 15~17세기 건설된 거리를 천천히 거닐며 맛있는 요리를 즐기노라면 정말 세월가는 줄 모르는 아름다운 도시에 있다는 자체가 놀라울

▲ 라벤다 평원

▲ 해바라기 평원
▼ 쪽빛바다 코트다쥐르

▼ 디종 로마네꽁띠 포도원

것이다. 자식들에게 풍부한 인성과 적성에 맞는 자기 길을 헤쳐 나갈 수 있는 능력을 키워주는 것이 부모의 도리이지 많은 재산을 남겨서 도리어 그것에 집착하도록 하는 것은 아니라고 생각한다. 많은 사람이 은퇴 후 아끼는데 집착하는 생활을 하는 것을 보면서 왜 그런 사고를 가지는가에 대해 나는 반대의 사고가 형성된 것일까 질문해 본다. 아마도 골프라는 운동이 정신운동이어서 상대편을 배려하고 자기의 마인드컨트롤 없이는 일정 수준에 도달할 수 없는 운동의 특성이 일상생활에도 스며들었다고 생각한다. 그래서 나는 자식들에게 골프를 일찍부터 하게 하였고 지금도 자주 라운드를 같이한다.

부르고뉴 와인의 본산지 디종 근교 본Beaun에서 로마네꽁띠, 라타슈 와인의 재배지를 3번이나 방문하면서 와인성지를 찾아온 와인 매니아와 어울려 정보를 교환하기도 했고 전문 가이드의 설명을 들었다. 로마네 꽁티는 몇 천병 한정 생산품으로 같은 포도알 크기로 익은 정도가 같은 포도알을 수작업으로 하여서 다른 와인보다 100~200배 넘는 가격으로 공급하고 시중에서는 좋은 빈티지는 2,000만 원 이상 안 좋은 빈티지도 1,000만 원 이상을 한다. 우리나라에는 10병 이하로 공급되어 꼭 필요한 사람은 해외에 나가서 경매로 구매할 수밖에 없는 형편이다.

나는 와인에 관한한 행운아라 생각한다. 와인을 좋

아하고 사랑하는 돈 많은 와인 매니아라 할지라도 한 병에 2천만 원이나 하는 고가인 한정공급이라는 희소성 때문에 평생에 한 번 정도의 시음 기회도 가지기가 힘들다. 나는 운 좋게도 이것을 음미할 수 있는 기회를 4번이나 가질 수 있었다.

▼ 1945년 매독

첫 번째 기회는 내가 사랑하는 후배 심용섭 전 오리온 사장이 상표가 손상된 1976년산 로마네꽁띠를 영국 런던 Berry Broth and Russ(250년 된 와인 샵)에서 5백만 원에 구입 가능한데 4~5명이 공동구입하여 시음기회를 갖자고 해서 흔쾌히 동의하여 모임이 성사되었다. 우리는 그 때만 해도 오래된 와인은 찌꺼기양이 그렇게 많으리라고는 생각을 못하였다. 아마도 2/5 정도가 먹을 수 없는 밑바닥부터 가라앉아 있는 양이었다. 이것을 모르고 심용섭 사장이 5등분 하여 따르는데 자기가 제일 후배이다 보니 마지막에 자기 잔을 채우는 중에 참사가 일어났다. 심사장의 잔에는 2/3 정도가 찌꺼기로 가득 찼다. 그래서 할 수 없이 4인이 조금씩 자기 것을 양보하여 심사장에게 채워주었다. 이 경험을 로버트 파커 초청 고급 와인 모임에서 와인의 찌꺼기 양과 보관기간의 비례성에 대해 질문하였더니 최고의 질문자로 선정되어 고급 와인도 선물받고 이런 고급와인 모임이 있을 때 여러 번 초청받는 행운을 가질 수가 있어서 그 유명한 로마네꽁띠를 4번이나 시음할 수 있었다. 이것으로 로마네꽁띠 포도원을 3번이나 방문한 이유를 설명할 수 있으리라 본다.(2019년초 45년산 로마네꽁띠는 뉴욕 크리스티 경매에서 6억 원 이상에 낙찰됨.)

▼ 로마네꽁띠 라벨

▲ 콜마르 목조뼈대주택

▲ 25년만에 만난 브뤼셀 앞집 프랑스노인과 손녀

와인을 사람에 비교하면 물리적 화학적 성분은 비슷하나 후진국의 이름 없는 배우와 헐리웃의 대배우의 차이라고 할까? 노래방에서 이름 없는 서민의 노래와 방탄소년단의 노래차이는 무엇일까? 같은 설렁탕이더라도 왕에게 올리는 설렁탕과 시골장터에서 서민들이 먹는 설렁탕의 차이는 무엇일까? 재료와 정성과 약간 다른 제조방법에 따라 어마어마한 차이가 나타나므로 농산품도 사양산업이 아닌 고부가치 사업으로 키울 수 있다는 것을 시사하고 있다.

같은 골프 아마추어라도 90~100타 치는 사람과 70대 초반을 치는 사람의 차이는 무엇일까? 70대 초반과 60대를 치는 프로의 차이는 무엇일까? 이 차이를 찾아내고 깨달으면 자기의 갈 길을 찾아내지 않을까 생각해 본다.

알사스 로렌지방의 콜마르는 불란서와 독일이 번갈아 지배한 땅으로 나무를 뼈대로 지은 옛집이 많고 꽃으로 예쁘게 장식한 아름다운 도시다. 이곳을 경유하며 여행지의 마지막인 4년간 살아본 제 3의 고향 작은 파리 브뤼셀에 도착하였다. 파리 드골공항에 도착하여 약 두 달간 10,000km 이상을 달린 셈이다. 최고의 관광지는 눈, 코, 귀, 입을 즐겁게 하는 것이고 거기에다 하나 더 꼭 필요한 것은 스토리 텔링이다. 이 다섯 가지를 최고로 만족시켜 주는 곳은 프랑스라고 단언한다.

개인에게 최고의 여행은 옛날의 추억을 찾아가는 여행이고 새로운 추억을 만드는 여행이다. 브뤼셀에서 25년 전에 살았던 집을 찾았을 때 아직도 살아계시는 85세 앞집 할아버지를 만난 일, 그때 한 살이던 25세 된 손녀와의 대화, 25년간 더 자란 옛날 골프장의 마로니에 나무들 그리고 그 아들이 승계하여 운영하고 있는 골프장, 가격 흥정하던 엔틱시골장터 등 25년간의 세월이 오버랩되어 과거의 나와 현재의 내가 비교되어 느껴지는 멋진 여행을 이제 끝내고 귀국하기 위해 드골공항으로 향하였다.

나는 여행 출발 일주일 전부터 여행 중 필요한 물건을 생각나는 대로 계속 채워나간다. 하루 전 마지막으로 빠진 것이 없나 체크하고 불필요한 것을 정리하면 해외에 나가도 불편한 것이 전혀 없다. 특히 지역별로 체크한 전기 연결기구는 네이버에 들어가면 잘 표시되어 있다.

내비게이션, 미쉐린지도(현지에서 구함), 나의 여행 계획서가 담긴 수첩 등은 필수품이다.

▲ 파리 어느구청의 무궁화

8 태국 파노라마

    2018년 겨울에는 당초 미국 페블 비치와 샌디에이고를 갈 계획을 다음으로 미루고 태국 방콕에서 2시간 반 거리에 있는 카오야이 국립공원 내 파노라마 리조트로 부부동반하여 떠났다.
    이 곳은 해발 300~400m에 위치하여 타 지역보다 3~4° 낮고 특히 건조하여 여름 지나기가(한국 계절은 겨울) 좋다. 한 가지 단점은 1월은 동남아 골프장이 대부분 그렇지만 특히 지난 겨울의 혹독한 추위 덕분에 너무 많은 사람이 몰려왔다. 1월에는 사람 수를 한정하여 받는 프라이빗 골프장이 다소 비싸더라도 그것을 이용하는 것이 좋다고 생각한다.
    2개월여 동안 퍼팅실력이 괄목하게 늘었다. 이 골프장은 그린이 대부분 10~15° 기울어져 있어서 세밀한 주의를 기울이지 않으면 쓰리퍼팅

을 다반사로 한다. 그래서 퍼팅원칙 몇 가지를 정립하였다.

첫째, 오르막 퍼팅이 되도록 목표 지점과 거리를 설정할 것.

둘째, 오르막 퍼팅은 홀을 20~30cm 지나가도록 세기를 조절할 것.

셋째, 퍼팅 스트로그는 일정한 리듬과 템포를 유지하여야 경사와 곡면을 정확하게 따라가게 한다는 것.

넷째, 퍼터 페이스가 뒤로 가는 것을 절대 보지 말 것.(그것을 보는 순간 애초에 설정해 놓은 방향과 속도를 수정하려는 뇌의 본능이 작용한다는 점이다.)

다섯째, 아무리 친선게임이더라도 어드레스에 방해를 받았을 경우에는 어드레스를 다시 하는 것을 습관화할 것.

여섯째, 거리에 따른 퍼팅순서를 철저히 지킬 것.(가까운데도 먼저 치면 아무래도 퍼팅을 서두르게 된다. 자기 차례에 느긋하게 할 것).

일곱째, 퍼트헤드, 왼손, 팔, 팔뚝의 일직선을 항상 유지할 것.

여덟째, 위의 일곱 가지를 끊임없이 연습하여 몸에 배도록 습관화하여야 한다는 점이다.

태국 파노라마 골프장 ▼

9 하와이

▼ 하와이에서 딸 부부와 함께

▲ 하와이 바람의 언덕

2018년 여름에는 아내의 칠순기념으로 하와이 골프여행을 갔다.

아들, 딸 부부가 장만해 준 숙소는 외국 정상들이 머무는 카할라호텔 옆 3층 아파트로 한 달간 렌트하였다. 신혼부부들과 연인들의 사진 촬영장소로 매우 유명한 곳이었다. 산책하면서 그들의 모습을 보는 것도 즐거움의 하나였다. 주변에는 집앞 제한속도 25마일 팻말이 붙어 있는 미셸 위(미국, 1989~)가 살던 집도 있고 싯가 미화 3백만 불이 넘는 고급주택들이 즐비한 부촌이었다.

하와이가 지상낙원인 것은 그 기후도 좋지만 매일 선명한 무지개를 볼 수 있다는 점이다. 일기예보상 비가 와도 해변가 쪽은 대부분 오지 않는 것이 특징이다. 아마도 산 쪽 위의 찬 공기를 만나 그쪽에 비를 뿌리고 해변가 쪽으로 오면 비가 그치는 특성이 있기 때문에 무지개도 자주 피어오르는 것 같았다. 남북방향 지평

▲ 하와이 카할라 다이아몬드 해변

▲ 숙소 아파트 정문

▲ 하와이 카할라호텔 야외식당

호텔앞 해변 ▶

▲ 터틀베이 골프장

선과 수평선 끝으로 보이는 쌍무지개는 정말 크고 보기 좋았다. 손님을 특별히 환영하는 것이라고 현지인이 우리에게 아부를 한다.

호놀룰루에서 꼭 가보아야 할 골프장은 와이키키 해변에서 북동쪽 끝에 있는 1시간 4분 소요되는 터틀 베이 골프장이다.

36홀 중 아놀드 파머Arnold Daniel Palmer(미국, 1929~2016)가 설계한 파머코스가 바닷가에 일부 홀이 있기 때문에 더 좋았고 페어웨이는 마치 융단을 밟는 것처럼 푹신푹신하였다.

운 좋게도 첫 1번홀, 2번 홀을 버디로 시작하니 잘하면 이븐 파를 할 것 같은 예감도 들었다. 제주도 바닷바람처럼 강풍이라서 정면 바람인 경우 최소 두 클럽 낮은 것을 이용하였고 뒷바람인 경우 티Tee를 약간 높였더니 평소보다 20~30m는 더 나가는 덕을 보아서 쉽게 파Par 행진을 이어갔다. 마지막 18번 파 5홀인데 뒷바람이어서 210m 남기고 투온을 하려다 그만 해저드에 풍당하여 보기를 하였다. 안전하게 3온 1퍼팅이었다면 69타도 가능하였다고 본다. 2온이 가능한 파 5홀인 경우 이글을 꼭 노려야 할 경우를 제외하고는 3온 1퍼팅이 버디를 할 확률이 훨씬 높은 것을 오랜 라운드 경험상 알고 있지만 그것을 억제하지 못하는 나 자신에게 약간 실망하기도 하였다. 200m 전후 남기고 우드클럽을 들지 않고 아이언을 치는 사람과는 절대 내기 골프하지 말라고 하는 속담도 있다.

그 다음으로 꼭 가보면 좋은 골프장으로 하와이 미 해병대 클리퍼Klipper 골프장이다. 오바마 대통령이 은퇴 이후 이 근처에 숙소를 정하고 자주 오는 골프장이라고 한다.

바닷가 해안을 따라가면서 설계된 13번 파 5홀은 바람과 파도가 장관이다. 이 홀은 주로 뒷바람이 불어 주기 때문에 파온이 가능한 홀이다. 군대골프장이기 때문에 현역군인 혹은 퇴역군인과 동반하여야 입장이 가능한 골프장이다. 미국은 퇴역군인들에 대한 복지제도가 잘 되어 있다. 본인 말고 그 자식까지 군대 군무원으로 근무할 수 있는 특혜도 있다.

미해병대 Klipper 골프장

하와이 동쪽 끝에 있는 코올라우 골프장도 골프다이제스트 100대 골프장에 선정될 정도로 풍광이 아주 좋았다. 열대우림에 천국의 절벽이 골프장을 감싸고 있어 모든 홀이 대부분 오른쪽, 왼쪽으로 굽어져 있어서 230m 이상 보내는 장타자는 해저드 신세를 여러번 져야 하지만 드라이브 200m 전후의 골퍼는 파온만 목표하면 좋은 성적을 낼 수 있는 골프장이다. 후반 페어웨이는 떡 잔디가 많아서 때로는 공 찾기가 어려울 때도 있었고, 공에 진흙이 묻는 경우가 많은데 닦아서 칠 수 있는 로컬 룰을 적용하면 그런대로 즐길 수 있는 골프장으로 천국에 있는 골프장은 어떤 곳인가 상상하는 분들은 꼭 한 번 가보기를 원한다.

1회 그린피는 미화 155불이지만 일주일 연속 라운드를 활용하면 좋을 것 같다. 코스 경계를 벗어나는 경우 거의 공 찾기가 불가능함으로 여분의 공을 많이 준비하기를 권한다. 캐디 마스터의 조언으로 거리보다 방향과 파온에 집중한 덕분에 보기 3개, 버디 1개, 74타를 기록하고 클럽하우스에 의기양양하게 입장하여 마시는 맥주 1잔은 꿀맛이었다.

마우이섬에 있는 Wailea Resort에 있는 에메랄드코스와 블루코스도

▲ 와일레아Wailea 골프장

▲ 코올라우 골프장

하와이내 다른 골프장보다 바다 바람이 약하기 때문에 라운딩하기도 좋고 거의 전홀이 바다풍광이 보이고 고급주택과 별장이 즐비하기 때문에 아늑함과 풍요로움을 느낄 수 있는 곳이다.

이 리조트에서 얼마 떨어지지 않은 카팔루아 베이Kapalua Bay에 있는 Merriman's 레스토랑은 해안 Cove(작은 만) 돌출부에 위치하고 있어서 풍광을 즐기면서 식사를 할 수 있는 곳이고 주변해안에는 살고 싶은 고급별장 빌라와 아파트들이 눈요기할 수 있는 최고의 장소다. 하와이주 정부는 바닷가 모든 해변을 공공의 장소로 지정하여 부자들이 전용해변을 가질 수 없는 구조로 되어 있어서 바닷가 부촌들이 반드시 일반 주민들에게 산책할 수 있는 길을 내주어야 하는 정책이 특이하였다.

최근 드라이브 샷의 방향성과 거리를 개선하였다. 그러기 위해서는 아래와 같은 노력을 하였다.

첫째, 오버 스윙의 크기를 줄이고 왼팔을 쭉 뻗어서 몸에서 멀리 보내도록 교정하였다.

둘째, 팔의 동작과 골반의 움직임을 동시화, 비례화 하였다.

셋째, 양손을 높이 올리기보다는 당초 어드레스 시 왼쪽 어깨 높이까지만 올리겠다는 생각이 중요하다.(사실은 왼쪽어깨 높이까지 올려도 척추 기울기만큼 더 올라간다는 것을 당연히 받아들여야 한다.)

넷째, 백스윙 전 과정에 그 자리를 지키고 있어야 하는 오른쪽 무릎과 중심의 경추(목뼈)의 위치를 지키는 것이다.

다섯째, 가장 중요한 것은 실제 스윙에는 모든 것을 잊어버려야 한다. 그곳에 너무 집착하면 다른 부분에 영향을 미치기 때문이다.

많은 아마추어는 실제 스윙시 너무 많은 생각을 한다. 그래서 실수가 나온다. 그 생각을 안 하는 훈련이 필요하다. 이것이 싱글 핸디캡퍼가 되는 필수조건이라고 생각한다.

카할라호텔 앞 해변 ▶

▼ 영화 「지상에서 영원으로」 데보라 카와 버트 랭가스터의 키스장면과 그 해변

10 페블 비치 반도

2018년 겨울에는 오래동안 미루어 오던 미국 골프의 성지 페블 비치를 찾았다.

San-Francisco 남쪽 Monterey 도시는 우리나라 군 단위에 해당하는 행정자치구역 County가 있다. Pebble Beach는 몬트레이반도 내에 있는 행정자치구역이고 Carmel by The Sea도 County 중의 하나다.

페블 비치 골프장은 Pebble Beach County 내에 있는 Pebble Beach Golf Links를 말하고 Pebble Beach County에는 17mile Drive Way를 가까이 하면서 The Links at Spapish Bay, Monterey Peninsula CC, Spyglass Hill Golf Course, Cypress Point Club, Poppy Hills Golf Course 등 다섯개의 골프장도 Pebble Beach의 지명을 사용하기도 한다.

골프장은 크게 해변에 있는 Seaside형, 바닷가 모래밭을 활용한 Links형, 내륙의 나무가 많은 대정원 형태의 Parkland형이 있다. 페블 비치에 있는 6개의 골프장은 전통적인 이 세 가지 형태의 골프장을 띄는 골프장도 있고 이 세 가지를 혼합한 형태의 골프장도 있다. 이 중에 Spyglass는 세 가지 형태의 혼합형태로 빙 크로스비 Pro AM 대회가 Pebble Beach와 Cypress에서 번갈아 가면서 열린다.

어느 골프장이 가장 좋으냐는 각자의 선호에 따라 달라진다. 나는 이 중에서 Spyglass가 가장 마음에 들었다. 최소한 일주일 이상 머물려면

Carmel by The Sea에 숙소를 정하고 6개 골프장을 다 라운드하면 평생 잊지 못할 여러가지 골프라운딩 추억을 가질 것으로 생각된다.

나는 아내와 라운딩할 때, 많은 경험을 쌓은 이후에는 아내에게 스윙을 이래라 저래라 하지 않는다. 하비 페닉Harvey Penick(미국, 1904~1995)은 아내에게 골프교습과 운전교습을 절대 하지 말라고 한다.

No pretty women can miss a single shot without a man giving some poor advice.(남자가 가당치 않은 조언을 하지 않는 한 영리한 여자는 샷을 놓칠 일이 없다.)

Carmel by The Sea에 도착하자 현지 골프장 중 그린피가 가장 저렴한 Monterey Pine 골프장을 찾았다. 옛날 해군에서 운영하던 골프장으로 30day Golf Pass가 170$에 불과하고 2인승 전동카트 요금도 10회 150$ Pass가 있어서 전지훈련용으로는 가성비가 매우 높을 것으로 생각된다. 파 70의 코스로서 총거리가 6,000야드 전후라 쉽게 3 Under Par를 기록하였다. 특히 서울에서 완성한 체중 중심점의 이동을 LDW축 중심으로 스윙하니 몰라보게 방향성이 좋아졌다.

Laguna Seca는 해발 400~500미터 높은 곳에 위치하여서 코스의 경관도 미국 서해안의 나무가 별로 없는 산악지형이 모습을 그대로 보여주었다. 그린피도 50$ 전후라서 많은 한국교포를 골프장에서 만났다.

아내와 단둘이 라운딩하였기 때문에 주위와 동반자의 나쁜 매너(소음과 동작)가 없는 덕분에 오로지 샷에만 집중할 수 있는 여건이어서 No 보기에 3 버디를 쉽게 하였다. 특히 체중 중심점의 이동을 몸통으로 하는 것은 분명한데 몸통의 어떤 부분을 어떻게 움직이면 DW축으로 움직일 것인가가 최고의 숙제였는데 일단 그 트리거와 느낌을 찾았지만 그 구체적인 방법은 가설이고 확실치 않으므로 여기에서는 기록하지 않고 좀 더 완성한 후에 다음 기회에 밝힐 예정이다.

 2012년, 2018년 미국 PGA Tour 대회가 개최된 페블 비치 반도 내에 있는 Bayonet and Blackhorse 골프장으로 Golf Now 앱을 사용하여 현지인 아들뻘 이하되는 젊은이와 같이 Join하여 라운딩을 하였다. 키(2m 이상)와 덩치가 있어서 그런지 300야드 전후의 장타를 치는데 내가 사용한 래귤러티 보다 20m 뒤에서 치면서도 나보다 40~50m 앞에 나가는 경우가 많았지만 샷이 페어웨이를 벗어나기 때문에 더블보기를 자주 하였다. 성적은 내가 좋았지만 장타에 주눅이 들고 다른 티를 사용하다 보니 빨리빨리 움직여야 하는 등 리듬과 템포를 잃어버려 80타를 오버하였다. 특히 어려움을 겪은 것은 그린의 높낮이와 경사가 PGA대회를 개최할만큼 난이도가 높아서 아마에게는 3퍼팅을 다반사로 할 수 있는 그린이었다.

특히 이 골프장에는 야생사슴이 많아서 골퍼가 30m 정도 접근하여도 제자리에 있을만큼 자연과 인간이 공존하는 생태계를 이루고 있고 중간중간 보이는 바다경치는 100년 이상된 나무가 열병식을 하듯 페어웨이를 둘러싸고 있는 내가 좋아하는 타입의 골프장이었다.

참고로 해외에 나가면 꼭 Golf Now앱을 설치하면 숙소 주변의 골프장의 모든 정보가 일목요연하게 나타나기 때문에 부킹시에 5$ 이내를 수수료를 지불하지만 너무나 고마운 문명의 기기라고 생각한다.

페블 비치 반도 내에 있는 5대 골프장 중 하나인 Poppy Hills Golf Club을 찾았다. 반도 내에 있는 골프장으로 가려면 민간부촌 주택지역을 통과하여야 하므로 게이트가 있어서 들어갈 때만 10$을 주고 지나가야만 하는 것이 특이로웠다. 라운딩후 나올 때 보이는 미국의 전통적인 부촌답게 크리스마스 네온 장식은 화려함 그 이상이었다.

에어비앤버 주인인 Amrish가 나의 성적에 따라 자기 친구들과 포도주 한 병 내기를 한 모양인데 내가 깜박 잊고 75타 기록한 스코어 카드를 가져오지 않았다. 나는 75타 이상 친 기록은 에이지 슈트에 해당되지 않기 때문에 나의 기록대상이 아니였다. 집주인은 5타 이하를 치면 이기는 내기인데 스코어 카드가 없기 때문에 포도주 한 병 잃어버렸다고 한탄하는 해프닝도 일어났다. 집주인은 인도출신으로 핸디캡이 6 정도 되고 휴가철이면 골프성지를 찾아 라운딩을 자주하는 골프매니아여서 2주간 영국여행에서 돌아오면 같이 라운딩하기로 약속을 하였다.

우리나라 회원제 골프장은 단언컨대 회원의 권리가 보장되지 않는 법적 관리의 사각지대에 있다. 지금부터라도 관계당국은 회원의 권리가 보장되는 골프장으로 변신하도록 노력해야 한다.

여기 미국 골프장은 일정조건을 부여한 권한 내에서만 비회원을 받을 수 있고 비회원의 입장으로 받은 수익은 전부 회원의 수익으로 돌아간다.

우리나라 골프장은 전통카드 운영, 프로샵, 식당 등의 운영수익이 별도법인으로 설립한 골프장 설립자의 사익으로 돌아간다. 비회원을 받는 경우 대부분 회원 동반이든가 비회원만 라운딩하는 경우도 하루, 이틀 정도의 부킹으로만 가능하기 때문에 회원의 권리가 철저하게 보장된다. 프로샵, 식당의 경우도 비회원을 입장시키기 때문에 회원이 프로샵, 식당 이용의 경우 20~30% 할인혜택으로 보상하기도 한다.

선·후진국의 지표 중 하나가 국가기관 또는 공무원의 실제적이고 현실적인 업무자세가 생산자(공급자)편이냐 소비자(수요자)편이냐가 중요한 지표가 된다. 생산자 쪽이면 후진국, 소비자 쪽이면 선진국이다. 중간이면 중진국. 우리나라는 아직도 개발연대의 압축성장의 잔재로 법과 규범과는 달리 실제적인 업무수행은 아직도 중진국 이하의 행태가 많다.

Spanish Bay와 Spyglass Golf Course와 자매 골프장인 Del Monte Golf Course를 찾았다. 이 골프장은 1987년 완공되었으며, Golf Advisor가 선정한 가장 친절한 25대 골프장 중의 하나다. 소문대로 종업원들의 친절한 태도가 이웃집 아저씨처럼 정답게 느껴져서 오늘은 좋은 스코어를 낼 수 있겠다는 생각이 들었다.

이 골프장은 외곽은 전부 주택지로 둘러싸여 있고 평지에 조성된 골프장으로 6,300야드 비교적 짧은 골프장으로 그린의 좌우 전후 폭이 2~30야드에 불과하고 그린 입구 양쪽에 전홀에 벙커가 버티고 있어서 이것으로 난이도를 조절하도록 설계된 골프장이다. 이 골프장은 년간 360$의 연간회비를 내면 정상가 110$ 전후 그린피를 대폭 할인받아 50$ 전후로 라운딩할 수 있다. 특히 자매골프장인 Spanish Bay도 115$(정상가 290$)에 이용 가능하고 Spyglass Hill도 225$(정상가

395$)에 이용 가능하다.

1주 이상 페블 비치에 골프여행 오면 이 맴버십에 꼭 가입할 것을 추천한다. 좋은 정보도 알고 2~3홀 전후에 아무도 없는 혼자치는 골프를 한 덕분에 스윙을 형상화Imagery하고, 감각화Sensory 하게 느끼는데Feel 아무런 방해를 받지 않은 덕분에 2언더 70타를 기록하였다. 퍼팅에 더 집중하였더라면 2~3타는 더 줄일 수 있는 기회를 놓친 것이 안타까웠다.

오늘부로 드디어 이븐파 이하 에이지 슈트를 100회 달성하였다. 한국에서라면 지인을 다 초청해서 기쁨을 나누어야 하는데 단둘이 기념하는 것도 매우 의미가 깊었다.

Carmel by The Sea(미국 캘리포니아주 몬테레이 카운티에 있는 마을)에서 크리스마스 이브의 부촌 지역의 네온장식은 미국 어느 도시보다 화려하였다. 해마다 경쟁적으로 하다보니 점점 더 웅장하고 화려해지는 것이 사람들의 경쟁심리가 많이 작용한 것으로 생각된다.

▲ Carmel by the sea의 야경, 해변

12월 27일은 Quail Lodge Golf Course로 갔다. 이 골프장은 평지에 조성된 골프장이지만 골프장 양쪽 외곽이 50~60° 절벽으로 양쪽이 둘러싸인 계곡이기 때문에 동풍, 서풍만 관통하기 때문에 라운딩하기가 아주 좋았다. 그린피는 180$이었지만 Golf Now와 Hot Deal 덕분에 70$(카트비 포함)로 해결하였다. 라운딩 후 하비페닉Harvey Penick(미국, 1904~1995)이 쓴 전설적 골프교습서 "Little Red Book"을 Golf Shop

에서 발견하고 구입하였다. 이 책은 우리나라 대형서점에서도 찾기 힘들다. 내용은 골프경기 뿐만 아니라 경기 전후에 일어날 수 있는 여러가지 일들을 70여 항목에 걸쳐 175p에 메모형식으로 정리한 것이다. 골프 마니아라면 꼭 읽어 볼 가치가 있는 책이다.

나는 현지인 2명과 조인해서 Laguna Seca에서 라운딩을 하였다. 아내와 단둘이 라운딩할 때는 쉽게 이븐파 전후를 치곤하였는데 역시 외국인에게 나이 많은 동양인의 실력을 과시하고 싶은 욕심이 생겨서 그런지 결정적인 숏퍼트를 여러번 놓치는 통에 70대 후반 스코어를 기록하고 말았다. 다시 한 번 남에게 뭔가 보여주고자 하는 마음이 앞서면 특히 퍼팅에서 실수가 많이 나온다는 점이다. 한 가지 배운 재미있는 골프용어는 공을 찾았을 때 나의 공, 너의 공을 It's me, It's you라고 한다는 점이다.

하비페닉은 우승을 코 앞에 둔 마지막 라운딩전 제자에게 보낸 Advice는 "Take dead aim." 세 단어였다고 한다. 세 단어 뜻은 다 아는데 전체적인 뜻이 아리송해서 Naver를 비롯해서 백방으로 탐문한 결과 "과녁을 명중시켜라."는 뜻이었다. 그리고 본문 전체를 찾았는데 다음과 같다.

Once you address the golf Ball, hitting it has got to be the most important thing in your life at that moment.

Shot out all thoughts other than picking out a target and taking dead aim at it.

위의 문장은 비단골프 뿐만 아니라 모든 인생사에 적용될 금과 옥조로 생각되어 영어 전 문장을 소개한다.

Quail Lodge와 Carmel Valley Ranoh에 Golf Now를 통하여 정상가의 50% 이하인 100$ 전후의 Green Fee를 지불하고 라운딩을 하였다.

이 두 곳의 골프장은 Semi Private 골프장이기 때문에 특별한 날을 제외하고는 앞뒤 2~3홀에 우리 부부밖에 없는 한적한 골프를 즐길 수 있어서 좋았고, 골프카트 안에 거리표시는 물론 코스안내, 공략방법까지 육성으로 들려주고, 간식 주문 화면까지 있어서 소비자의 편의를 위한 각종 소프트웨어를 개발하여 활용하고 있었다. 이 Lodge와 Ranch에 머물기 위해서는 가족당 1박에 60만원을 지불하여야 하고 최소 6개월 전에 예약이 만료된다고 한다.

해산물요리 전문점인 Phil's Fish Market에 갔다. 주문을 하려면 최소한 30~40분을 기다려야 할 정도로 손님이 많고 맛도 일품이었다. 페블 비치에서 북쪽으로 30분 정도 소요되는 Moss Landing에 위치하고 있다.

페블 비치 반도와 근접하고 있는 Pacific Grove County의 Pacific Grove GC에서 라운딩하였다. 이 곳은 시립골프장이지만 경관이 페블 비치 못지 않기 때문에 Green Fee는 100$ 수준이다. 전반 9홀은 Cypress 소나무가 해안 내륙쪽에 있고 후반 9홀은 바닷가에 조성된 골프장이다. 거리가 5,727야드 밖에 안되어 이글 1개 포함하여 69타를 기록하였더니 같이 조인한 미국인 3명이 "한국에서 온 프로냐"는 질문에 "74세 아마"라고 하였더니 "미국에 일찍 와서 왜 프로로 진출하지 않았느냐"고 반문하였다. 3명 다 70대 이상의 노인들이어서 공을 잡는 것, 타를 꼽는 것이 많이 불편하게 보였다. 타수는 전후 100타를 넘기고 스코어보다 걷는 것에 더 의미를 두면서 라운딩을 하는 것 같았다.

미국인도 라운딩할 때 가끔 실수하기도 한다. 내가 어드레스했을 때 계속해서 대화를 멈추지 않고 작은 소리로 하는 경우가 있다. 이 때 한국식 표현으로 "말씀 중에 쳐도 될까요?"를 "Can I take my shot?"이 제일 무난한 표현으로 받아들이는 것 같았다.

▲ Spanish Bay 골프장 클럽하우스

▲ 야생사슴 20야드 거리

짧은 거리의 퍼팅이 남았을 때 미국인들도 홀아웃하지 않고 OK를 줄 때가 많다. 그럴 때 "That's Good." 이라고 하고 자기가 스스로 OK를 줄 때는 "That's good by me." 라고 한다.

Spanish Bay 골프장은 바닷가에 면하면서 코스가 조성된 곳이 4개, 바다에서 내륙으로 또는 내륙에서 바닷가 쪽으로 조성된 코스가 9개, 순수 내륙에 조성된 코스가 5개다. 18번 홀 티 박스에서 양쪽으로 바라보는 석양무렵의 바닷가 풍경이 가장 아름답고 4시 전후 클럽하우스 근처에서 백파이프의 연주소리가 들리면 마치 스코틀랜드의 어느 골프장에 있는 향수를 느끼게 하는 곳이다. 그래서인지는 몰라도 페블 비치 반도에는 England와 Scotland 출신이 많다.

Spanish Bay에서는 바람이 비교적 약한 날 라운딩을 해서 74타를 기록하였다. 우리 부부를 초대해 준 Anthony Eul 부부에게 감사드린다.

페블 비치 골프장은 바다를 접한 홀이 9개나 되는 Seaside형이 많다. 1번부터 5번까지는 1번 홀이 첫 샷 긴장감 외에는 큰 어려움이 없다. 5번 홀은 Up Hill이고 Blind홀이므로 Second 샷은 많은 전략이 필요하다. 7번 홀은 사진과 중계방송이 많이 나오는 짧은 거리의 홀이다. 가장 어려운 점은 마음을 산란케하는 사람을 압도하

ON GREEN / 234

Pebble Beach 골프장 7번 홀 ▲

는 경관이고 두번째는 White 84야드는 내리막을 감안하면 Full Swing할 클럽이 없다는 것이 경기자를 불안하게 한다. 거기에 바람까지 심하게 불면 거리를 대충하고 클럽을 선택하기가 곤란하다. 아마는 당연하고 많은 프로도 7번 홀에 와서 스코어를 잃는 경우가 허다하다. 8번 홀은 Second Shot을 Ocean을 Carry Over 해야 하는데 바로갈지 돌아가야 할지를 결정해야 하는 홀이다. 10번 홀은 White 기준 409야드라도 아마에게는 비교적 긴 Par 4이고 Second Shot 위치가 Down Hill이고 Side Hill이라서 굉장한 어려움에 봉착한다. 마지막 18번 홀은 장타자에게는 드라이브는 금물이다.

Pebble Beach 골프 기념메달 ▲

한 마디로 페블 비치각의 각 홀은 스토리텔링이 많은 홀이고 7번 쇼트홀 18번 통홀은 페블 비치의 상징이 되는 홀이라고 생각한다. 페블 비치 골프장에서 가까운 Pacifie Grove에 있는 Chater House 레스토랑은 낙조와 음식 맛, 식당 분위기의 삼박자가 맞아드는 식당이다.

Carmel By The Sea 체제중 몬터레이Monterey 한인 중앙교회 이정란 권사님과 최준수 집사님의 도움을 많이 받았다. 내가 만난 분 중에 베푸는 것을 생활화한 으뜸가는 분이라고 생각한다. 베푸는 사람 중에 대부분이 신앙심을 가진 분이 많은 점이 종교에 대해서 다시 한 번 생각케 한다. 아직도 남을 즐겁게 하는 것보다 나를 즐겁게 하기 위해서 살고 있는 나를 다시 한 번 살피는 기회가 되었다.

11 샌디에이고 일대

한 달 동안 정 들었던 Carmel을 떠나기 전 주인집 부부는 와인 한 잔 하자고 초대했다. 50세, 54세 부부인데 자기들도 60세가 되면 우리처럼 골프여행하는 것이 로망이라고 하면서 다음 기회가 있으면 Rounding을 꼭 같이 하자고 다짐하였다.

2020년 4~5월에 꽃이 만발할 때 이정란 권사님은 Air B&B에 가지 말고 자기 집에 오라고 당부하고 있지만 잠시면 몰라도 오래 머물면 그 분들의 생활리듬이 깨어지기 때문에 망설여지는 마음에 확답을 못하고 빗속을 뚫고 샌디에이고로 향하면서 바다경치가 좋다는 산타바바라를 경유하고 골프용품 전문점 올림픽 스포츠에 들리느라 12시간 만에 샌디에이고로 진입하였다.

LA 프리웨이 복잡한 곳은 8차선 두 개가 합쳐서 16차 선이 되는 거미줄 같은 고속도로 인터체인지가 운전에 신경을 곤두세우기도 하지만 여기도 남쪽의 대도시답게 6차선 두 개가 합쳐지기도 하고 헤어지기도 하는 복잡한 곳이기도 하지만 램프에서 고속도로 진입시에 한꺼번에 진입하면 본 선에 정체가 일어나기 때문에 진입신호등이 2초 간격으로 깜박이는게 특이한 발상이고 효율적이라고 느껴졌다.

다음날 타이거 우즈의 홈코스, 홈타운이기도 한 Torry Pine 골프장은 바닷가 쪽과 내륙쪽 총 36홀 경관이 Golfer를 압도하게 하는 곳이다.

Torry Pine 골프장 ▲

일주일 후 페덱스컵(Farmer's open)이 개최되기 때문에 라운딩은 클로즈한 상태에서 관중석 부쓰, 매점 등의 임시시설을 설치하느라 분주하였고 페어웨이와 그린은 다림질을 한 것처럼 깨끗하였다. 대회 다음날 또한 그 다음날 부킹기회를 잡아서 그 때쯤 이 곳을 방문하는 아들과 합류하여 라운딩을 하기로 하였다. 한 가지 재미있는 사실을 발견하였다. 타이거 우즈와 한 번 다녀간 곳은 전세계 어디를 가도 그린피가 최소 100% 인상된다는 점이다.

샌디에이고에는 100여 개의 골프장이 있고 그린피는 10~200$까지 다양하다. 그린피가 120$ 이상하는 골프장이 15개 정도 있는데 한 달 체류 중 최소 10개 이상은 방문하기로 계획을 세웠다. 그 중에는 기아클래식이 개최되는 Aviara는 꼭 들릴 예정이다.

Jc 골퍼 회사는 12개 골프장을 운영하고 있고 이 회사가 발급하는 Jc Player Card는 300$에 불과하지만 동회사가 운영하는 골프장을 8회 이용할 수 있고 그 중 5회는 그린피가 125$ 이상가는 Rancho Bermardo 와 The Crossings도 있어서 가성비가 최고인 것 같아서 구입하였다. Driving Range 이용권 10장, 프로샵 25% 할인, 아침 50% 할인 등 소비자의 구미를 당기는 부가혜택이 많았다.

기아 클라식개최골프장 아비아라 ▲

미국은 1~2사람도 라운딩이 가능하다. 다만 방문객이 많을 경우 Join 시키는 경우가 많기 때문에 골프 영어를 알아 놓으면 편리하다. 나는 외국인과 라운딩할 때, 팔 부위의 명칭을 물어볼 때가 많다. 반 이상은 우리와 Back과 Up이 다르다. 우리와 같이 생각하는 분도 15% 정도 되지만 테니스할 때 왼손 백스트로그를 백핸드라고 부르는 이유를 설명하면 자기들 기준으로 돌아가는 것을 수긍하였다.

1월 23일 미국 퍼블릭 100대 골프장에 드는 Madelas 골프장에 미국인 3명과 조인하여 라운딩할 때 아내가 카트를 운전해 주어서 편하였다. 미국 골프장은 라운딩 동반이 추가비용 없이 허용된다. 우리나라는 3명이 라운딩할 때 1명 동반은 요금을 내지 않는 한 허용되지 않는다. 공급자 위주의 이용약관이다.

Madelas 골프장은 높낮이 차이도 대단하고 골프장 면적도 우리나라 골프장의 3배 가량은 되어보였다. 경사도 심하고 뱀이 있기도 하고 해서 청색말뚝 지역은 출입이 허용치 않는다. Lost Ball이 수 천개는 되어보였다. 한 발 자국만 들어가도 Lost Ball을 5~6개 집을 수 있어도 이용수칙을 위반하는 사람은 한 사람도 없었다.

25일에는 이틀째 페덱스컵대회에 갤러리로 참관하였다. 타이거 우즈는 80회 PGA대회 우승 이후 굉장한 관심과 인기를 얻고 있었다. 타이거 우즈가 치는 홀은 티박스 근처, 그린 근처 뿐만 아니라 페어웨이 지역까지 관중으로 꽉 메워질 정도로 인기가 있었다.

스폰서를 보호하기 위해 물 이외의 모든 식음료의 반입은 허용되지 않는 엄격한 룰을 적용하고 있었다. 입장료는 45$에 불과하였지만 간단한 음료와 핫도그를 15$이나 받는 철저한 상업주의를 보여주었다. 그러나 2~3홀마다 화장실 설치, 어린이들이 Sign을 받도록 최우선 구역을 설정해 주는 것 등은 본받을 만한 대회 운영이었다.

이번 여행의 최대성과는 나의 부분 하중 이동의 검증을 나 자신 스스로 하는 것이었다. 부분하중 이동의 기준점을 단계별로 실행하는 방법까지 터득하고 이것을 특허화 하는 Idea 까지 시도할 수 있게 되었다는 점이다. 신발과 헤드에 센스를 부착하고 연습한다면 스윙궤적의 최적화 과정에서 무게와 위치의 파악으로 무엇이 잘못되었는가를 발견할 수 있는 획기적 기구가 될 것이기 때문이다.

운 좋게도 청조경제포럼에 박용수 회장님이 나를 8월 조선호텔 모임에 연사로 초청하였다. 나의 골프이론을 처음으로 골프를 좋아하는 명사를 앞에서 검증받을 수 있는 좋은 기회라고 생각한다.

샌디에이고에서의 마지막 라운딩은 1시간 10분 소요되는 인디언보호구역 카지노 부대시설로 만들어진 골프장 Journey at Pechanga에서 이 곳을 방문한 아들과 같이 라운딩하였다. 6번 홀은 거의 산정상에서 Tee Shot 하도록 600m의 경사진 구불길을 카트를 타고 해발 200m 정도를 더 올라가는 홀인데 거기에서 내려다 보이는 풍광은 100대 버켓리스트에 넣을 수 있을 만큼 좋았다. 거기서 멀리 떨어진 산봉우리에는 흰눈이 쌓여있어 마치 알프스에 온 기분도 들고 그 아래 계곡에 펼쳐진 고급 주택가들은 장관이었다.

카지노 부대시설이기 때문에 Green Fee도 시설에 비해 저렴한 110$ 정도였고(12시 30분 이후는 50$) 카지노 내에 있는 뷔페식당(1인당 47$)은 랍스타를 무제한 공급해 주는 곳이었다. 랍스타를 좋아하는 분들은 꼭 가 볼만한 곳이다. 거기에다 별 4.5 정도 되는 골프장은 덤이다.

1. 골프채 구입과 선택의 비밀
2. 3대 의무와 먹거리 산업의 개발
3. 더스틴 존슨과 척추 각도
4. 미국 골프장의 종류
5. 골프와 눈의 건강
6. 골프 역사 진기록 모음
7. 공유경제와 Air BnB
8. 거리측정 및 퍼팅라인과 캐디와의 상관관계
9. 골프 교습과 척추의 각도
10. 마스터의 십 만 시간과 배려
11. 골프 게임 방법
12. 평가기준의 통일
13. 골프의 템포
14. 페블 비치

▲ 페블 비치 Carmel by the sea

제 5 부   골프단상

15. The Ball of Feet의 비밀
16. 골프 핸디캡과 에티켓 테스트
17. 퍼팅 십계명
18. 골프 명언집에 대한 나의 단상
19. 골프의 5가지 법칙과 14가지 원칙에 대하여
20. 골프 교습가들의 부정확한 코치방법
21. 골프에도 길이 있다
22. 드라이버 거리 증대 10가지 방법
23. 코스 스코어 줄이는 10가지 방법
24. 잘못 쓰는 골프 용어
25. 아마가 바꾸어야 할 골프 스윙 개념
26. Ben Hogan과 David Leadbetter
27. 골프 영어
28. Laird Small의 골프 교습

1 골프채 구입과 선택의 비밀

골프 방송해설자의 촛점이 잘못된 해설과 용품업계의 광고에 대해 생각해 보자.

골프 용품업계는 갖가지 기술사양을 설명하면서 골프채 구입을 유혹한다. 고가 신규골프클럽을 구입한 이후에 광고효과만큼 거리증대와 방향의 정확성을 경험한 소비자는 희소하다고 본다. 심지어 거리가 늘어났다고 느끼는 경우 같은 번호의 아이언에 페이스 각도를 약간 낮추어서 거리가 늘어난 경우가 대부분이다. 광고효과대로라면 모든 아마추어의 드라이브 거리는 300야드 이상 나가야 한다.

나는 가지고 있는 드라이브 10개 정도(구입가 17~200만원)를 연습장에서 시타해 보았지만 저가, 고가, 구형, 신형 구분없이 모든 채가 170~200m 범위 내에 있는 것을 확인하였다. 같은 채의 경우도 170~200m 내의 편차가 있었다. 거리와 방향성은 골프채의 기술적 스펙보다도 그 채를 다루는 나의 몸에 있다는 것을 증명하고 있다. 거기에다 스윙할 때 내가 느끼는 체중이동과 형상화에 따라 거리와 방향이 달라진다는 점이다.

나는 클럽 5%, 내 몸 45%, 나의 형상화 능력 50% 전후가 아닐까 라고 생각한다. 채를 바꾸기 전에 그립만을 바꾸는 것도 좋은 방법 중의 하나다. 그런데 고가채를 구입하고 잘 맞는 경우가 있다. 그것은 신뢰효과다. 신뢰를 갖고 스윙하면 의심을 갖고 스윙하는 것보다 10~20m는 더 거리가 난다. 모든 골프용품회사와 해설가가 형상화 능력이나 신뢰 효과를 강조하면 골프산업은 어떻게 되겠는가?

미국에서도 용품회사 해설가 방송사의 공생관계는 마찬가지다. 그래도 미국은 클럽가격면에서 우리나라의 10~20%에 불과하다. 나는 결코 성능의 차이는 많지 않다고 확신한다. 1 Set에 5백~1천만원 갖고 다니는 Golfer 중에 Single handicapper는 희소하다. 여자의 경우에도 보기 player도 희소하다. 미국의 경우 대부분 백만원 전후의 골프 Set를 갖고 다닌다.

이렇게 골프용품시장이 변하고 있는 것은 어떤 의미로 전적으로 소비자의 책임이다. Golfer가 자기 몸과 마음을 바꾸려고 하지 않고 용품회사 보고 비싼 가격을 줄테니 당신이 나의 몸에 맞는 클럽을 제작하라고 하는 수요가 많기 때문이다. 이런 접근과 사고방식은 골프스윙의 개념을 잘못 가지고 있기 때문이다. 골프스윙은 특정 폼의 부위를 조작하든가 클럽의 미세한 설계변경에 의해서 전체 스윙을 조정할 수 있다는 잘못된 가설에 근거하고 있기 때문이다.

해설가는 전체스윙의 궤적 중 고속촬영기법에 의해 특정한 부분을 떼어내어 최적궤적에 벗어난 장면을 정확하게 지적해 내지만 이것은 실제적으로 백해무익百害無益하다. 왜냐하면 이것은 채의 성능이나 몸 자세의 차이가 아니라 전체스윙을 하면서 Golfer가 Trust(신뢰)가 결여되든가 잡념이 슬금슬금 기어나와서 그런 결과를 초래한 것이기 때문이다.

모든 PTA Tour 우승자가 인터뷰할 때 특정 홀에서의 스윙의 기술적 잘못을 인정한 경우는 한 번도 없다. 전부 신뢰Trust의 문제로 답하고 있다. 나는 이것이 본인이 인지못한 체중의 부분하중 이동이 잘못되었다고 생각한다.

  골프 스윙은 몸의 모든 부분이 일체가 되어 비례적 동시적으로 돌아가는(움직이는) 개념이지 특정부위의 조작으로 달라지는것이 아니기 때문이다. 눈으로 보는 수 많은 사물의 거리, 방향, 속도, 몸이 갖고 있는 수십, 수 백개의 근육과 수 만개의 실타래 근육, 뼈와 골격, 귀로 느끼는 바람, 타격, 대화 소리 등 이 모든 것은 수 십억개의 조합으로 이루어진다. 이 중 조그만 일부를 달리해서 전체를 개선한다는 것은 불가능한 가설이기 때문이다.

  이 조합의 수는 인도 간지스강의 모래알 수 10의 60승(항하사), 불가사의(10^{64})보다 많고 무량대수(10^{68})보다 많다.

  그래서 나는 골프스윙을 부처님 스윙이라고 한다.(참고로 우주에는 2,000억 개의 은하가 3,000억 개 이상의 별을 갖고 있다. 지구상에서 내가 태어날 확률은 10의 400승 분의 1이다. 그래서 모든 인간은 위대한 존재다.)

  마지막으로 20만원 가격의 드라이브와 200만원의 드라이브의 기본적 차이는 소량생산이냐 대량생산이냐의 제작단가 차이이며 홍보나 마케팅 방법의 차이이지 성능차이는 미세하다는 것을 다시 한 번 강조하고 싶다. 나도 고가채를 갖고 다닌다. 그 이유는 그 채의 무게감에 익숙해져 다른 것으로 바꾸면 1~2주의 집중연습이 필요하고 파손되었을 때 교환비용이 저렴한 이유가 전부다.

3대 의무와 먹거리 산업의 개발　2

　미국에서는 군대 갔다 오고, 세금 많이 내고 아픈 사람을 고치는 등 나라를 위해 봉사한 사람이 우대 받는 나라이다. 보수와 진보, 진영 불문하고 이 세 가지를 결격한 인사들이 국민을 위한다고 정의를 위한다고 앞장 서는 경우가 많은 것을 우리는 보고 있다. 교육도 잘못되었다고 생각한다. 미국 어린이들에게 장래희망을 물으면, 소방관, 경찰관, 의사 등 사회봉사 활동분야가 특히 많다.

　우리 민족의 DNA 속에는 임진왜란 이전까지 세계사에서 유례없이 계급 노비사회가 1,500년 이상 지속되었기 때문에 상류층에 가야 한다는 잠재의식 때문이 아닐까 생각한다. 아직도 계급노비사회의 잔재가 많이 남아 있다. 군인이 전사하면 그 계급에 따라 묘역의 위치와 크기가 다르다. 훈장을 줄 때도 공무원이나 군인이나 민간인의 계급이나 위치에 따라 훈장의 격을 달리한다. 같은 공로 또는 더 큰 공로로 국가에 기여하였는데 위치(계급)에 따라 격을 달리하면 훈장을 주는 정부도 그렇고 별 저항 없이 받아들이는 국민정서를 무엇으로 설명해야 할까?

　세계1차대전 때부터 미국이 전쟁을 하면 월남전을 제외하고는 백전백승이다. 그 이유는 국력이라는 것이 제일의 요인이지만 다른 요인도 있다. 미국은 장교나 사병이나 식사재료가 똑같다. 묘지의 크기, 위치도 차별이 없다. 사병을 사적인 목적으로의 이용은 상상도 못한다. 그래서 미국인은 나라를 위해서는 목숨 걸고 싸운다고 생각한다.

　방대한 크기의 미국의 철도와 도로건설에 웨스트포인트 출신이 주된 역할을 하였다. 그래서 미국에서는 군인제복을 입고 있으면 비행기 일등석을 양보받기도 하는 예우를 받는다. 경마장에 갈 때 정장을 하는 것은 교통수단으로서 국가발전에 크게 기여한 말에 대한 존경심의 표현이라고 한다.

　각종 핑계거리를 만들어 의무를 안하는 사람이 유능한 사람이고 의무를 다하는 사람은 바보가 되는 세상에서는 결코 선진국으로 진입할 수 없다. 선진국으로 진입하기 위해서는 아주 간단한 방법은 병역의무, 납세의무, 사회봉사의무를 하지 않은 사람은 일체의 공직관련 업무 수혜자가 되는 것을 배제시키는 것이다. 이것을 철저히 이행하면 사회분위기가 달라지는 동력을 가질 수 있을 것이라고 생각한다. 이 세 가지를 현재의 정치, 경제, 사회, 문화분야 집권층, 과거의 집권층에게 반성하고 추구하는 진정한 의미의 촛불혁명이 일어나야 한다고 주장한다.

　우리가 국제경제 분야에서 최선두로 달려서 그 결실로 100~200년을 먹고 살 수 있는 기회를 3번 이상 놓쳤다고 본다. 그 첫째가 도자기 기술을 더 발전시켜 세계로 수출하는 길을 놓친 것이고, 둘째가 한글을 전 국민에게 보급하여 정보 문명사회로 일찍 진입하지 못한 것, 최근에 와서는 게임산업을 중국에게 선두주자를 넘겨주어 버린 것이다. 통치자뿐만 아니라 집권층이 할 일은 국민에게 100~200년 가는 먹거리를 만들어 주는 것이다.

　일본이 선진국이 된 것은 수만명의 도공을 조선에서 데려가서 사무라이 계급으로 우대하였기 때문에 일본에 도자기 산업이 뿌리를 내리고 100~200년 동안 유럽에 도자기를 수출하여 부를 축적하였기 때문이다.

우리는 30년 동안 부를 축적하여 이 정도 경제력을 갖고 있다는 것을 생각하면 일본의 총체적 국력은 다시 생각해야 한다.

　한글이 전파되지 못한 것은 양반 계급들이 하민층의 지식화를 원치 않았기 때문이다. 게임산업의 경우에도 경쟁과 협조와 흥미를 이끌어내는 긍정적인 면보다 사행성, 도박성 등의 부정적인 측면이 강조되고 계속적인 혁신이 필요한 산업임에도 불구하고 국민의 먹거리 산업으로 개발 육성치 못하고 정부규제정책 실패로 중국으로 넘어가 버렸다. 앞으로 세상을 지배하게 될 블록체인 기술을 활용한 비트코인의 원조가 우리나라가 최초 개발한 게임머니라는 것을 아는 사람은 드물다.

샌디에이고 퍼블릭 골프장 타일벽화 ▲

3 더스틴 존슨과 척추 각도

　아마추어의 최고 고질병 중의 하나가 임팩트 순간의 헤드 업이다. 헤드 업을 방지하기 위해서는 머리를 고정시키는 것이 아니고 척추의 어드레스 각도를 유지하는 것이다. 그런데 척추의 각도를 어떻게 하면 어드레스시의 각도와 동일하게 유지하는 방법은 약간 엎드려 친다는 기분도 있고 그보다 더 좋은 것은 꽁지뼈가 45° 각도로 몸 뒤쪽의 특정지면을 향하고 있다고 생각하면 꽁지뼈 각도, 척추 각도, 경추 각도가 동일선상에 연결되어 있기 때문에 임팩트의 정확성이 높아진다고 생각된다.

　현재 최고의 프로선수 더스틴 존슨Dustin Johnson(미국, 1984~)과 박성현(한국, 1993~) 선수의 자세를 보면 척추각도의 기울기가 스윙 내내 폴로스윙 거의 끝까지 유지되는 것을 볼 수 있다. 하와이 여행 중에 마침 US Open이 중계 방송되어서 이 포인트를 연속적으로 볼 수 있게 되어서 좋았다. 이 세 각도를 유지하는 것의 큰 이점은 팔이 지면으로 거의 수직으로 되어서 스윙 궤적이 처음부터 끝까지 몸과의 접촉 때문에 일어나는 방해동작이 거의 없다는 점이다.

　아마도 이것이 큰 키에 업라이트 스윙을 함으로써 탄도가 무척이나 높고 170~200야드 전후 거리에서도 거의 수직 낙하하여 볼이 멈추는 장면이 자주 나왔다. ABC라인을 벗어나는 경우가 한 번도 없었던 것을 여러 번 확인함으로서 나의 이론이 근거가 있다는 것을 확신하였다.

TV 중계방송을 시청해 보니 아마 카메라 대수가 우리의 3배 정도는 되어 보였다. 한국에서 보지 못하던 많은 슬로모션과 빅데이터에 근거한 해설을 들으니 역시 우리보다 골프 해설수준이 한참 위라는 것을 느꼈다. 1~2라운드에 맹활약을 보인 더스틴 존슨의 기록은 타이거 우즈의 전성기 기록을 능가하고 특히 경추와 척추의 각도가 일정한 그의 슬로우 모션을 여러번 보여 주었다. 나의 ABC 라인의 이론으로 그의 슬로우 모션을 대입해보니 그의 C라인은 다른 많은 프로와 달리 발 중앙 안쪽에 위치하고 있었다.

척추각도를 유지하기 위한 어드레스를 취하는 방법은 호주 골프 프로 백상어 그렉 노먼 Greg Norman(오스트레일리아, 1955~)의 방법이 좋다고 본다. 그는 오른손으로 그립의 아래쪽 끝을 잡고 어드레스 자세를 취한다. 그렇게 하면 척추를 항상 일정각도로 죽여서 잡는 것이 습관화되기 때문이다. 나는 거기에 덧붙여서 항상 왼발엄지가 뒤로 한 발짝 뒷지면을 닿도록 한다. 가끔 캐디는 나의 동작이 특이하기 때문에 왼발을 뒤로 빼는 이유가 무엇인지 물으면 척추각도를 유지하기 위한 비법이라고 대답한다. 그러면 캐디는 그래서 고객님의 볼은 항상 직선으로 빨래줄처럼 날아가는 이유가 그것이었군요 하고 답하는 경우가 많았다. 이는 경험적, 통계적으로 나의 어드레스 방법이 옳다는 것을 증명하고 있다고 본다. 골프실력을 향상 Level Up 하는 방법은 골프 TV 중계방송 시 프로의 특이한 동작이 있으면 그것을 유심히 관찰하여 그렇게 하는 이유를 발견하게 되면 그것이 본인의 습관화된 동작으로 연결되게 하는 것이라고 생각한다.

아무리 유능한 프로 또는 골프교습가가 가르친 내용보다 본인의 노력과 시행착오로 얻은 골프에 대한 생각과 방법이 가장 오래가고 확실한 것이라고 생각한다. 나는 몸의 느낌에 관한한 온 몸 전체부위를 모두 다 느껴보았다고 생각한다. 그 좋은 느낌이 연속적으로 되풀이 되지 않는 이유는 어드레스 자세, 그립, 생각의 일부분이 조금이라도 다르면 당연히 느껴지지 못하기 때문이다.

부치 하면 골프 아카데미를 다녀온 이상봉 남서울클럽 챔피언은 2~3개월 동안 가르치는 것의 80~90%가 어드레스와 그립이더라고 들려준 것에 대하여 나는 크게 공감한다.

▲ 페블 비치 골프장

미국 골프장의 종류 4

　개인으로 골프여행하는 경우 우리나라와는 달리 서양권에서는 각종 요금제도가 있다.

　우선 4~5가지의 골프장이 있다. 순수한 멤버골프장이다. 회원이 아니면 라운드가 불가능하다. 다만 회원이 동반하면 가능하다.

　둘째, 세미 프라이빗Semi Private 골프장이다. 세미 프라이빗 골프장이지만 골프장 운영의 편의상 회원의 라운드에 지장을 주지 않는 범위 내에서 일반인을 받아주는 것이지만 일반적으로 높은 그린피를 받는다.

　다음으로 퍼블릭Public 골프장인데 개인이 만든 것과 자치단체가 주민의 건강과 레저생활을 위해 만든 2가지가 있다. 퍼블릭 중에도 아주 고가의 골프장도 있다. 후자가 전자보다 그린피가 다소 저렴하다.

　마지막으로 군인과 군인가족을 위한 군Military 골프장인데 일반적으로 병영 내에 있기 때문에 일반인에게는 출입이 제한된다. 군인가족이 동반하는 경우는 가능하고 일반적으로 그린피가 퍼블릭 수준 또는 그 이하로 받는다. 다음으로 그린피는 시간 대에 따라 다르지만 일반적으로 오전이 가장 고가이고 오후로 갈수록 가격이 내려간다. 일반적으로 트와일라잇Twilight 요금은 12시, 3시, 5시 오후 늦은 시간으로 갈수록 요금이 저렴해진다.(오전 미화 155불, 정오 120불, 오후 3시 65불 등)

　티 오프Tee Off 횟수와 관련해서는 연간 멤버십 제도가 있으며 지역,

골프장, 나라에 따라 다르지만 제일 저렴한 경우 미화 100불 미만도 있고 비싼 곳은 3천불까지 하기도 한다. 관광제도가 잘 되어 있는 하와이의 경우 2라운드 패키지Two Round Package, 3라운드 패키지Three Round Package, Play for Your Stay Package(일주일 이상) 등도 있다. 그 외에 시즌 티켓Season Ticket라고 하여 1개월에서 3개월 이용 가능한 멤버십 제도도 있다.

마지막으로 9홀만 치는 경우 27홀을 치는 요금제도가 있다. 아무리 유명 코스라 해도 18홀 전체가 경관이 좋은 곳은 거의 없고 일반적으로 5~10홀 정도가 경관이 좋다. 이런 경우 경관 중심으로 플레이 하는 경우 9홀만 구입하는 것도 그린피가 매우 비싼 경우에는 권장할 만하다. 특히 바닷가 또는 섬에 있는 골프장은 일반적으로 바람이 강하다. 2~3 클럽 차이가 보통이다.

참고로 우리나라에서 라운딩할 때 100미터 기준으로 나는 약한 세기의 바람인 경우는 거의 무시하고 보통 세기의 바람인 경우 한 클럽, 강한 바람인 경우 두 클럽을 가감한다. 옆바람의 경우 깃대 길이나 그린끝 정도로 조정한다.

◀ 코올라우 골프장 에이지 슈트 증명서

골프와 눈의 건강 5

　일상생활 중에 가장 필요한 것 중의 하나가 자동차 운전이라고 생각한다. 자동차 운전을 직접하면 아들, 딸 또는 경비가 드는 남의 도움을 받지 않고 필요할 때 언제든지 가보고 싶은 장소 또는 여행을 마음대로 할 수 있기 때문이다. 특히 운전은 보는 것, 듣는 것, 근육을 움직이는 순발력 등의 면에서 뇌의 활동을 활발히 하기 때문에 치매가 올 여유가 없다고 생각한다. 다만 교통사고의 위험성을 대비해야 하지만 이는 남이 모는 차를 타는 경우에도 마찬가지 확률이므로 별 문제가 되지 않는다고 본다.

　나는 동해 고속도로에서 차량이 붐비지 않는 짧은 구간에서 가끔 170~180km의 속도를 1~2분 달려보는 과감성도 있다. 이때 주의하여야 할 것은 시야 150m 전방을 한 순간도 방심하지 말고 집중하고 있어야 한다는 점이다. 100km 이하를 달릴 때는 대화도 하지만 그 이상의 속도에서는 나는 전방주시와 방어운전에 온 신경을 집중한다. 이는 골프에서 필요한 집중훈련이 운전에서도 오지 않나 생각된다. 과속으로 달리면서 귀는 자동차와 바퀴가 한 몸이 되어 아스팔트를 접촉하는 느낌, 눈은 중앙 경계선과 일정한 간격을 유지하면서 계속 다가가는 느낌은 마침 어드레스를 취했을 때 발이 지면을 꼭 밟아서 지면과 일체가 된 느낌, 들리는 것은 신경을 건드리지 않는 바람소리, 새소리가 들리는 때의 느낌과 별반차이가 없다.

  나는 인간에게 방해받지 않고 자연의 소리만 들릴 때 틀림없이 좋은 샷이 나온다는 것을 경험적으로 알고 있다. 동반자가 어드레스 자세에 들어가면 대화와 동작을 멈추는 습관화된 자세를 가지면 아마도 전보다 훨씬 많이 동반 라운드를 요청하는 횟수가 늘어날 것이라고 생각한다. 왜냐하면 상대편은 당신이 자기를 배려해 준다는 느낌을 4시간 내내 느낄 것이기 때문이다. 나는 매너 좋은 동반자가 라운드 내내 배려해 주는 느낌을 받으면 내가 그에게 소중한 사람이라는 것을 느낀다. 반대로 상대도 마찬가지라는 것을 명심하기 바란다.

  소음과 대화는 운전시에 옆 차의 끼어들기와 마찬가지다. 보통의 사람들은 끼어들기를 하면 경적을 울리는 경우가 많다. 경적을 못 울릴 뿐이지 똑같은 상황이라고 생각한다. 그래서 나온 말 "말씀 중에 쳐서 죄송하다."는 말은 "이 끼어들기 하는 친구야 한 번 더 끼어들면 뒤에서 받아버린다."와의 동의어인데 그냥 넘어갈 뿐이다.

  외국여행 시에도 내비게이션이 있으면 가고 싶은 곳을 마음대로 갈 수 있는 이점이 있다. 가끔 내비게이션 작동방법이 내가 자주 사용하는 가민Garmin 내비와 다른 경우 조작에 어려움을 겪기도 하지만 큰 문제는 되지 않는다. 이는 아마도 90~94년 벨지움 근무시절 지도 한 장으로 전 구라파를 여행해 본 경험 덕분이 아닌가 생각한다. 나의 아내도 구라파에서 나의 일정과 아이들의 방학기간이 다르면 몇 천 km를 마다 않고 관광, 여행, 교육시키는 열성파 엄마여서 지금도 해외여행 중에 운전대를 맡기는 것에 개의치 않는다. 가끔 방향설정과 목적지 설정에 서로 자기주장이 옳다고 다투는 일이 자주 일어나지만 일과성으로 일어나는 일이므로 웃고 지나갈 수밖에 없는 해프닝이다.

서양의 경우 운전을 하지 못하는 경우는 보통 요양원으로 들어간다. 운전을 나이 들도록 오래하기 위해서는 근육의 순발력도 필요하지만 눈의 건강이 중요하다고 생각한다. 흐릿하게 보이기 시작하면 운전을 할 수 없는 시기이기 때문이다. 모두들 눈의 건강 체크를 위하여 6개월에 한 번은 안과 정기검진을 꼭 받아야 한다고 생각한다. 골프에서도 눈이 나빠지면 동반자와 캐디에게 공의 방향을 의존해야 하고 1~2명이 라운드하는 경우 공의 행방을 찾기가 힘들어진다.

나는 파 3홀의 경우 공이 떨어지는 방향과 굴러가는 모양이 과거에는 선명하게 보였는데 요즈음은 공이 떨어진 이후에야 공의 위치를 알 수 있는 경우가 많아서 과연 내가 샷을 잘하였는지 못하였는지를 몇 초 이후에야 알 수 있는 경우가 많아서 골프의 재미가 과거보다는 줄어 들었다고 생각한다.

공이 깃대를 향하여 똑바로 날아가 떨어지는 순간까지 그리고 깃대를 향하여 굴러가는 모습을 볼 수 있다는 것은 엔돌핀이 솟아나오는 큰 행복이라고 생각한다.

요즈음 내가 가장 집중하는 느낌은 왼쪽 손목의 굽어지는 부분 또는 마주잡은 그립 중 왼쪽 엄지의 위치를 수직으로 내렸을 때 공의 목표방향과(A라인) 평행한 선(B라인)이 C라인 선상으로 갈 때까지 클럽헤드와 양손이 보임에도 불구하고 보이지 않는다고 생각하면서 경추나 명치가 가리키는 공의 뒷부분만 집중적으로 쳐다보면서 어드레스 자세를 되도록 오랫동안 유지하면서 천천히 스윙을 하는 것을 가장 좋아한다.

6 골프 역사 진기록 모음

Golf Nut's 에서 발췌

1. OB말뚝을 뽑은 손실

Chip Beck(Charles Henry Beck, 미국, 1956~)은 1992년 Greater Greensboro Open에서 OB말뚝을 뽑았다가 다시 꽂고 Shot을 했지만 2벌타를 받고 3등으로 라운드를 종료하였다. 만일 말뚝을 뽑지 않았더라면 2등이 되어 81,563$을 더 벌 수 있었다.

2. 1년간의 출전정지 처분

Al Besselink(Albert Cornelius Besselink, 미국, 1922~)는 1965년 Sandiego open에서 친구와 66타 이하를 치면 저녁을 얻어먹는 내기를 한 것에 대하여 PGA는 정규게임에서 도박금지 규칙에 의거 1년간의 출전정지 명령을 내렸다.

3. 4 round 동안 볼 한 개만 사용

Sam Snead(Samuel Jackson Snead, 미국, 1912~2005)는 1945 Los Angeles open에서 공 1개로 4 라운드를 마쳤다. 그 때는 태평양전쟁 시기로 고무가 귀하여서 공 12개가 100$에 달할 만큼 고가인 시기였다.

4. 퍼트가격의 인상률이 최고인 기록

Gary Player(남아프리카공화국, 1935~)는 1961 도쿄 신규골프장

개막식 참석하였다가 퍼팅시 잔디의 저항이 심한 것을 발견하고 이것을 극복할 수 있는 퍼트가 정가 5$인 것을 확인하고 더 좋은 퍼트를 구하다가 없어서 4시간 후에 다시 갔더니 가격표는 60$로 변경되어 있었음에도 불구하고 할 수 없이 구입하였다. 그는 이 퍼트로 그 이후 수 백만$의 상금을 벌었다.

5. 벤 호건의 파 3 최고타수 기록(11타)

1946 Jacks wille open에서 7번 홀에서 물에 빠져 진흙물에서 탈출하는데 8타를 잃었다.

6. Senior longest 기록 5150야드

1974년 US OPEN(라스베가스 Wildwood GC)에서 315MPH의 강한 바람 영향으로 450야드 5번 홀을 65야드 더 많은 515야드 기록.

7. 하루동안 5개국 90홀 라운딩 기록

1992년 Simon Elough와 Boris Janjic은 부인들의 도움으로 프랑스, 룩셈부르크, 독일, 네덜란드, 벨지움 5개국 총 거리 273마일을 16시간 35분 동안 소요하여 매 라운드 평균 77.2타로 경기를 하였다.

8. 6명의 형제가 PGA 투어에 프로 참가

1930년대와 40년대에 Mike, Frank, Joe, Phil, Doug, Jim Turnesa 형제는 전부 프로에 입문하였으나 우승은 하지 못하였다. 막내 Willie는 1938 US 아마추어 참피언 십에 우승하였으나 프로로 전향치 않았다.

9. 하루동안 자기 나이만큼 홀을 라운딩한 기록(81홀)

Dr. R.C. Spangler는 66세에 66홀을 라운딩한 이후 매 생일보다 1홀씩 더 치다가 마침내 1965년 81세에 81홀을 라운딩하였다.

10. 한 홀에서 한 사람이 두 개의 이글 기록

1974년 Fred Class는 Lake Venice Golf Club에서 혼자 두 개의 Ball로 18홀을 라운딩하는 중 11번홀(357야드)에서 두 개의 이글을 기록하였다.

11. 한 해 평균 3,000명을 가르친 골프교습가

New York에 거주하는 Eornest Jones는 15년 동안 한 해 평균 3,000명을 교습할 정도로 인기교습가였다. 그는 세계1차대전 때 오른쪽 무릎 아래 다리가 없는 장애자였으며 그의 교습법은 스윙폼을 해부하고 특정 부위의 위치를 교습하는 스윙폼은 기피하고 클럽헤드의 스윙에만 집중하는 방법으로 가르쳤다.

12. 한 대회 무려 78명의 Boby Joneses가 참가

1992년 Boby Jones Open의 참가자격은 Bob, Bobby, Bobbie 등 보비존스의 이름으로 등록하여야 참가자격을 부여하였다.

13. 화장실 때문에 트리플 보기를 Jack Nicklaus

1978 US OPEN에서 Ckerry Hills CC 13번 홀에서 생리적 현상을 해결하기 위해서(To answer a very urgent call from nature) 화장실 갔다가 평정심을 잃고 3타를 오버하였다.

14. 올림픽 골프경기 참가를 모르고 우승한 여성골퍼

1900년 파리올림픽 골프경기에 미술 지망생 Margaret Abbot(미국, 1876~1955)는 얼떨결에 올림픽 경기인줄 모르고 참석하여 우승한 후 빅토리세리머니에서 비로소 자신이 올림픽 금메달리스트라는 것을 알게 되었다.

15. Tour 2회 우승자 중 그 간격이 가장 긴 사람

　Howard Twity는 1890년 우승 후 12년 7개월만에 1993년도 우승하였다.

16. 4 라운드 계속 동타로 British Open 우승 기록

　1933년 Denny Spute는 4 라운드를 똑같이 73을 치고 우승하였다.

17. 가장 많은 타수차로 후반을 잘 친 사람

　Hal Satton은 1981년 US OPEN에서 잭 니클라우스와 한 조가 되어 치면서 7홀 동안 8오버파를 기록 후, 동반경기자로부터 "겁을 먹고 있다."는 말에 잭이 대답하길 "나도 당신만큼 신경이 예민하다. 그러나 나는 20년의 경험으로 그것을 극복하고 있다."는 답을 듣고 자신감 있게 남은 홀을 One under par로 경기를 마쳤다. 그 이후 그는 1983 PGA Championship에서 우승하기도 하였다.

18. 보비 존스를 이긴 유일한 여성 골퍼

　Alex Sterlin은 1908년 12살 때 그보다 6살 어린 보비 존스와의 6홀 경기에서 승리하였다. 그러나 우승 트로피는 보비 존스가 들고 달아나 그의 침실에 보관하였다고 한다.

19. 홀인원하기 가장 많은 타수를 시도한 사람

　1940년 Harry Gonder는 홀인원을 기록하기 위해 16시간 동안 1,817개의 볼을 쇼트홀 160야드에서 시도하였으나 실패하였다 Hall-In-One Foundation은 12,000 Shot 중에 하나가 홀인원될 확률로 계산하였다.

7 공유경제와 Air BnB

해외여행 시 숙소를 Air BnB로 구하다 보니 국가가 관광산업에 어떻게 개입해야 하는가를 많이 깨닫게 해주었다.

우선 Air BnB는 수요자와 공급자간의 신뢰관계 구축이 핵심 과제인데 우리나라 민박 펜션Pension의 경우 신뢰관계가 없다. 자주 물건을 파손하고 훔쳐가는 경우가 생겨도 개인 사생활 보호 때문에 CCTV를 설치할 수도 없다. Air BnB 회사는 이 문제를 다음과 같이 해결하고 있다.

숙소를 이용한 수요자에게는 공급자를 평가하게 하고 공급자는 수요자를 평가하게 하는 것이다. 수요자와 공급자는 서로의 평가를 볼 수 없고 Air BnB 회사만 이 정보를 보관, 관리 하면서 이 누적정보를 이용하여 수요자와 공급자의 등급을 매기고 평가한다. 공급자는 수요자를 무차별적으로 받을 수도 있고 등급에 따라 차별적으로 선택할 수도 있다. 수요자도 그 평가를 보고 공급자를 선택할 수 있도록 하는 시스템을 갖추고 있다. 평판이 좋은 공급자에게는 예약우선권을 회사가 주고 수수료도 높낮이를 두어 공급자를 차별할 수도 있다. 평판이 좋지 않은 수요자는 예약시스템에서 극단적으로 제외될 수도 있고 예약우선권을 차별화 할 수도 있다. 여기에 정부가 나서서 규제와 제한을 가할 필요도 없고 이에 관련된 정부조직도 필요가 없다.

다시 말하면 민간이 주도하고 시장원리의 작동이 이루어지도록 정부가 간섭을 하지 않고 지원만 해 주면 그 산업은 스스로의 발전 동력을 가지게 된다는 점이다.

다만 이런 문제는 발생하고 있다.

조용한 주택가 지역이 상업지역으로 변모하고 이를 원치 않는 개별주택 소유자도 생길 수 있기 때문이다. 이럴 때 연간 임대할 수 있는 기간만 제한하는 규제를 Air BnB를 통하여 작동시킬 수도 있다.

Air BnB의 가격은 기간, 위치, 숙소의 등급에 따라 다양하다. 필자처럼 한 달 이상을 임대하는 경우 그 가격은 100~800만원까지 다양하고 1년 전, 6개월 전, 1~2개월 전 어느 때 예약하느냐에 따라 예약우선 순위도 다르고 가격도 다르다. 어떤 숙소는 모든 것이 다 갖추어져 있어서 집에서 쓰던 물건을 하나도 가져갈 필요가 없는 경우도 있고 심지어 어떤 집은 자전거, 보트, 요트, 자동차까지 다 갖추어져 있는 경우도 있다. 자동차를 렌트하는 경우에는 시내 중심가를 고집할 필요도 없고 한적한 교외나 바닷가를 저렴하게 이용할 수 있는 방법도 된다. 집과 자동차를 공유하는 시대는 이미 왔고 앞으로 더 많이 공유하는 세상이 다가올 것이라고 믿는다.

요즈음 젊은 층이 결혼을 안 하는 이유 중에 하나도 공유경제의 범위가 점점 넓어져서 혼자 살더라도 불편함이 없는 세상이 되어가고 있기 때문이라고 생각한다.

8 거리측정 및 퍼팅라인과 캐디와의 상관관계

서양 사람들의 숫자 암산 이야기를 다시 한 번 더 한다면 우선 특정위치에 놓인 공이 그 근처 기준점으로부터 얼마나 떨어졌는지를 발걸음(서양인의 한 발걸음은 거의 1야드에 일치)으로 측정하고 다음으로 그린 주변의 특정 목표지점 또는 깃대로부터의 거리를 측정하고 공이 굴러갈 수 있는 경사각과 이에 따른 거리, 바람의 세기에 따른 거리의 가감을 최소 4가지를 암산으로 하여야 하는데 서양 사람은 이것이 불가능하다. 캐디가 수첩에서 열심히 적고 있는 것은 이 거리의 계산이라고 보면 된다.

우리나라 사람은 야드와 미터의 차이까지 합쳐서 이것의 계산이 암산으로 가능하다. 경기자가 캐디의 말만 믿고 기계적으로 샷 하기만 하면 되므로 이를 경기자가 직접 계산하는 것보다 유리할 수도 있고 불리할 수도 있다. 캐디의 말만 믿고 평소의 기계적인 스윙만 하면 된다. 그러나 그 말을 믿고 기계적인 스윙을 하였는데 캐디의 실수로 거리가 틀렸을 때는 캐디를 불신하는 마음이 생기면 그 다음부터는 결과가 나쁜 것으로 이어질 수도 있기 때문이다.

캐디를 불신하면 재앙이라 생각되어진다. 경기자가 직접 계산을 하는 경우에도 좋을 수도 있고 나쁠 수도 있다. 자신이 직접 계산한 거리를 믿고 기계적 스윙을 하면 되는데 각 요소를 고려한 거리의 계산에 대한 생각이나 의심이 생기면 이것 또한 결과에 영향을 미치기 때문이다. 이래서 골프는 마음의 운동이라고 하는 이유는 바로 이런 점들 때문이다.

PGA투어에서 캐디의 역할은 매우 크다. Player가 좌절이나 실망할 때 자신감을 갖게 하는 역할이 바로 우승으로 연결된다. 라운딩할 때 개별 캐디가 없으면 동반자는 조력자, 방관자, 해방꾼 중 하나가 된다. 우리 모두 조력자가 되자.

퍼팅도 마찬가지다. 퍼팅은 방향, 거리, 속도, 잔디 저항 4가지가 조화를 이루어야 가능하다. 캐디는 한 팀의 4명을 상대하기 때문에 아무리 유능한 캐디라도 네 사람의 방향, 거리, 속도, 잔디의 저항에 맞추어 공의 방향을 놓아주는 것이 불가능하다. 보통 캐디가 한 컵 또는 반 컵 정도의 경사가 있다고 말하는 경우에 1~2m 정도의 거리에서 40cm 정도 홀컵을 지나가는 속도로 치는 경우, 경사를 한컵 또는 반컵의 경사를 고려할 필요가 없다. 40cm 지나가는 속도 때문에 경사와 관계없이 홀컵으로 빨려 들어가는 것이 물리법칙이기 때문이다. 따라서 캐디가 놓아주는 방향이 거리와 속도에 대한 기준이 경기자와 캐디 사이에 다르기 때문이고 또한 경기자끼리도 그 기준이 다르기 때문에 방향의 차이는 이렇게 거리와 속도에 따라 달라진다는 것을 깨달으면 캐디에게는 어느 쪽이 높으냐 낮으냐만 물어보면 된다. 그 외의 것은 의미없는 허공을 향한 대화와 문답이라는 것을 많은 사람이 알았으면 한다.

거리, 방향, 속도, 저항(잔디, 바람) 4차원의 세계이기 때문에 말로 설명할 수 없고 평소 자기의 일정한 퍼팅속도를 유지하는 것을 기본으로 하고 방향, 거리, 저항, 속도 4가지를 계산하여 기계적인 방법으로 치는 방법은 불가능하다. 이틀 이상 연속으로 한 골프장에서 라운드 하는 경우 경험과 감각활용 때문에 다음날의 퍼팅은 분명히 좋아진다. 그러나 차이가 많이 나는 다른 골프장으로 가면 퍼팅 수가 많이 증가하는 것을 느꼈을 줄 안다. 그래서 경기 전 10~20분간의 퍼팅연습이 꼭 필요하다는 것을 알면 싱글 핸디캡으로 들어가기 위한 기본조건이 갖추어진 골퍼다. 그러나 불행히도 우리나라의 골프장은 연습장과 경기장의 그린 속도가 다르고 코스에 따라 속도가 다른 경우가 많기 때문에 이 또한 믿을 것이 못된다.

좋은 골프장의 첫째 조건은 그린뿐만 아니라 페어웨이에서 구르는 거리도 일정하게 유지해 주는 것이라고 생각한다. 이렇지 못한 골프장에서 라운드를 하는 우리 골프 마니아들에게 지불하는 댓가만큼의 서비스를 받지 못하고 있다고 생각한다. 형편이 이런 상황에서는 퍼팅은 감각과 본능에 의존할 수밖에 없다. 감각과 본능을 가장 잘 활용하는 방법 중의 하나는 출발지점부터 홀까지 공이 굴러가는 그림을 머릿속에 그리면 된다고 생각한다. 이 그림을 연상하면서 두 번, 세 번 천천히 치다 보면 3퍼팅은 거의 사라진다고 생각한다.

프로들도 4일간 퍼팅을 계속 잘하는 경우는 거의 없다. 그린의 빠르기는 오전, 오후가 다를 뿐만 아니라 시간대에 따라서도 달라지고 4~5가지 요소를 고려해야 하는 4~5차원의 세계에서 계속적으로 잘할 수 없다는 것은 명백하다.

자~ 이제부터 퍼팅은 4~50cm 지나가는 지점에 목표를 설정하고 "Never up Never in." 명언을 되새기며 과감한 퍼팅을 하도록 하자.

끝으로 깃대를 꼽아 놓고 퍼팅하는 것이 유리하다. 실수로 깃대거리보다 1m 이상 지나가게 강하게 치지 않는 한 깃대를 공이 맞는 순간 구르는 힘이 약해져서 지구의 중력에 의하여 낙하하기 때문이다.

골프 교습과 척추의 각도　9

"골프 스윙 동작의 느낌을 아무에게나 묻지도 말고 배우지 말자."는 나의 지론이다.

골프스윙의 기본이론만 교습가에게 배우고 느낌에 대한 동작은 오로지 자신에게만 의존하여야 한다. 자신과 체중과 신장이 비슷한 사람을 교습가로 정하는 것도 많은 도움이 되지만 절대적인 것은 아니다. 성격도 비슷해야 완벽한 멘토가 될 수 있다.

우리의 몸은 600여개의 근육으로 구성되어 있고 그 중 150여개는 비수의근이라 한다.(비수의 근육은 나의 생각과 의지로 움직일 수 없는 몸속 내부의 근육이다.) 600여개의 근육의 발달정도는 사람마다 차이가 있을 것이다. 그래서 골프는 감과 느낌의 운동이라고 하는데 근육의 발달정도가 다른 사람끼리 그 감과 느낌을 똑같은 크기로 공감하는 것은 불가능하다고 생각한다. 유명한 레슨가나 프로가 말하는 느낌과 감을 기본으로 자기만의 느낌과 감으로 바꾸어야 하는 과제가 각자의 개인에게 주어져 있다고 생각한다.

예를 들면 척추의 각도는 사람마다 천차만별이다. 대체적으로 서양사람은 1자(일자) 형태이고 동양사람은 완만한 S자 형태다. 일자인 사람이 S자 형태인 사람에게 말하는 모습은 그 느낌과 감이 완전히 다를 수 있다. 서양사람은 의자에 앉을 때 엉덩이를 뒷받침대에 바싹 붙이고 앉고 동양사람은 엉덩이를 의자 앞쪽에 놓고 구부려 앉는 형태가 많은 것은 바로 일자와 S자 형태의 척추각도 때문이라고 생각한다. 척추 각도는 몸의 중심이기 때문에 일정하게 유지하지 않으면 의도한 샷, 소위 "본대로 친대로"를 연속적으로 할 수 없다.

서양권에서 골프라운드를 하면서 특이한 현상을 많이 발견하였다. 미국 캐나다쪽에서 라운드할 때 티잉 그라운드Teeing Ground에 유난히 티의 위쪽부분이 부러진 것이 많이 발견되었다. 우리나라에서는 이런 현상이 있기는 하지만 드물다. 일반적으로 드라이브 샷의 경우 최저점에서 위로 상승하는 각도에서 공을 맞히는 경우 티는 부러지지 않고 목표 뒷 방향으로 튀어서 떨어지고 최저점에 닿기 전에 공부터 먼저 맞으면 티는 부러진다. 그리고 드로나 훅인 경우 부러질 확률이 높고 페이드나 슬라이스 경우는 잘 부러지지 않는다.

다운스윙할 때 아마추어들은 일반적으로 공을 맞추는 느낌으로 스윙을 하는 경우가 많다. 그런 경우 하향타격이 되기 때문에 스핀량이 많아지고High Spin 공이 출발하는 각도가 낮아져서 낮은 탄도가 발생하는Low Launch 가장 나쁜 두 개의 조합이 발생한다. 드라이버를 공 바로 뒤에서 목표방향으로 쓸어치면Brush the Grass 바로 10~20m 비거리가 증가하는 것을 느낄 수 있다. 드라이버 페이스의 중심보다 조금 위쪽에 스윗 스폿이 있다고 나는 생각한다. 일반적으로 아마추어는 우드 3번에 대한 공포가 있다. 이는 공을 몸의 중심에 놓고 하향타격을 하기 때문이다. 드라이버보다 더 쓸어치는 느낌으로 해야하고 공의 위치로 왼발 쪽으로 더 나아가야 거리가 제대로 나온다.

서양사람은 키도 크고 힘이 좋아서 티샷을 드라이버가 아닌 3번 우드나 아이언으로 하는 경우가 많기 때문에 티가 부러지는 경우가 많이 발생하고 척추의 각도가 일자이기 때문에 동양인보다 드로우를 칠 확률이 높아지기 때문이 아닐까 생각한다. 동양인은 S자 형태의 척추의 구조상 슬라이스 확률이 높기 때문에 티가 부러지지 않는다는 결론을 나는 내리고 싶다.

나의 이런 주장이 100% 사실이라면 서양인 레슨가의 동양인에 대한 레슨은 기본까지 다를 수 있지만 감과 느낌에 대한 교습은 확실히 다르다는 것을 알리고 싶다.

한 가지 재미난 것은 미국 캐나다 지역에서는 숏 티Short Tee를 구입하기가 쉽지 않다. 아예 판매를 안하는 경우가 많다. 롱티를 낮게 꽂고 그냥 사용하든가 티박스에 수없이 많은 부러진 티를 대용하면 되니까 그런 것 같다. 하와이에는 동양인이 많아서 그런지 대부분의 골프샵에서 숏티를 판매하고 있다는 점이다.

페블 비치 오백만불 주택 ▼

10 마스터의 십 만 시간과 배려

특정분야의 마스터 즉, 스페셜리스트Specialist에게는 통상적으로 10만 시간의 법칙이라는 게 있다.

10만 시간은 약 5천일, 10년 이상의 기간을 의미한다. 나의 경우에도 지금까지 4,000라운드 정도를 하였으므로 1년에 200라운드를 20년간 한 셈이다. 거기에다 나는 매일 거실에서 10~20회 정도의 연습스윙을 한 것을 감안하면 총 스윙 횟수는 40만 회를 넘길 것으로 생각되어진다. 10만 회도 아니고 40만 회 정도 하면 스윙에 필요한 근육의 움직임에 관한한 소위 감 또는 느낌이라는 게 있다. 이 감과 느낌은 나의 경험으로는 고정 불변하게 유지할 수 없다는 점이다. 이것이 골프의 묘미라고 생각한다.

다른 장인이나 달인의 경우 40만 회 정도 하였다면 분야에 따라서 1mm 또는 0.1g의 차이까지 감지하면서 작업을 하는 경우가 많다. 그러나 골프는 600여 개의 근육, 수 십가지 각도와 장비와 무게 골프장 내 바람, 지형 등 자연환경 거기에다 수 억가지의 생각까지 대입하면 그 경우의 수는 불가사의가 되는 것이다. 좋은 느낌의 변하지 않는 스윙 포인트를 찾는 것은 신의 존재를 찾는 것과 마찬가지라고 생각한다. 골프는 누구나 느끼겠지만 9홀 정도는 최상의 컨디션이 유지되지만 18홀 지속은 불가능한 영역이고 얼마만큼 큰 실수를 줄이느냐의 문제이다.

프로는 4일간 4라운드 하는 동안 집중력을 유지하려고 노력하고 전속 캐디와 심리치료사가 그것을 많이 도와주기도 하지만 1라운드 정도는 이븐파를 오버하는 경우가 통계적으로 증명하고 있다.

아마추어는 한 라운드 중 집중할 수 있는 한계가 13홀 전후라고 한다. 많은 아마추어가 전, 후반의 많은 스코어 차이를 경험하였을 줄 안다. 이를 당연히 여기고 치명적인 실수를 줄이는 방법으로 라운드 관리를 하면 많은 타수를 줄일 수 있다고 생각한다.

골프는 긍정의 게임이다. 첫 홀부터 보기를 하더라도 생각을 바꾸어서 다음 홀에 버디를 하라고 골프 신께서 예지한 것이라고 생각하면 버디 기회가 정말 오는 경우가 많다. 반대로 첫 홀 보기가 18홀 보기 플레이의 징조라고 생각하면 그렇게 결과가 나오는 경우가 많은 것을 경험하였을 줄 안다.

이런 점에서 이븐파 전후의 스코어는 동반자의 배려 없이는 이루어지기 힘든 스코어다. 이런 점에서 나와 라운드를 한 많은 골프 동반자들에게 감사의 뜻을 전하고 싶다.

전장에서 말하였듯이 나에게 배려라는 것은 내가 어드레스 했을 때 소음과 대화를 하지 않는 것이다. 남에게 피해를 주지 않는 아주 간단한 방법만 실천하면 된다. 그 사람 본인의 스코어를 속인다든지 티샷순서를 어기는 것 등은 내가 쉽게 극복할 수 있는 장애물이다. 나 자신이 상처를 받지 않도록 인정해 주고 용서해 주어 버리면 되는 망각이라는 편리한 방법에 나는 숙달되어 있다. 골프스윙을 하는 순간 모든 잡념이 없어지고 우주가 나를 중심으로 돌아간다는 느낌을 갖는데 감히 동반자가 소음과 대화를 해서는 되겠는가?

사람이 일생을 살고 하루를 사는 경우에도 잡념을 없애고 명상에 잠기는 시간이 그리 길지 않다. 명상에 잠기는 것은 행복이라고 생각한다. 그리고 개인의 건강에도 매우 유익한 효과를 주는 만병통치약이라고 생각한다. 동반자가 그 행복과 건강에 보탬이 되도록 남을 배려하는 마음을 갖자.

자식교육도 골프를 통해서 가능하다. 어릴 때부터 골프를 입문시키면서 골프스윙보다 골프매너를 먼저 가르치면 훌륭한 사회 구성원이 되리라고 확신한다. 자녀들과 동반 라운드 하면서 경기규칙과 매너를 가르치는 것은 부모로써 가장 우선순위를 두어야 한다고 생각한다. 유희적 라운드를 줄여서 자식들과 한두 달에 한 번 정도는 매너 있고 서로 배려하는 골프 라운드를 하자고 주장한다.

전설의 골퍼 PGA 최초 1라운드 59타를 기록한 알 가이버거Al Geiberger(미국, 1937~)도 나머지 3 라운드는 겨우 이븐파 2회, 2 언더파 1회를 기록한 것은 4라운드 내내 최상의 컨디션을 유지할 수 없다는 것을 말하고 있다. 알 가이버거 이후 59타를 친 다섯 프로선수의 라운드별 타수차이는 10타 전후고 59타를 치고도 종합 성적으로는 우승을 하지 못한 사람이 세 사람이나 된다. 이만큼 골퍼는 똑같은 감과 느낌으로 4일 동안 내내 라운드 할 수 없다는 것을 증명하고 있다.

일반적으로 프로는 5타 전후의 스코어 편차를 갖는 것 같고 싱글 핸디캡퍼인 아마추어는 10타 전후의 스코어 편차를 갖는다. 10타 중 적어도 3~4타 이상은 동반자 또는 국외자로부터 배려를 받지 못해서 일어나는 결과라고 생각한다.

아마추어와 프로의 차이는 그날의 모든 샷과 퍼팅을 얼마만큼 복기가 가능하느냐로 판명난다. 알 가이버거는 59타를 친 날의 모든 샷과 퍼팅의 상황을 기억하고 재현해 내어 그것을 골프교습서로 옮겨 놓았다. 바

미해병대 Klipper 골프장

둑의 경우도 2~3급 이하는 전체 바둑의 결과를 복기가 불가능하다. 골퍼의 경우도 18홀 전 과정을 복기가 가능하다면 그분은 틀림없이 70대 로우 핸디캐퍼의 소유자라고 장담한다. 프로의 경우도 캐디의 말만 믿고 기계적으로 스윙한 프로는 아마도 모든 스윙의 복기가 어렵지 않을까 생각한다. 복기를 해낸다는 것은 스윙 이전에 수 많은 요소를 고려하고 치열한 고민을 했기 때문에 가능한 것이지 그냥 단순 메모리만으로는 모든 상황의 재현이 불가능하기 때문이다.

11 골프 게임 방법

벨지움 체류시 회원들간의 친목을 도모하는 여러 가지 게임을 즐겼다. 그 첫 번째가 클럽 한 개로 18홀 전부를 돌게 하는 게임이다. 7번으로 벙커샷을 하고 퍼팅도 7번으로 칠 때 그립을 낮게 잡으면 퍼팅과 똑같은 효과를 볼 수 있다. 최악의 스코어 100타 이상을 초과하리라 예상했는데 대부분의 참가회원이 90개 전후를 기록한 것은 아마도 OB, 해저드, 러프에 들어가는 위험성이 대폭 줄어들었기 때문이 아닐까 생각한다. 이 게임을 한 번 하고 나면 골프실력이 몰라보게 향상된다.

두 번째는 후반 몇 개 홀에서 맥주 300cc를 마시면 한 타씩 빼주는 게임이다. 5잔을 마시면 5타를 빼어주니 상당한 효과를 발휘한다. 요령있는 사람은 16-17-18홀에서 맥주잔을 집중적으로 든다. 그 전에 너무 많이 들면 알코올 기운이 올라오기 시작하면 게임을 망칠 수 있기 때문이다.

세 번째는 더블보기 이상은 0점으로 처리하고 보기는 1점, 파는 2점, 버디는 3점, 이글은 4점으로 처리하는 방식이다. 게임의 기복이 심한 사람은 평소 정규대회에서는 상복이 없다가 이 게임으로 수상하는 사람을 자주 보았다.

네 번째, 특정 클럽의 회원이 다른 클럽을 연간 7회 방문게임을 할 수 있고 2~3회는 정규회원으로 할인해주는 제도이다. 5~6개 클럽이 상호

주의 방식으로 서로 교차방문을 하기 때문에 각 골프장은 총 수입의 감소없이 회원들의 편의를 높여줄 수 있기 때문이다. 우리나라도 이 제도를 도입하면 회원들로부터 많은 환영을 받을 것으로 생각된다.

다섯 번째, 자기가 사용하지 않는 골프용품을 시상품으로 기증하는 방식이다. 예를 들면 20명이 참가한 대회에서 20명이 가져온 시상품을 진열하고 성적순으로 시상품을 골라서 가져가는 방식이다. 자기가 불필요한 것이 남에게 유용한 병기가 되는 것을 보는 즐거움도 빼놓을 수 없는 재미다.

여섯 번째, 홀 매치게임이다. 우리나라 골퍼들은 주로 4사람이 동반 플레이를 하기 때문에 이 게임을 할 찬스가 거의 없다. 그러나 외국에서는 골프장 운영에 여유가 많기 때문에 2인 플레이 심지어 1인 플레이도 허용한다. 홀 매치를 하면 어려운 샷의 시도를 하게 되고 골프실력도 향상되는 기회를 가질 수 있다.

일곱 번째, 포섬Foursome은 팀 대항전으로서 4명이 함께 플레이하지만 2명이 팀을 이루어서 한 개의 볼을 번갈아 가면서 치는 경기방식이다.

여덟 번째, 포 볼Four Ball은 2명의 선수가 한 조를 이뤄 4개의 공으로 각각 플레이 하는 경기를 말한다. 두 선수 중 더 잘 친 선수의 성적이 반영된다. 참고로 포섬과 포 볼의 공통점은 똑같이 2인 1조로 플레이 한다는 점이다. 하지만 다른 점은 포섬은 공 2개로 플레이를 하고 포볼은 공 4개로 경기를 한다.

아홉 번째, 스리섬Threesome 방식이다. 3 사람이 2대 1로 경기하는 방식으로 1명은 자신의 볼을, 그리고 2인 1조는 볼을 교대로 치는 방식이다.

열 번째, 스크램블Scramble 토너먼트이다. 핸디캡을 모르는 사람들을 섞어서 하는 조별 게임 방식이다. 각 조의 구성원 모두가 각자 티 샷을 한

후 제일 좋은 위치의 볼을 선택한다. 다음 샷은 그 볼을 기준으로 홀에 가깝지 않은 한 클럽 길이 이내에서 볼을 드롭하고 플레이 한다. 러프에 있는 볼의 경우 라이 개선을 해 페어웨이로 공을 옮겨서는 안 된다. 그린에서는 홀에 가깝지 않은 15cm 이내에 볼을 놓고 퍼팅을 한다. 이런 식으로 1명이 홀 아웃하면 그 점수가 팀의 스코어가 된다.

▼ 캐나다 프린스 에드워드섬 Chepstow Municipal Links

평가기준의 통일　12

　평가기준의 통일이 가져오는 효율성의 증대에 대해서 이야기해 보고자 한다.

　나의 골프이론도 완성하게 된 계기가 평가기준이라는 기준점을 정하였기 때문이라고 생각한다. 평가기준이 객관적 타당성이 있기 위해서는 평가기준을 정하는 용의의 정의를 먼저하여야 한다. 템포, 리듬, 타이밍 용어의 정의없이 기준점을 정해보아야 소용이 없다. 80점 이상이 합격이라는 가이드라인이 있더라도 용어의 정의에 따라 해석에 따라 80전후를 왔다 갔다 한다면은 그 객관적 타당성이나 정의는 사라져 버리기 때문이다.

　운동경기 등의 분야에서 사용하는 승패의 기준이 다른 경제, 사회, 문화 등에서 보다 비교적 객관적 타당성과 수용성, 보편성이 있기 때문에 운동경기가 재미있고 모두가 즐기고 있다고 생각한다. 운동경기의 평가기준이 다른 경제, 사회분야로 확대된다면, 모든 사회구성원이 억울하다는 소리가 줄어드는 평가기준의 객관성이 보장되면 선전사회로 가는 지름길이라고 생각한다.

　골프게임은 타수의 게임이지 멀리보내기 게임이 아니다. 70cm 퍼팅도, 230m 드라이브 거리도 동일한 한 타로 처리되기 때문에 타수에 대한 분쟁이 없다. 나이스 벙커샷, 장애물에 대한 드로샷, 페이드샷, 나무

밑으로 깔아 친 낮은 샷도 모두 한 타로 처리되기 때문에 그 결과에 대해서 승복한다. 이처럼 기준이 통일되면 분쟁이 없어지고 그 기준에 따른 전략수립 및 관리가 이루어진다.

나라 경제운영도 마찬가지로 수출 제일주의로 경제운용 기준이 정립됨으로서 국제 경쟁력 있는 산업이 자연히 육성되고 경제 효율성과 자원의 합리적 이용이 이루어졌다고 생각된다. 그러나 이 기준만으로 경제운영을 계속할 수는 없다. 새로운 기준이 정립되어야 한다. 민간기업이 새로운 기준으로 고용을 늘리고 투자를 증대할 수 있는 지금 시대적 상황에 맞는 고용 창출기준을 기본으로 하고 그것을 보완하는 방향으로 정책수립이 이루어져야 한다고 본다.

극단적인 경우로 고용창출을 3명 이상 일정기간 지속하면 군대를 안가도 되는 제도까지도 기준의 원칙성과 투명성을 위해서도 도입되어야 한다고 본다. 징집제도가 있는 선진국에도 고용창출을 하는 경우 군복무를 면제해 준다. 병역자원이 남아도는 상황에서는 경제사회적으로 고용창출 효과가 높은 운동선수, 가수 등에게 보편적 병역의무 수행이라는 허울 좋은 논리보다 군대 안가기 위해서 들어가는 사회적 비용이 너무 크기 때문에 고용창출을 통한 사회적 기여도가 높은 방향으로 운영되어야 한다.

기부 입학제도도 마찬가지다. 기부 입학자의 기여 때문에 다수의 학생이 혜택을 본다면 이를 마다할 논리적 기반은 약하다고 본다. 기부 입학 대상자가 경제사회적 비용을 지불하고 결과적으로 학교에 들어가는 비효율성과 이에 따른 사회적 낭비가 너무나 크다고 본다. 예를 들면 체육특기자가 되기 위한 사회적 비효율적 비용과 비윤리성, 사회악 또는 적폐는 상상을 초월한다. 이를 단순화한 기부 입학제도가 더 효율적이라고 생각하기 때문이다.

　골프스윙 이론에서도 몸통 위주의 스윙 이론을 정립하면 몸통을 분모로 하고 다른 부위는 분자로 취급하고 이론을 구성해야 한다. 손목이나 팔, 손의 동작을 분모로 하고 몸통을 분자로 취급하면 주종의 관계를 흔들어 놓는 것이 된다.

　주와 종의 관계를 혼란스럽게 만드는 것 중의 하나가 Driver 샷을 감아치는 것으로 가르치는 것이다. 몸통이 스윙의 단계에 따라 자연스럽게 각도가 변하는 것을 마치 손과 팔이 몸통과 별개로 감아친 것(돌아간 것) 같은 느낌을 가지면 평생 보기 플레이어로 머문다.

　나라운영도 마찬가지다. 경쟁이 기반이 되어야 전체가 잘 살 수 있다는 신념이 있으면 경쟁을 항상 분모로 취급해야 한다. 평등을 분모로 하는 정책은 국민 전체의 동의가 필요하다. 왜냐하면 나라운영 방식을 기본적으로 바꾸는 것이 되기 때문이다. 주와 종을 필요에 따라 수시로 바꾸는 지도자를 가장 경계해야 한다.

미국 와이오밍 Devils Tower GC

13 골프의 템포

제2부에서 이야기 한 템포에 대한 이야기를 다시 하고자 한다.

템포는 속도다. 즉 1초에 얼마만큼의 거리를 가느냐의 속도Speed의 문제다. 1초에 어떤 사람은 하나를 세고 어떤 사람은 하나, 둘을 센다. 둘을 세는 사람은 템포가 빠른 사람이고 하나를 세는 사람은 템포가 느린 사람이다.

음악을 즐길 때, 템포가 빠른 것을 좋아하는 사람이 있고 느린 것을 좋아하는 사람이 있다. 아마추어가 싱글 핸디캐퍼가 되기 위해서는 느린 템포를 일상화하는 것이 중요하다. 프로처럼 연습량이 많은 경우에는 빠른 템포를 유지할 수 있는 근육량이 있지만 아마추어는 그렇지 못하다. 그래서 속도보다 정확도를 높여야 한다.

평소에도 빠른 음악보다 느린 음악에 자기의 템포를 맞추고 익숙해진다면 스윙도 유명프로처럼 느린 템포가 일상화될 수 있다. 조용한 음악을 들으면 마음이 평온해지고 호흡도 천천히 하게 된다. 호흡을 천천히 하면 근육의 움직임도 느려지지만 특정 운동을 하기 위한 정확도가 높아진다.

정확도는 다른 말로 하면 스윙 궤적의 최적화가 이루어진다. 힘의 낭비가 없어지면서 정확한 스윗 스팟Sweet Spot의 타격이 이루어진다. 때로는 그립을 짧게 잡아도 거리의 손실 없이 만족할만한 결과를 경험할 수 있다. 뉴질랜드 출신 LPGA 리디아 고(한국명: 고보경, 1997~) 선수는 그립을 짧게 잡는 것을 일상화하고 있다. 나는 그것이 정확도를 높이기 위한 방편이라 생각한다.

아마추어 골퍼끼리 무리한 거리경쟁을 하지 말자. 우리나라의 모든 골프장에서 드라이브 거리 200m 전후이면 파온을 할 수 있다. 인생의 목표가 정해진 목표지점에 도달하는 것이라면 골프도 마찬가지다. 특별한 경우를 제외하고는 남과 똑같이 2온 또는 3온 하는 기회는 동일하게 주어진다. 왜 위험을 감수하면서 멀리 보내는 것을 자랑으로 여기는가. 한마디로 허세라고 생각한다.

프로나 유명 교습가의 교습내용이 빠른 템포에 의한 거리증대에 주안점이 있다면 바로 중단하는 것이 상책이다. 이는 그들의 밥벌이 수단이 되기 때문이다. 어떤 때는 상당한 거리가 나서 만족하지만 그것이 일상화되는 것은 아마추어에게 너무나 어려운 과제이기 때문이다. 나의 경우 연습장에서 빠른 템포로 할 때는 230m가 쉽게 나오지만 나는 이 유혹에 빠지지 않는다. 230m를 계속 보내기 위해서는 더 많은 시간과 노력이 필요하고 그에 대한 보상은 별게 아니기 때문이다.

티를 높이고 스탠스의 간격을 넓히면 빠른 템포로 스윙을 하기가 쉬워진다. 그러나 정확도가 떨어지고 자기 고유의 템포를 잃게 된다. 교습가가 '스탠스를 넓혀라.', '티를 높여라.'라고 하는 경우 자기 템포를 기준으로 하고 있다. 템포는 남을 따라가는 것이 아니고 자기의 템포를 찾아내는 것이다. 그것은 음악, 마음, 호흡, 근육이라고 결론을 내고자 한다.

14 페블 비치

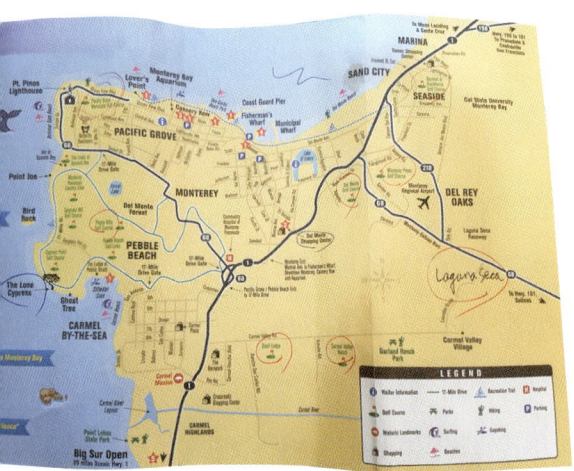

Sanfrancisco 남쪽 Monterey시에는 우리나라 군단위에 해당하는 행정자치구역 County가 있다. Pebble Beach는 몬트레이 반도 내에 있는 행정자치구역의 하나이고 그 옆에 있는 Carmel by the sea도 클린트 이스트우드Clint Eastwood(미국, 1930~)가 사장을 한 County 중의 하나다.

통칭 페블 비치 골프장은 Pebble Beach golf links를 말하고 페블 비치 County 내에는 The links at spanish bay, Monterey Penninsula CC, Spyglass hill golf course, Cypress point club, Poppy hills golf course 등의 훌륭한 골프장도 페블 비치의 지명을 사용하기도 한다.

Monterey 근교에는 이외에도 9개의 골프장이 반경 20km 이내에 있어서 총 15개의 골프장이 밀집해 있다. 15개의 골프장은 크게 해변가에 있는 Seaside형, 바닷가 모래밭을 활용한 Links형, 내륙의 평지에 조성한 대정원 형태의 Parkland형, 높낮이가 제법되는 Up and Down 형태의 산악지형, 평지주택가에 건설한 Resort형Lanch Lodge 등의 다양한 골프장이 있다. 이 중에 내가 가장 좋아하는 골프장은 이들 모두의 혼합형인 Spyglass가 가장 마음에 들었다. 나는 Seaside형이나 Links형은 바람이 너무 세게 불 때는 한 번은 몰라도 피하고 싶은 골프장이다.

페블 비치 골프장은 동골프장 내 호텔에 2박을 하면서 페블 비치, 스페니시베이, 스파이글리스 3개 골프장 중 2개를 이용하는 경우 겨울시즌에는 1,563$에 라운딩할 수 있다. 그것도 예약이 넘쳐서 최소 한두 달 전에 미리 예약을 하여야 한다. 한두 사람이 빈 자리가 생기는 경우 조인할 수 있는 기회도 매일 아침 7시에 전화하면 가능하나 확률은 매우 낮다. 5~10번 전화하면 행운이 오기도 한다.(800-654-9300)

페블 비치 방문자 센터에는 한글 안내판이 있을만큼 많은 한국관광객이 방문하고 있다는 것을 미루어 짐작할 수 있다. 그 중 몇 명이 라운딩을 하고 갔을까? 18번 홀의 일부는 일반관광객에게 개방되어 있어서 페블 비치 골프장의 일부는 공짜로 보고 갈 수 있다. 가장 유명한 짧은 거리의 쇼트홀의 사진은 50$ 전후의 고가로 판매하고 있다. 금년 여름에는 US OPEN이 여기에서 열리고 있기 때문에 2019가 찍힌 모자는 일반모자보다 10~20$ 비싼 50$ 전후의 고가로 판매하고 있다.

페블 비치 골프장은 경치와 풍광도 뛰어나지만 그 보다도 더 중요한 가치는 유명선수, 유명인사가 다녀간 역사와 Story가 있기 때문에 그 명성을 더하고 있다고 생각한다. 세계 모든 뛰어난 경관을 자랑하는 관광지는 경관자체보다는 거기에 있는 Stroy Telling이 더 많은 가치를 부여하고 있다는 것을 알리고 싶다. 잭 니클라우스 인생의 마지막 라운드는 페블 비치 골프장이라고 한다.

Spanish Bay 골프장 클럽하우스 ▲

나는 세상에서 가장 부러운 사람 중 한 사람이 페블 비치에서 수 백 회 라운딩을 하고 그곳에서 우승한 수 십명의 유명프로와 대화를 나누고 올해의 최고 교습가로 선정된 바 있는 페블 비치 골프아카데미의 Director Laird Small이다. 그는 그의 책 Pebble Beach Way의 중요내용을 축약하여 소개하는 것을 나에게 허락한 바 있다.

▼ 페블 비치 해변

The Ball of Feet의 비밀 15
(엄지발가락 뿌리부분)

　발바닥 속에는 발바닥 안쪽 기준으로 아치형태의 발 허리뼈가 있다.(아치형태가 없는 사람은 평발) 맨 뒤쪽에는 안쪽 복사뼈와 연결되고(W축) 앞쪽으로는 발가락뼈와 연결된다.(D축) 아치형태의 양끝이 골프 체중이동에서는 아주 중요한 위치 역할을 한다고 나는 DW축이라는 가설을 수립한 바 있다.

　나는 이 부분에 두 단계의 에피소드가 있다.

　첫 번째는 잭 니클라우스 골프교본에 The Ball of Feet를 일본인이 번역하면서 이 Ball을 골프공으로 오역하는 바람에 이 문장의 뜻을 도무지 이해할 수 없도록 만든 것이다.

　두 번째는 벨지움 EU 대표부에 있을 때 The Ball of Feet의 위치를 현지인 비서에게 질문하였더니 발바닥의 오목하게 들어간 부분(A)이라고 가르쳐 주어서 첫번째 에피소드에서 해방되어 체중 중심점 이동의 위치를 이것으로 간주하고 10년 이상 이 곳에 집착하였다.

　2~3년 전 우연히 Naver에 들어가서 이 위치가 발바닥의 중간 오목한 부분이 아니고 엄지발가락 뿌리부분과 발 허리뼈가 만나는 곳(D)이라는 것을 깨닫게 되었다.

　A와 D 사이의 거리는 10cm에 불과하지만 체중 중심점의 10cm 차이는 골프스윙에서 러프냐, 페어웨이냐의 차이로 나타난다. 이 비밀은 척

추의 각도에 있다. 직립하고 있을 때는 A축에 체중의 중심점이 있으나 어드레스하면서 약간 앞으로 기울이면 D축으로 가고 더 기울이면 엄지발가락으로 더 기울이면 엄지발가락 바깥으로 점점 멀어지게 된다.

골프스윙에서 일관된 체중 중심점을 갖는 것이 매우 중요하다. 그래야 일관된 스윙을 할 수 있고 이것을 벗어나면 다른 부분 그립이나 왼발, 오른발의 위치 등을 조정해야 하기 때문이다.

이 중심점을 어디에 두느냐에 따라 톱스윙의 위치가 달라지기 때문이다. 척추 각도를 많이 숙이면 톱스윙의 체중 중심점은 발 뒤축보다 멀어지게 된다. 체중 중심점의 변화없이 톱스윙의 위치를 조정하면 최적궤적에 어긋나게 백스윙과 폴로스윙이 이루어지고 방향과 거리로 어긋나게 되는 것은 명백하다.

그래서 일반 Golfer들은 평생동안 잘 맞는 날과 안 맞는 날, 한 라운드 내에서도 전후반의 엄청난 타수 차를 되풀이하면서 라운딩을 하는 주된 원인이 된다.(물론 다른 원인 Inner Game의 원인도 있다.)

특히 Up(Down)side Hill에서는 이 영향이 증폭이 된다. 그래서 많은 교습서는 체중이동 없이 상체로만 치라고 하는데 이 말은 틀린 말이다. 상체이동은 체중 중심점이 자동적으로 이동하도록 만들기 때문이다.

골프 핸디캡과 에티켓 테스트 16

골퍼가 해도 좋은 'Do'와 하지 말아야 할 'Don't'는 골프경기자가 기본적으로 지켜야 할 에티켓일 뿐만 아니라 자신의 골프실력을 향상시키기 위한 수단이라고 생각한다. 25개 중 20개 전후를 충족한다면 아마도 싱글 핸디캡에 도달해 있을 것이고 15개 전후라면 보기 플레이어다.

골프 핸디캡과 에티켓 테스트

골프에서 꼭 해야 할 일

① 홀에서 제일 가까운 사람이 깃대 관리를 할 것.(캐디가 없는 경우의 기본 에티켓이며 캐디가 있는 경우에도 캐디는 네 사람의 공을 맡아서 조치를 취하고 퍼팅 브레이크와 거리에 신경을 써야하므로 깃대 잡을 여유가 없음)

② 홀과 자신의 공과의 거리에 따른 퍼팅순서를 꼭 지킬 것.(홀과 너무 가까워서 홀 아웃Hole Out을 하는 경우 양해를 구해야 하며 그렇지 않은 경우 동반자의 경기흐름을 방해하든가 약간의 심리적 불안감을 주게 됨)

③ 퍼팅은 실제 남은 거리를 걸어보고 거리감, 경사감을 느끼도록 노력하되 최대한 경기 진행에 방해를 하지 않도록 할 것.

④ 거리에 대한 욕심을 버리고 동반자가 치는 아이언의 거리에 신경 쓰지 말 것.(드라이브 거리가 180~200m이면 파온에 거의 신경 쓸 필요가 없고 회사에 따라 아이언의 페이스 각도가 한두 클럽 차이가 나는 경우 많음)

⑤ 스윙 전 매 홀마다 물 한 컵을 마시고 심호흡을 한두 번 할 것.(심리적 불안감을 없애는 좋은 방법임)

⑥ 골프장 출입 및 라운드시 멋을 부릴 것.(골프장갑, 신발, 모자, 상하의는 다른 색깔로 3가지 이상 준비해서 그날 동반자를 즐겁게 하던가, 본인의 개성을 살릴 것)

⑦ 세계 각국의 유명 골프장을 최소한 10개 이상 순방하고 그 중 골프장 성지인 스코틀랜드와 페블 비치를 꼭 방문할 것.(스코틀랜드 인들은 평생에 한번은 꼭 The Open을 관람한다고 함) 이렇게 하면 골프를 사랑하는 정도가 달라진다.

⑧ 나이가 5~10년 적은 동반자와 자주 어울릴 것.(같이 치고 싶어 하도록 아주 잘 치든가 아니면 지갑을 자주 열든가)

⑨ 각 클럽의 골프용품은 본인이 항상 닦고, 조이고, 관리할 것.(핏칭과 샌드웨지의 물리적 차이를 숙지할 것)

⑩ 연습장에는 적어도 일주일에 1번 가고 매 샷을 집중해서 연습할 것.(특히 매 샷을 어드레스를 풀고 다시 할 것, 자신만의 프리샷 루틴을 만들어낼 것)

⑪ 라운드 시 동반자가 베푼 호의는 꼭 보답할 것.(일본인의 경우 호의에 대한 응답이 없으면 두 번 다시 안 보려고 함)

⑫ 아내와 동반 라운드하는 여건을 조성하고 부부라운드 시 결례가 없

도록 에티켓을 지킬 것.

⑬ 항상 주변에 골프잡지, 골프규칙, 골프용품을 비치할 것.

⑭ 식사는 되도록 라운딩 시간보다 1~2시간 전에 할 것.(식사후 바로 라운딩 나가면 몸통의 꼬임이 둔해진다.)

골프 핸디캡과 에티켓 테스트

02

골프에서 꼭 하지 말아야 할 일

① 전동카트를 경기에 지장을 주지 않는 범위에서 타지 말고 되도록 걸어다닐 것.(걸어가면서 바람의 방향과 세기, 나의 공이 위치한 경사와 상태 등을 멀리서 보아야 정확하게 파악 가능함)

② 경사나 거리를 본인의 오랜 경험과 직관에 의해서 판단하고 결정할 것.(경사나 거리파악이 가장 큰 즐거움인데 남한테 줄 이유가 없다고 생각할 것)

③ 골프 장비를 1년에 1번 이상 교체하지 말 것.(본인에게 딱 맞는 골프 장비를 구비한다는 것은 거의 불가능함. 본인의 그날 스윙 컨디션에 더 많이 좌우됨. 채 타령이 아니라 몸 타령을 해야 하는데 애꿎게 채 타령하는 경우가 많음. 타이거 우즈가 강도가 다른 목, 금, 토, 일용 4세트 골프 채를 갖고 있다는 설도 있음)

④ 그립은 1년에 한 번 정도 꼭 교체할 것.(골프는 어드레스 자세 70%, 그립 20%임) 그립의 적합 강도에 따라 스윙 플레인이 달라지는

것을 체험함. 어지간한 단발성 프로의 레슨보다 그립 교체가 효과를 발휘하며. 일반적으로 그립이 가늘면 혹 너무 두꺼우면 슬라이스 효과가 나타남.

⑤ 동반자가 스윙에 전념하도록 소음과 대화를 자제할 것.(동반자가 어드레스 했을 때의 소음과 대화는 경기 방해자의 역할을 함)

⑥ 각 경기장의 티 타임 간격(7~10분)에 맞도록 경기 진행을 할 것. 퍼팅완료 후 재빨리 그린을 떠나 카트로 이동하고 멀리건을 남발하지 말 것.(멀리건은 9홀에 1번 정도가 최대)

⑦ 코스 내에서는 상대편이 요구하지 않는 한 스윙교습을 하지 말 것.(대부분의 경우 스윙교습은 역효과가 더 큼. 경기가 끝난 후 말해주고 연습장에서 고치도록 해야 함)

⑧ 기브와 멀리건을 받지 말고 슬로우 플레이Paly 습관을 고치는 것이 핸디캡 줄이는 최고의 방법임.(특히 어드레스 자세에 긴 시간이 소요되는 사람과는 가능한 범위 내에서 동반 라운드를 피하려고 함)

⑨ 바람이 강할수록. 멀리 보내고 싶을수록 그립을 약하게 잡고 스윙 동작을 빨리하지 말 것.

⑩ 캐디 피는 정해진 금액 이외 특별한 경우를 제외하고는 경쟁적으로 팁을 주는 관습을 버릴 것.(캐디피의 인상에 크게 기여하고 소비자 부담을 증가시킴)

⑪ 프로의 폼과 동작을 함부로 흉내내지 말 것.(하루에 연습량이 엄청난 프로의 폼을 흉내내는 것은 파탄을 자초함)

⑫ 특정 아이언에 대해 자신의 거리를 묻기 전에는 말하지 말 것.(상대편에 심리적 압박감을 주게 되어 좋은 경기를 하는 것을 막는 효과가 있음)

⑬ 잘못된 샷은 본인의 과오이니 남에게 그 탓을 돌리지 말 것.

퍼팅 십계명 17

Dave Pelz(미국 코치, 1939~)의 퍼팅 십계명

① Putting is important.

통계적으로 퍼팅의 총 타수의 43%나 되므로 골프연습시간의 최소 1/3은 퍼팅에 할애할 것.

② Aim in critical.

홀을 향해 목표겨냥을 바르게 하는 것이 퍼팅 기본 중의 기본이다.

③ Keep your stroke 'on line' through impact zone.

닫아치든가 Hook 열어치든가 Cut Spin을 피하고 같은 방향으로 퍼팅을 하면 Impact 공은 목표 방향으로 간다.

④ 퍼팅의 타격 각도가 타격 방향보다 몇 배 더 중요.

임팩트 존에서 타격방향이 옳았다고 하더라도 정상 타격각도를 임팩트 순간 높이거나 낮추면 심하게 길게 또는 짧게 가게 된다. 타격 방향이 오차가 나더라도 2 퍼트로 종결되지만 타격 각도가 달라지면 3 퍼팅을 초래한다.

⑤ 퍼트의 Impact pattern은 항상 스윗 스팟 Sweet Spot으로 공을 타격

할 것. 퍼터 헤드의 중심Sweet Spot이냐 변두리냐의 거리차이는 목표거리의 1/2 이상 영향을 미친다.

⑥ Putts left short never go in.(소위 Never up, Never in을 말한다.)

퍼터페이스의 발자국Footprint, 공 자국Pitch Mark 등으로 공의 속도가 감속함으로 강하게 치지 않는 한 홀에 들어가지 않는다.

⑦ 좋은 퍼팅 속도는 적당한 리듬에서 나온다.

부드러운 리듬 없이는 퍼팅의 일관성을 가질 수 없다. 몸통의 연속된 동작이 항상 일정해야 좋은 퍼팅 결과를 얻을 수 있다.

⑧ Putting is a learned skill.

퍼팅은 정해진 공식에 의해 만들어내는 기술이 아니고 경험과 연습에 의해서 축적된 기술이며 마음과 눈으로 속도와 호흡을 일치시키면서 터치하는 것이다.

⑨ 인내심을 가져라.(Be patient.)

퍼팅 시 잘못된 타격도 홀에 들어가기도 하고 잘된 타격도 들어가지 않을 때가 있다. 그린을 잘못 읽은 것과 잘못된 타격이 결합되어 홀에 들어가면 골퍼를 혼란시킬 수 있다. 그러나 그 기본을 알 때까지 인내를 가지고 꾸준한 연습을 한 자에게는 그 보상이 온다.

⑩ 퍼팅은 인생과 같다.(Putting is like life.)

사람은 완전할 수는 없다. 그러나 퍼팅의 기본을 게을리해서는 안된다. 위대한 퍼팅은 쉽지 않지만 그 가능성은 열려 있다. 퍼팅은 인생과 꼭 같다.

퍼팅은 예술이다

　직선퍼팅은 2차원이다. 퍼팅 방향만 정해지면 어느 정도까지의 거리는 속도만 있으면 홀로 들어간다. 그러나 높낮이가 다른 곡선퍼팅은 방향과 속도만으로 해결되지 않는다. 방향, 속도, 거리, 저항 4차원의 복합방정식이 필요하다. 이 복합방정식은 현장에서 가르침으로 해결되지 않는다. 3가지 요령이 필요하다.

- 중간목표를 정하고 홀까지 가는 속도만 생각하라.
- 공이 홀까지 가는 시간을 어림짐작하면 타격 속도가 정해진다.
- 공이 홀로 들어가는 모양만 상상하라.

　위의 3가지 퍼팅조건은 경험과 연습에 의한 숙달 없이는 이루어지지 않는다.
　아무리 훌륭한 설명이 뒤따르더라도 그것을 체험해 보지 않는 사람에게는 전달되지 않는다. 4차원 방정식을 푸는 우리 뇌의 복잡다단한 암산기능을 믿고 따를 수밖에 없다. 그 암산기능을 상상력이라고 밖에 할 수 없다. 그 상상력으로 높낮이가 다른 곡선퍼팅이 계속적으로 들어가게 하는 사람은 공의 속도와 방향을 조절하는 예술가다. 나는 항상 퍼팅을 잘하는 사람을 예술가라하고 공이 들어가는 장면을 보고 예술적이라고 칭찬하고 격려한다.
　프린지Fringe에 있어서 풀의 저항이 있는 경우 하이브리드나 페어웨이 우드로 퍼팅한다든가 잔디에 파묻혀 있을 경우 퍼터 꼭지로 쳐서 올린다든지, 잔디를 피하기 위해서 샌드웨지 날로 퍼팅하는 사람은 기법, 기술, 기교를 떠나서 상상력을 동원하는 예술가가 아니고 무엇인가.

발자국과 피치마크(공이 낙하할 때 생긴 흠집자국)는 의도한 퍼팅이 들어가는 것을 막는 방해요소다. 사람들이 가장 많이 밟는 홀 근처에는 사람의 체중 때문에 눈에 잘 보이지 않는, 금방 원상복구되지 않는 잔디의 함몰이 필연적으로 존재한다. 10~20분이 지나면 원상회복이 되는 경우가 많으나 퍼팅 바로 직전에 퍼팅라인을 밟는 행위는 고의적으로 공이 홀에 들어가지 말라고 방해하는 행위이므로 이는 실격에 해당되지만 골프 룰에는 매너로 취급되어 경기자는 이것을 감수할 수밖에 없다.

이 함몰지역이 작아 원상복구가 빨리 되는 경우에는 20~40cm 공이 지나가는 것을 목표로 설정하고 퍼팅을 하면 들어갈 확률이 높아진다. 20~40cm 길게 치는 이유는 경사의 정도가 컵 안쪽에 있을 경우 발자국과 피치마크의 장애를 돌파하고 홀에 떨어진다. 짧은 거리(1~2m)에 경사가 심하지 않는 경우, 가장 자리 주위를 목표로 하면 마찬가지로 홀인한다는 이점을 살리자. 또한 PGA경기를 보면 프로 1인당 하루에 한두 번은 5~10cm 짧아서 들어가지 않는 경우를 자주 본다. 20~40cm 지나가는 원칙을 지키면 안 들어가더라도 파세이브를 대부분 할 수 있는 확률의 거리이기 때문에 타수를 줄이는 원칙을 지키자. 아마도 아마의 경우 20~40cm 지나가는 원칙을 지키면 퍼팅에서만 3~4점을 줄일 수 있다.

2019년부터는 깃대를 뽑지 않아도 된다. 깃대가 있는 경우가 통계적으로 들어갈 확률이 높은 이유는 깃대를 맞는 순간 속도가 떨어지면서 지구의 중력작용으로 공이 홀로 낙하할 가능성이 높아지기 때문이라고 한다.

스윙 퍼팅과 히팅 퍼팅의 차이

Full Swing은 예각(코킹)의 작용으로 가속도를 얻는다. 이에 가장 대칭되는 것이 Putting이다. 퍼팅은 예각을 만들어 가속시키지 않는 것이 일반원칙이다. 왜냐하면 손목의 각도를 사용하면 속도는 늘어나지만 방향의 정확성은 줄어들기 때문이다. Putting은 홀에 넣어야 하는 방향성이 제1의 목표이기 때문이다.(예외적으로 롱퍼팅의 경우는 거리로 중요하다.)

이래서 Golfer는 선택을 잘하여야 한다. 속도에 주안점을 둘 것인지 방향성에 주안점을 둘 것인지를, 둘 다 잘하기는 아마는 물론이고 프로도 힘든 과업이다.

홀컵에 10야드 이내에 매홀 갔다 놓을 수 있는 능력이 있으면 퍼팅방법은 방향성에만 치중하면 된다. 이런 전제 하에 퍼팅자세와 방법을 논해보고자 한다. 퍼팅방법과 자세에서 예각을 만들지 않으면 다음의 세 가지 방법밖에 없다.

첫째가 모든 퍼팅을 예를 들면 백스윙의 소요시간을 1초로 하고 단일화하고 스윙의 크기로 원하는 거리를 얻는 방법.(A)

둘째, 백스윙의 크기를 일정하게 하고 퍼터의 하강 속도를 조정하여 원하는 거리를 얻는 방법.(B)

셋째가 위의 두 가지를 혼용하여 사용하는 방법.(C)

프로는 대부분 첫째 방법을 사용하고 아마들은 셋째 방법을 많이 사용한다. 지금부터 그 장단점을 논해보고자 한다.

프로는 풀 스윙의 경우에도 2초 정도가 소요되고 퍼팅도 2초 이내로 끝낸다. 풀 스윙과 퍼팅의 리듬을 같이 하고 있다. 그리고 대부분의 프로는 공의 위치나 주변환경이 나쁜 경우를 제외하고는 그린에서 깃대 근처 10야드 이내에 붙이는 경우가 대부분이다. 이런 경우 당연히 퍼팅의 방향성이 중요하기 때문에 A의 방법을 택하는 것이 가장 유리하다. 때로는 20야드 정도 내라면 A의 방법으로도 충분히 2퍼트 이내에 끝낼 수 있기 때문이다.

　그러나 아마의 경우 대부분의 경우 10야드를 초과하고 20~30야드의 퍼팅을 하는 경우가 다수이다. 그래서 방향성보다 거리가 중요한 것이 당연하다. 왜냐하면 3 Putting을 피해야 하기 때문이다. 그래서 불행히도 아마는 1m의 거리의 퍼팅을 실패하는 경우가 프로보다 배이상 높다. 이의 주된 이유가 때리는Hitting 퍼팅을 하기 때문이다.

　20~30m의 롱퍼팅을 할 때도 B의 방법보다 연습이나 훈련을 통하여 A의 방법을 선택하는 것이 퍼팅 타수를 줄이는 현명한 방법이다.

　A방법을 택하는 경우 퍼팅의 스윙길이가 길어지는 경우 중심이 흔들릴 가능성이 높아진다. 반대로 B는 적게 움직이므로 중심을 지킬 확률이 높아진다. 같은 골프장을 자주 가는 경우에는 B퍼팅이 유리할 수도 있지만 그린 속도가 다른 골프장을 이용하는 경우가 많은 경우에는 B보다 A의 방법이 좋다고 본다.

　스윙의 크기로 잔디의 저항이나 거리에 숙달되기가 히팅속도로 숙달되기보다 상대적으로 쉽다고 생각하기 때문이다. 왜냐하면 속도는 측정하기가 힘들지만 스윙의 크기는 연습 그린에서 얼마든지 숙달할 수 있기 때문이다. 라운드 전 5~10분 정도의 스윙의 크기에 따른 거리를 테스트 하는 것이 골퍼가 수행하여야 할 습관이다.

골프 명언집에 대한 나의 단상 18

　화성 상록 골프장에 가면 화장실, 휴게실 등 많은 곳에 역대 유명 프로들의 명언이 액자에 들어 있다. 나는 그 명언집 복사를 요청하였더니 무려 286개의 명언을 카피해 주었다.(부록 p.376~) 286개의 명언을 일견해서 보면 스윙의 기술에 관한 명언은 거의 없고, 스윙 자체보다 스윙을 하기 위한 마인드 컨트롤이 대부분을 차지하고 있는 것을 보면 골프는 역시 육체운동이 아니라 마음의 운동이라는 것을 깨닫게 해준다.

　이 많은 골프 명언 중 가장 인상적인 첫 번째는 버드쇼탠이 말한 "60세의 노인이 30세의 청년에게 이기는 골프게임이 어찌 스포츠란 말인가."이다. 두 번째로 인상 깊은 것은 205번의 던 쟁킨스가 말한 "99년 스페인의 골프 영웅 세배 바예스트로스가 디 오픈The Open에서 우승할 때 그는 러프로만 걸었기 때문에 때때로 갤러리 정리요원으로 오해받았다." 세배의 경기 동반자에 대한 배려가 정말 깊이 느끼도록 해주는 대목이다. 경기자 이전에 타인에 대한 배려를 우선으로 하는 사회구성원의 의무를 다하고 있기 때문이다. 이런 아름다운 사람이 많은 사회가 바로 선진사회이고 우리가 지향하는 사회가 아닐까 생각한다.

　세 번째로 주목을 끄는 것은 146번 던 쟁킨스가 "골프만큼 많은 적을 갖는 선수도 없다. 14개의 클럽, 18홀, 모두가 각각 다르다. 모래, 나무, 풀, 물, 바람, 곤충, 자연의 소리, 소음 그밖에 1백 여명의 선수가 있다.

거기서 골프의 5할은 멘탈게임이다. 따라서 최대의 적은 자기 자신이다."

나는 골프 라운드에서 매 샷의 전략을 세우지 않는 것을 이상하게 생각한다. 카트를 타고 가서는 이 수 많은 적들에게 적합한 전략을 세우는 시간적인 여유는 없다. 그냥 캐디가 130m 남았다고 하면 7번 거리이므로, 7~8번 아이언으로 기계적인 샷을 한다면 연습장으로 가면 되지 필드에 나올 필요가 없다.

걸어가면서 나의 공이 놓인 경사, 그린 근처에 어떤 위험요인이 있는지의 파악, 풍속과 풍향 등을 파악하는데 소요되는 시간을 감안하면 카트 타고 가면서 잡담을 할 여유가 없다.

나는 우리나라에서 라운드할 때 최대의 적은 나 자신이고, 그 다음의 적은 캐디라고 생각할 때가 많다. 대부분의 캐디가 거리만 불러주는데 주력하며 그 거리도 부정확하다. 캐디의 90%가 사사오입하여 10m 단위로 불러준다. 아무리 아마추어라고 하더라도 5m 단위까지는 내려와야 한다고 생각한다. 부정확한 거리를 안내하면 바로 경기자의 최대 적이지 동반자가 될 수 없다고 생각한다.

네 번째로 들어오는 것은 샘 스니드가 말하기를 "골프 스코어의 60%는 핀에서 125야드 이내에 나온다." 대부분의 골프장이 핀에서 150야드 전후에 IP 또는 거리표시를 한다. 그리고 150야드에서 100야드 사이가 평지인 경우가 대부분이다. 골프설계상 또는 골프장의 구조상 어느 특정 영역은 평지로 설계할 수밖에 없는데 그 대상이 150야드, 100야드 중간이 되는 경우가 대부분이다.

세계에서 가장 어렵다는 하와이의 코올라우 골프장의 경우 6,300야드(블루티 기준)인 경우 드라이버로 티샷할 수 있는 홀이 3~4홀에 불과하다. 그리고 이 어려운 코스에서 100~150야드 사이는 대부분 평지이고 그린을 향해서 공격 각도가 아주 좋게 설계되어 있다. 파 5홀의 경우 대부분의 골프장이 아마추어가 2온 하기에는 어렵게 되어 있다. 3~5번 우드로 홀에 근접하게 보내는 경우에도 경사가 심하든가 러프인 경우도 많다. 이럴 때는 분명히 근접하게 보내는 것보다 두 번째나 세 번째 샷을 150~100야드 사이에서 하는 것이 파나 버디를 잡을 확률이 훨씬 높다는 것을 나는 경험적으로 알고 있다.

이는 프로의 경우도 마찬가지다. 마지막 찬스 역전을 노리는 경우를 제외하고는 자기가 가장 좋아하는 세 번째 샷 장소로 두 번째 샷을 보내는 것을 일상화 하고 있다. 아마추어도 자기가 제일 좋아하는 마지막 샷의 거리에 맞게 티샷이나 두 번째 샷을 하는 습관을 가지면 아마추어도 4~5점은 타수를 줄일 수 있다고 본다.

다섯 번째로 주목을 끄는 것은 275번 "스윙을 느리게 하는데는 큰 용기가 필요하다."(작자 미상)이다. 185번 "골프에 너무 느린 스윙이란 없다."(보비존스), 186번 "힘 빼고 서서히 스윙을 하라. 볼은 결코 도망가지 않는다."(샘 스니드), 106번 "빠른 스윙을 하는 사람치고 일류 플레이어는 거의 없다."(다이 리스) 등 이상의 4개 이외에도 느린 스윙과 관계되는 항목은 10가지가 넘는다.

제2부 골프 물리학에서 언급한 바와 같이 스윙 톱의 정점에서 방향전환은 빠른 동작에서는 나올 수 없고 골프는 낮은 속도와 높은 속도의 편차를 이용하는 물리운동이고, 통제 가능한 리듬운동이기 때문에 백스윙의 초기, 폴로스윙의 초기에는 반드시 천천히 움직여야 하는 것을 나는 골프헌법 제1조로 규정하고 싶다.

세상의 모든 아마추어들이 이를 실천하면 단 시간 내에 4~5점은 줄일

▼ 피지 Laucala Island GC

수 있는 비법이라고 생각한다. 천천히 움직이는 요령은 손과 팔이 리드를 하면서 천천히 움직이기에는 대단히 어렵다. 팔을 겨드랑이에 붙이고 몸통으로 팔을 움직이게 하면 천천히 움직이는 감을 느낄 수 있다. 클럽과 클럽 헤드를 자기의 통제하에 두는 느낌을 가질 수 있으리라고 본다.

돌팔매질할 때, 몸의 중심이 줄 끝에 달린 돌의 통제를 느껴 보지 않았는가. 골프도 마찬가지다. 팔과 샤프트는 몸에 붙어 있는 줄이나 실이라 생각하고 그 끝에 달린 헤드를 몸통으로 제어하면서 원 운동을 시키는 느낌을 가져보자. 팔은 방향만 제시하는 도구라 생각하고 몸통으로 헤드를 돌리자!

골프의 5가지 법칙과 14가지 원칙에 대하여 19

01

골프의 5가지 법칙

첫째, 스피드Speed법칙은 비거리는 클럽헤드의 임팩트 에어리어Impact area에서의 속도에 비례한다.

둘째, 중심Centeredness의 법칙은 비거리는 임팩트Impact 시에 클럽헤드의 중심부의 근접에 비례한다.

셋째, 임팩트Impact법칙은 임팩트 순간 클럽의 최저점을 기준으로 올라가면서 타격되느냐, 내려가면서 타격되느냐에 따라 스핀 량의 가감이 발생하여 전자의 경우 거리가 증가한다.(vice versa)

넷째, 패스Path법칙은 클럽헤드가 임팩트 에어리어Impact Area에서 Straight냐 In Out이냐, Out In이냐에 따라 거리의 가감이 일어난다.

다섯째, 법칙은 Face가 임팩트 에어리어Impact Area에서 클럽페이스의 목표에 대한 각도가 Square, Open, Close에 따라 방향과 거리의 가감이 일어난다.

골프의 14가지 원칙

첫째 원칙은 그립이다. 그립한 상태의 상하 좌우와 압력과 정확성 여부이다. 오른손을 더 밑으로 잡든가 우로 돌려 잡으면 훅이 발생한다.

둘째 원칙은 목표Aim이다. Club Face와 발, 무릎, 히프, 어깨의 목표 방향과의 평행여부이다.

셋째 원칙은 스윙 플레인Swing Plane이다. 백스윙과 폴로스윙시 샤프트의 지면과의 각도가 항상 동일해야 한다.

넷째 원칙은 포지션이다. Swing Plane의 각도, Club Face의 각도는 항상 평행을 유지해야 한다.(주로 왼쪽 팔과 손목에 영향을 받음)

다섯째 원칙은 릴리스Release다. 상체, 팔, 왼쪽 손목이 스윙 내내 긴장 없이 동일 각도와 방향을 유지해야 한다.

여섯째 원칙은 호의 넓이Width of Arc다. 스윙시 반지름의 길이를 뜻하며 중심 스윙의 점은 목뼈와 상단 척추 사이이다.

일곱째 원칙은 호의 길이Length of Arc다. 클럽 헤드가 그리는 호의 길이를 뜻하며 드라이버의 경우 스윙의 탑에서 목 방향과 평행을 유지해야 한다.

여덟째 원칙은 레버 시스템Lever System이다. 손목과 팔꿈치 2개의 레버가 있으나 2개로 사용시 가속은 쉬우나 컨트롤이 어려운 단점이 있다.

아홉째 원칙은 타이밍이다. 상체와 클럽 헤드의 동작 연계성이 핵심이며 클럽 헤드의 최고 속도가 타겟 라인Target Line에서 타격 직전 이루어질 때 일어난다.

열 번째는 다이나믹 밸런스Dynamic Balance다. 체중이동을 뜻하며 체중이동은 중간중간 끊어서 일어나기 보다는 점진적, 연속적으로 일어나야 한다.

열한 번째는 Swing Center다. 스윙시 Width of Arc, Length of Arc의 중심축을 유지해야 한다.

열두 번째는 연결Connection이다. 몸 전체의 일체화 된 동작으로 Head, Arms, Shoulder, Trunk, Hips, Legs, Feet가 일체화 되어야 한다.

열세 번째는 임팩트Impact다. 몸과 클럽 헤드가 타격 시점에서 최대의 속도로 스윙의 최저점을 지나가도록 움직여 주어야 한다.

열네 번째는 Set Up이다. 자세, 볼 위치, 스탠스, 체중, 근육이완이 이루어진다.

① 가장 편안한 자세는 엉덩이 끝부분의 각도와 무릎의 각도가 같도록 반대로 굽히면 된다.

② 볼 위치는 왼쪽발꿈치 근처이나 오른쪽 어깨의 낮추는 정도에 다라 좌우로 이동된다.

③ 드라이버의 경우 어깨 넓이가 표준이다.

④ 체중은 좌우 균등이 원칙이나 스탠스의 크기에 따라 우측으로 이동한다.

⑤ 어드레스 시 몸의 어떤 부위에도 긴장은 있게 마련이어 몸이 굳어 있으면 안된다. 긴장 없이 움직임이 준비되어야 한다.

5가지 법칙은 어떤 경우에도 자연조건이 동일한 경우에 적용되는 법칙이다. 14가지 원칙은 상황에 따라 전후, 좌우, 상하로 중심점이 약간의 이동이 가능하고 각자의 신체적 조건에 따라 타이밍이 달라질 수도 있고 가감과 조정을 가할 수 있는 기본이다.

다시 말하면 점진성, 연속성, 계속성, 수평성, 수직성 또는 그립의 힘의 각도, 그립의 방향 각도, 스탠스의 크기 등 14가지 원칙이 내포하고 있는 기준점이나 중심점에 약간의 가감을 가할 수 있는 상대적 개념이다. 개인의 템포, 리듬, 타이밍에 따라 조정이 가능한 영역이라는 것이다.

원칙과 원칙의 결합은 일반적으로 좋은 결과를 초래한다. 그러나 원칙의 기본을 무시한 또는 반대로 적용한 것을 개인의 선호라고 한다면 개인의 선호와 원칙의 결합은 나쁜 결과를 초래한다. 가끔 나쁜 개인의 선호(A)와 선호(B)가 결합하면 좋은 결과가 나오는 것을 보고 이 방법이 골프의 원칙이라 생각하는 아마추어가 의외로 많다. 이상한 그립을 하고 이상한 목표Aim의 결합으로 좋은 결과를 얻고 있는 경우 그것이 골프의 원칙이라고 믿는 경우를 말한다.

평지에서 이상한 그립과 이상한 목표의 결합으로 좋은 결과를 얻는다고 하여도 외부조건이 바뀌는 경우 예를 들면 경사나 바람의 결합이 좋지 않으면 만족할만한 결과를 초래할 수 없기 때문이다. 14가지 기본에 충실한 그립, 어드레스 자세, 스윙이 아마추어가 갈 길이라 생각한다.

▲ 2018 타이거 우즈의 스윙자세

골프 교습가들의 부정확한 코치방법 20

① 왼손을 잡아준다.
② 골프는 오른손, 왼손으로 친다.
③ 쓸어친다. 찍어친다.
④ 언더스로우로 던지듯이 친다.
⑤ 백스윙에서 1시 방향으로 스윙한다.

이 다섯가지 방법에는 공통점이 있다. 바로 몸통이다. 몸통을 제어하는 것은 리듬이다. 몸통이 움직이는 중 거리는 30cm전후다. 이 30cm 전후를 움직일 때 1초, 0.9초, 0.8초~0.1초까지 시간적 개념을 주관적으로 도입하면 된다. 자신이 그 시간을 정하는 것이다. 어떤 시간이 편하고 일정하게 유지할 수 있는지는 본인만이 안다. 본인의 것을 남에게 배울 필요는 없는 것이다.

다섯 가지가 다 우선 어감상 손과 팔의 주된 역할이 있는 것처럼 느껴진다. 손과 팔로 조작하려고 하기 때문에 골프스윙을 자기 것으로 만드는데 오랜 시간이 소요된다.

①번의 왼손을 잡아준다는 뜻은 손과 팔의 비례적 움직임을 유지해 준다는 뜻으로 바꾸어서 교육해야 한다. 임팩트 순간 밖으로 나가려는 원심력과 중심으로 들어오려는 구심력이 동시에 작용한다. 원심력과 구심

력은 동일 선상에 있어야 한다. 팔이 몸통에 붙어 있어야 그 조건을 충족하게 된다. 결국 잡아준다는 정지된 개념이 아니고 몸통이 팔과 같이 비례적으로 움직여 준다는 개념으로 바꾸어야 한다. 리듬있게 치라는 말은 이렇게 긴 설명이 필요하다.

②번은 오른손, 왼손을 구분하는 자체가 잘못된 설명이다. 임팩트 순간 양팔꿈치가 몸에 붙어 있기 때문에 공을 치는 것은 몸통이나 몸통의 중심이 치는 것이지 손이 치는 것은 아니기 때문이다. 다만 특히 오른손의 코킹이 임팩트 직전에 급격히 풀려서 짧은 시간에 헤드의 이동거리가 길어질 뿐이지 힘을 가한 결과는 아니기 때문이다.

왼손으로 친다, 오른손으로 친다고 주장하는 사람은 몸통과 팔이 비례적으로 움직여 주지 않고 팔과 손이 몸통보다 활성화 되어서 팔과 손의 작용을 많이 느끼기 때문이다. 한 마디로 이는 잘못된 스윙이다. 어쩌다가 잘 맞을 수는 있어도 일관된 스윙을 가질 수 없는 사람이다.

③번의 쓸어친다, 찍어친다도 손의 동작을 떠올리고 있다. 쓸어친다의 뜻은 몸통을 목표 방향과 나란히 한다는 것이 우선한다. 몸통만 목표 방향으로 나란히 하면 손은 할 일이 없다. 엉뚱하게 몸통을 나란히 하지 않고 손으로 쓸어칠려고 하기 때문에 어렵게 되는 것이다. 찍어친다도 아이언의 페이스 각도가 그렇게 되어 있다는 것이지 손의 동작으로 찍어치다가는 쌩크나 토핑하기가 보통이다.

④번의 언더스로우도 마찬가지다. 야구에서 오른팔이 지면과 수평이 되지 않고서는 몸통이 목표 방향과 나란히 되지 않고서는 공을 던질 수가 없다. 몸통이 주가 되는 것이다. 다만 꺾어진 팔꿈치가 펴지는 역할 밖에 없는 것이다.

⑤번도 전체적인 다운스윙이 초기에는 헤드와 손이 C라인에서 B라인

으로 가므로 1시 방향이 맞다. 그러나 그 이후는 다시 12시 방향으로 가다가 일정지점을 지나면 C라인(11시 방향) 방향으로 가는 것이 정확한 표현이고 이 때도 몸통은 처음부터 끝까지 1시 방향이 아니고 12시 방향으로 가다가 11시 방향으로 돌게 되는 것이다.

이 모든 사항은 척추의 기울기 때문이다. 땅에 정지하고 있는 공을 치기 위해서는 몸통을 약간 숙여서 팔이 지나가는 공간을 확보해야 하기 때문이다. 몸통의 기울기 때문에 In To In 궤도가 생기는 것을 근육을 움직이는 뇌신경에 이상이 생긴 것으로 의식적 또는 무의식적으로 하면 안되고 모든 원인을 몸통의 움직임과 각도에서 골프스윙을 인식하여야 하지 팔이나 손의 움직임에 뇌신경이 작용하게끔 해서는 안되는 것이 골프의 묘미 중의 묘미다.

어드레스 자세에서 오른쪽 팔꿈치가 몸통에서 떨어지고 다운스윙 자세에서 다시 몸통에 붙는 경우를 모든 프로의 스윙 폼에서 관찰할 수 있다. 그럼 과연 어느 시점에 붙이느냐의 기준점이 필요하다.

팔을 몸통에 붙이는 것은 골프스윙에서 가장 중요한 요소 중의 하나다. 왜냐하면 몸통과 팔이 비교적으로 같이 움직여 주어야 하는 운동역학상의 원칙을 지켜야 하기 때문이다.

내가 관찰한 모든 프로는 팔꿈치가 몸통에 붙이는 순간 위치적으로 샤프트는 지면과 수평이 되고 B라인에 위치한다는 점이다. 이 사실을 알아도 스윙 중간에 B라인에 위치하여야 한다는 느낌으로만 알아야지 의도적으로 B라인에 위치시키려고 근육신경회로가 작용하는 순간 의도한 스윙이 안나오는게 나의 오랜 경험으로 나온 결론이다.

그래서 나는 최근에 와서야 이 비밀의 열쇠를 푸는 방법을 발견하였다. 바로 체중의 중심점이 다운스윙시 W'에서 D'로 움직일 때와 샤프가

C라인에서 B라인으로 올 때와 몸통과 오른팔꿈치가 붙여질 때를 다운 스윙시 비례적으로 일치시키는 것이다.

몸과 팔꿈치의 떨어지는 거리와 DW 체중 중심점의 간격도 어느 정도 비례관계가 성립된다고 본다. 잭 니클라우스는 가슴팍이 넓기 때문에 체중의 중심점이 DW 간격보다 넓다. 그래서 그런지는 몰라도 몸통과 팔꿈치의 간격이 넓다. 개인의 누적된 연습방법에 따라 다르겠지만 비례관계가 성립되는 것이 일관된 스윙, 일관된 리듬을 갖기 위해서는 필요하다고 본다. 벤 호건처럼 몸통과 팔꿈치의 간격이 좁은 경우에는 DW의 간격도 좁아야 정상이나 DW의 간격이 넓은 편이다.

그 이유는 체중의 중심점을 오로지 지면, 코, 머리에만 고정하고 어깨와 왼팔의 각도를 일치시키는 노력의 결과 DW 간격이 넓어진 대신 호건만의 손 동작의 조작으로 방향의 정확성을 높였다고 본다.

나는 두 간격이 비례적으로 일치할수록 몸통 중심의 스윙에 더 충실해진다고 보고 앞으로의 연구과제라 생각한다.

골프스윙은 큰 요인만 보더라도 척추의 각도, 코킹의 시점, DW축의 간격, 몸통과 팔꿈치의 떨어짐의 정도 등 4가지이지만 이것의 순열은 24가지가 된다. 이 4가지를 동시적으로 고려치 않고 한 가지만 교정하는 것은 혼란만 초래한다. 자기보다 하수라고 결코 스윙코치를 해서는 안되는 이유가 여기에 있다.

많은 교습가들도 위의 4가지 요소를 동시적으로 고려하면서 가르치지 않으면 교습생에게 고통만 주는 선생님이다.

골프에도 길이 있다 21

나는 직업상 수많은 골퍼들과의 라운드를 했다. 나는 세계 최고의 골프 잡지라 불리는 골프다이제스트를 한국에서 20년 간 경영했다. 골프와 골퍼, 사람들을 생각하는 것이 내 경영의 원칙이었고, 내 삶이었다. 골프와 사람과 행복. 환갑이 될 때까지 내 인생의 주제는 이 세 마디로 이루어졌다.

보이는 것만이 항상 진실은 아니다. 골프 또한 그렇다. 내가 가장 궁금했던 것은 첫째, "왜 우리는 골프를 치는 것일까?" 라는 아주 초보적인 질문이었다. 그리고 둘째, '골프를 잘 치려면 어떻게 해야 할까'를 생각하다가 더욱 중요한 질문, "골프를 잘 친다는 것이 무슨 뜻일까?" 로 돌아왔다. 이 글은 이 세 가지 질문에 대한 나의 답변이다.

첫째, "왜 우리는 골프를 칠까?" 이 질문에 답하기 위해 골프의 역사를 들먹일 필요는 없다. 흔히 하는 얘기로 앉아서 하는 마작, 누워서 하는 섹스, 서서 하는 골프 이 세 가지는 중독성이 있다고들 한다. 그 외 여러가지 얘기도 많다. 부유층에 속해 있다는 느낌, 좋은 친구들과의 좋은 시간, 19번(?) 홀을 가기 위해 18홀을 친다는 사람까지 있다.

모두 일리가 있는 말이다. 가장 쉬운 답이 정답이다. 재미있기 때문이다. 오늘 골프를 더 즐기기 위해서는 스윙을 한 후의 골퍼들 표정을 보는 연습을 해보라.

불안, 초조, 후회, 만족, 행복 …. 아무리 부자라도 아이스크림을 떨어뜨리면 그 순간 애처로운 표정을 짓는다고 한다. 스윙을 하고 나면 표정을 숨기지 못하는 법이다. 외계인처럼 골프를 잘 치는 선수들조차 그렇다. 실수하는 샷이 나온 순간 골퍼들은 아이스크림을 떨어뜨린 아이처럼 표정을 감추지 못한다. 그 표정이 다시 사회적 동물로서 침착하게 관리되는 표정까지를 지켜보는 맛은 골프의 또 다른 재미이다. 골프의 재미를 모른다면, 골프를 즐길 수가 없는 것이다. 아무리 좋은 운동이라도 재미가 없다면 평생을 계속할 수 있을까?

둘째 질문은 순서를 좀 바꿔보자. 골프를 잘 치기 위한 스킬이나 매니지먼트Management의 의미보다는 우선 골프를 잘 친다는 것이 무슨 뜻일까를 먼저 생각해 보자는 것이다. 언더파를 치고, 버디를 하고, 드라이버를 멀리 날리는 것은 골프 스킬이나 실력의 의미이다. 그러나 그런 것이 골프를 잘 친다는 것은 아니라는 게 필자의 생각이다.

골프를 왜 치는지에 대해 얘기할 때, 우리는 첫 번째로 "재미"를 꼽았다. 재미는 혼자 있으면 반감된다. 동반자와 함께 즐거워야 진짜 재미가 있다. 다른 모든 운동 종목과는 달리, 골프는 함께 즐길 수가 있는 운동이다. 누군가를 이기는 일보다 함께 즐거워하기 위한 운동이 바로 골프이다. 그래서 심판이 없는 유일한 운동이 골프인 것이다.

유난히 동반자에 대한 배려와 예의, 매너를 강조하는 이유가 바로 거기에 있다. 내기를 해서 돈을 잘 따는 것이 잘 치는 골프가 아니다. 아무리 실력이 좋아도 예의와 매너가 없고 배려를 하지 못하는 골퍼는 다음 라운드에 부르고 싶어지지 않는다.

지극히 특별한 경우가 아니라면 혼자서 치는 골프는 없다. 독불장군이라는 말이 가장 어울리는 운동이 바로 골프인 것이다. 가벼운 돈 내기를 하더라도 즐겁기 위해서 하는 것이지, 돈을 따기 위해서는 아니다. 돈을 따려면 차라리 카지노를 가거나 속칭 고스톱 판을 벌이는 것이 더 낫다.

동반자를 배려함으로서 자신이 즐거워지는 운동이 바로 골프이다. 그래서 골퍼는 신사와 숙녀의 운동이 되는 것이다. 이런 사실을 망각하고 가끔 신사와 숙녀보다는 귀족이나 왕족, 졸부의 모습을 보인다면, 그가 아무리 좋은 실력을 가지고 있더라도 진정한 의미의 골퍼는 아니다. 골프를 잘 친다는 것, 그것은 바로 신사와 숙녀가 되는 길이며 그렇게 하여 모두가 즐거운 마무리를 하고 18홀에서 인사를 나누는, 그것이 바로 "잘 치는 골프"인 셈이다.

세 번째로 그럼 골프를 잘 치려면 어떻게 해야 할까? 이건 아주 답이 간단하다. 공부를 잘 하려면? 하는 질문과 비슷하다. 학교 다닐 때 공부를 못하는 축에 들었던 나는 졸업 후에야 공부 잘하는 법을 알았다. 공부를 잘 하려면? 공부를 열심히 하면 된다. 골프를 잘 치는 방법도 같다. 공부를 열심히 하라. 다만, 제대로 하라. 어설픈 동네 고수들의 팁이나 잔소리에 절대 귀를 기울이지 말고 좋은 스승을 찾아라. 그리고 열심히 배워라. 골프도 독학이 가능하냐고? 물론 가능하다. 다만, 좋은 스승에게 5분 배우면 될 것을 5년 걸려서 깨닫는 일이 자주 생긴다.

필자는 이런 골프의 스킬이나 기술을 얘기하기 보다는 진짜 골프를 잘 치는 방법을 꼭 말씀 드리고 싶다. 기술과 실력? 그건 좋은 프로에게 배우도록 권한다.

첫째, 골프는 내가 치는 것이다. 이 말부터 하는 이유가 있다. 미스 샷이 나오면 그건 캐디 탓도, 동반자 탓도, 날아가는 비행기 탓도 아니다. 그 샷을 한 사람은 바로 본인이다. 투덜대면 미스 샷에 미스 인격까지 날리게 된다. 때로 함께 하던 동반자로부터 좋은 비즈니스까지 함께 날릴 수도 있으니 명심하자.

둘째, 골프는 즐겁기 위해 친다. 많은 돈을 들여서 귀한 시간을 내어 아주 맘에 드는 분들과 하루를 보내는 것이다. 미스 샷에 화를 내면, 내 돈과 내 시간을 들여서 화를 내는 것이니 바보도 이런 바보가 없다. 오늘 샷이 잘 안 되면 부디 돈만 잃어라. 사람까지 잃는 건 두 배로 잃는 일이다. 조금 전에도 말했지만, 내 돈, 내 시간 들여서 사람까지 잃는 건 진심 바보짓이다. 돈을 들였으면 즐거움이라도 안고 돌아가라.

셋째, 실수를 즐겨라. 천하의 타이거 우즈도 OB를 낸다. 탑 클래스도 30cm 퍼팅을 놓친다. 실수가 나온 순간, 여러분의 동반자는 매의 눈으로 당신을 지켜보고 있다. 통이 큰 대인인지, 자잘한 소인배인지 …. 당신의 실수로 주변을 얼어붙게 하지 말라. 어차피 돌이킬 수 있는 실수는 없다. 큰 실수에도 가볍게 웃는 당신의 미소는 당신의 값어치를 열 배로 만들어줄 것이다.

넷째, 주변을 배려하라. 골프는 혼자하는 운동이 아니다. 전문직인 캐디의 도움도 받고 공이 없어졌을 땐 함께 찾기도 해야 한다. 타인의 실수에도 위로를 해주고, 함께 아쉬워해 주는 사람이 다시 찾는 친구가 된다. 특히 캐디에 대한 배려는 중요하다. 4인 1조에 캐디까지 5명 중에서 가장 중요한 사람은? '갑'님이 아니라 캐디이다. 캐디를 어떻게 대하느냐를 보면 그 사람의 인격이 나온다. 캐디가 즐거우면 그날 모두가 즐겁다. 반대로 캐디가 속이 상해 있으면? 다음은 여러분들이 상상하기 바란다. 가장 약해 보이는 캐디를 잘 대해주면, 그 사람이 달라 보인다. 이걸 비즈니스에서는 '웨이터의 법칙 Waiter's Law'이라고 부른다.

다섯째, 마지막으로 부탁드린다. 골프를 즐겨라. 이 말은 잘 맞은 샷을

파인 허스트 리조트 CC

즐기라는 것이 아니다.

미스 샷도, 동반자의 실수도 모두 즐겨라. 우리는 즐겁자고 이 더위에, 이 추위에, 큰 돈을 내고, 많은 시간을 들여, 좋은 분들과 골프를 친다는 사실을 절대 잊지 말라. 신사와 숙녀의 모습으로 만나서 신사와 숙녀의 모습으로 작별 인사를 하자.

필자는 20년 이상의 골프인생에서 위 내용의 가장 적합한 골퍼가 바로 본 책자의 저자 이동욱 골퍼라고 생각한다. 앞으로도 더 멋진 골프인생을 영위하시길 바라면서 ….

22 드라이버 거리 증대 10가지 방법

골퍼의 영원한 꿈은 '멀리 정확하게Far and Sure' 치는 것이다. 현재 골프스윙을 완성했다는 평가를 받는 벤 호건의 저서 '모던골프'에서 드라이버 거리를 늘리는 10가지 방법을 소개했다. 우리도 잘 알고 있지만 쉽게 실천하지 못하는 것들이다.

① 백스윙 동안 왼팔을 쭉 뻗어라.(Straight your arms when back swing) 왼팔을 쭉 펴야 스윙의 원이 커진다. 몸이 허용하는 범위에서 크게 원을 그려야 원심력이 커져 거리가 난다. 왼팔을 펴려면 왼쪽 어깨가 턱 밑으로 들어가야 한다.

② 스윙 궤도를 Out-To-In(Fade)에서 In-To-Out(Draw)으로 바꿔라. 페이드볼은 공이 지상에 떨어진 다음 런이 없다. 반면, 드로볼은 10~20야드 런이 발생하다.

③ 임팩트까지 공에서 눈을 떼지 마라.(Keep your eye on the Ball until impact) 헤드업은 모든 스포츠에서 가장 큰 적이다. 스윙 결과에 신경 쓰지 말고 눈은 오직 공에만 집중해야 한다.

④ 드라이버 티를 높여라.(Tee the Ball higher) 티를 높게 꽂고 드라이버를 아래에서 위로 올려 쳐야 공의 발사각Ball's Launch Angle이 좋아져 공이 높게 뜨면서 스핀양이 줄어든다.

⑤ 드라이버를 힘 있게 때려라.(Swing as hard as you can) 최대한의 힘으로 스윙해야 한다. 야구 방망이 등을 매일 300번씩 휘둘러 스윙에 필요한 악력과 근육을 키우면 거리가 늘어날 확률이 높아진다.

⑥ 체중 이동을 잘하라.(Use your weight) 백스윙에서는 오른발에 체중을 싣고 다운스윙 임팩트 후에는 왼발에 싣는다. 좋은 피니시는 좋은 체중이동에서 나온다.

⑦ 테이크어웨이를 부드럽고 리듬있게 하라.(Don't be too quick to take away. Be rhythmical and smooth) 테이크어웨이Takeaway를 할 때 급하게 옆으로 빼 들어 올리면 스윙 전체의 균형이 무너진다. 천천히 리듬 있게 올려야 좋은 백스윙으로 이어진다.

⑧ 스위트 스폿으로 공을 쳐라.(Hit sweet spot) 스위트 스폿에 공이 맞아야 거리와 방향성이 좋아진다. 이를 위해선 다운스윙 때 하체 고정이 무엇보다 중요하다.

⑨ 장타를 치려면 그립을 1~2인치 내려 잡아라.(When you want a long drive choke down on the club) 그립을 짧게 내려 잡으면 컨트롤이 쉬워지고 공을 정확히 칠 수 있다. 불안할수록 클럽을 내려 잡아라.

⑩ 임팩트 순간 양손은 어드레스 때와 같은 모양이 되게 한다.(The hands are mostly in the same position at impact as at address) 스윙은 원운동이기 때문에 출발과 도착의 자세 및 스윙 모양이 같아야 한다.

드라이브를 멀리 보내기 위한 벤 호건의 기법에 대해 보수적인 태도를 취하고 있는 Pebble Beach Golf Academy의 Dan Pasquariello와 Laird Small 교습가의 Driver 스윙에 대한 단상을 소개하고자 한다.

대부분의 골프는 Driver를 공격적 무기, 더 멀리 보내는 무기로 생각한다. 페어웨이에 갖다 놓기 위한 티샷은 방어적 샷이다. 아이언 7번으로 165야드 보낸다면 그 이상 보내려고 노력할 필요가 없다. 그 이상 보내고 싶으면 6번 아이언을 꺼내들기만 하면 되기 때문이다.

　드라이브를 230야드 이상 보낸다면 그보다 더 멀리 보낼 드라이브가 클럽에 없기 때문에 드라이브 거리 증대에 열정을 가진 Golfer가 많다. 이에 부응하여 용품 제조업자는 반발 계수, 샤프트의 길이의 재질 등을 변형하여 클럽헤드 스피드를 높이기 위한 경쟁을 하고 있다.

　드라이브는 가장 긴 클럽이기도 하지만 가장 컨트롤Control하기 힘든 클럽이다. 드라이브를 20~30야드 더 보내더라도 30~40야드 페어웨이를 벗어나면 보낸 의미와 목적이 없어진다.

　드라이브는 가장 긴 채이면서도 가장 가벼운 채다. 그래서 볼을 멀리 보내기 위해서는 반드시 세게 히팅할 필요가 없다. 클럽과 몸통, 팔이 비례적으로 일체가 되어 같이 움직여 주어야 한다. 로프트Loft가 작기 때문에 각도가 조금이라도 틀려지면 페어웨이를 40~50야드 벗어나는 도구라는 것을 명심하여야 한다.

▼ 페블 비치 골프코스 해변

코스 스코어 줄이는 10가지 방법 23

골프 코스는 산과 계곡, 숲으로 둘러싸여 아름다운 자태를 뽐낸다. 하지만 도처에 벙커와 해저드Hazard 등을 만들어 골퍼들이 그린을 마음 놓고 공략할 수 없게 했다. 코스 설계자가 세워 놓은 방어 전략에 맞서 골퍼는 공격자 처지에서 지략을 발휘해야 한다. 코스 공략을 위해 골퍼가 알아두어야 할 6가지를 소개한다.

단, 골퍼는 그날 플레이할 지형, 그린의 속도, 바람, 습도, 벙커의 모양과 깊이, OBOut of Bounds 구역, 핸디캡이 높은 홀과 낮은 홀 등 코스를 미리 점검하고 전략을 짜야 한다.

① 티샷은 짧게 치더라도 페어웨이를 지켜라.

티잉 그라운드에서는 티샷을 하기 전 골프공이 가야 할 루트를 머릿속에 그려야 한다. 그리고 목표 지점을 확인한 뒤 드라이브 샷을 날려야 한다. 해저드나 벙커가 있다면 당연히 피해서 간다. 장타를 쳐 러프에 보내기보다 짧은 샷을 하더라도 페어웨이를 지키는 것이 파 온On을 하는 비결이다.

② 실수를 염려하지 말고 긍정적으로 플레이하라.

그린을 공략할 때는 주위 상황을 사전에 파악해 벙커 수와 위치, 워터 해저드 유무를 숙지하고 샷을 해야 한다. 공격적으로 플레이할 때와 안전하게 플레이할 때를 구분하자. 그렇지만 실수할 것을 미리 염려하지 말고 항상 긍정적으로 생각한다.

③ 연습 안 한 어프로치 샷Approach Shot은 시도하지 말라.

어프로치를 할 때는 그린에 꽂힌 깃대의 위치와 그린 에지의 간격을 계산하고 샷을 해야 한다. 함정이 도사리고 있는 그린의 깃대에 속아서는 안 된다. 가능한 한 그린 중앙을 노려라. 연습하지 않은 쇼트 게임과 자신 없는 어프로치는 절대로 시도하지 말아야 한다. 어프로치 샷을 할 때는 공이 홀 아래에 위치해야 3퍼팅을 면할 수 있다. 칩 샷Chip Shot을 할 때는 띄우지 말고 굴리도록 하고 그린 에지가 잘 정리돼 퍼트Putt를 할 수 있다면 '텍사스 웨지Texas Wedge'를 선택한다.

④ 벙커는 탈출이 우선이다.(Laird Small)

벙커샷은 첫째, 2~5 Inch 공의 뒤 땅부분을 샌드웨지(LW, PW)의 Sole 부분으로 때려주면 탈출이 가능하다.

둘째, 벙커샷의 위치에서 10야드 전후 가까우면 LW, 20야드 전후 중간이면 SW, 30야드 전후 멀면 PW 치면 된다.

셋째, 첫째, 둘째가 숙달되고 난 이후에는 홀에 더 가까이 붙이려면 페이스를 적정 각도로 Open 시킨 후 그립을 하면 오픈시킨 각도만 좀 비례하여 비거리가 줄어든다. 45°로 Open하면 평소 비거리의 반 정도만 간다.

⑤ 오르막 퍼팅은 홀 뒷벽을 강하게 쳐라.

공이 그린에 온 됐으면 걸어가면서 그린의 전체적인 모양과 경사도, 브레이크 방향, 착시현상Optical Illusion 錯視 등을 미리 읽어두어야 한다.

내리막 퍼팅은 경사와 잔디결을 따라 하고, 오르막 퍼팅은 잘 휘지 않으니 홀의 뒷벽을 때릴 만큼 강하게 쳐야 한다. 사이드라인 퍼팅은 공이 휘는 정도를 머릿속에서 그려보고 프로라인으로 친다. 아무리 짧은 퍼트라도 실수하지 않으려면 신중하고 집중력을 발휘해 과감하게 쳐야 한다.

⑥ 매홀 파를 노리지 마라.

자신의 능력에 맞는 파를 설정하라. 보기플레이어이면 보기가 목표다.

⑦ 실수한 이후에는 상체의 근육이 굳어지고 평소보다 그립의 강도가 높아진다. 이것을 느슨하게 하라.

⑧ 빈곤의 악순환(Vicious Circle of Poverty)을 되풀이 하지 마라.

슬라이스가 난다고 점점 더 목표를 왼쪽으로 겨냥하면 영원히 슬라이스를 교정할 수 없다.

⑨ NATO(Not Attached To Outcome)

실수는 실수일 뿐이다. 나쁜 샷이 연속될까 하는 걱정을 버리고 현재의 샷에만 집중한다.

⑩ 연습장에서 Driver 보다 Approach 연습을 더 많이 하라.

퍼팅, 어프로치의 연습은 아이언, 드라이브 연습의 축소판이다.(체중 이동, 몸 전체의 비례적 이동 등)

24 잘못 쓰는 골프 용어

'라이가 어려워.' 국내 골퍼들이 그린에서 흔히 쓰는 말이다. 하지만 라이(lie)는 공이 놓인 상태이고 퍼팅에 도움이 되는 선은 '퍼팅 라인Putting Line'이라 한다. 이처럼 흔히 쓰지만 틀린 골프 용어와 바른 골프 용어를 함께 소개한다.

① 오버 드라이버 드라이브 샷이 상대보다 더 나갔다고 할 때는 '아웃 드라이브Outdrive'가 맞다. He outdrive me more than 30 yards.(그는 나보다 드라이브 샷이 30야드 더 나갔다.)

② 포대 그린 패어웨이보다 높은 그린은 '엘리베이티드 그린Elevated Green', '플래토 그린Plateau Green'이다. He hit a high shot on to the elevated green.(그는 상향 그린을 향해 높은 샷을 쳤다.)

③ 투 온Two On 두 번 쳐서 그린에 올린 경우 '온 인 투On In Two'다. 'On In+숫자'를 넣는다. 정규 온의 경우 I'm on the green in regulation이다.

④ 레이 아웃 안전하게 우회하는 플레이는 '레이 업Lay up'이다. 레이 아웃Lay Out은 코스의 구조나 모양을 뜻한다. I'll hit a lay up shot.(나는 우회하는 샷을 하겠다.)

⑤ 러브 샷 샌드웨지로 높이 띄워 딱 세우는 샷은 'Lob shot(로브 샷)'이다.

⑥ 볼! 공이 엉뚱한 곳으로 날아가 경고할 때 흔히 쓰지만 원래는 '포Fore'가 맞다. If you happen to hit a Ball toward another Golfer, yell 'Fore!'(다른 골퍼를 향해 우연히 공을 쳤다면 '포!'라고 외쳐라.)

⑦ 가드 벙커Guard Bunker 그린 주위 벙커는 '그린 사이드 벙커Green Side Bunker'라 한다. 페어웨이 양측에 있는 벙커는 '윙 벙커Wing Bunker'다.

⑧ 디벗Divot 파인 자국을 디벗으로 아는 골퍼가 많다. 디벗은 떨어져 나간 잔디Turf를 뜻한다. 파인 자국은 '디벗 마크Divot Mark', '핏치 마크Pitch Mark', '디벗 홀Divot Hole'이다.

⑨ 나이스 샷Nice Shot 어려운 곳이나 극한 상황에서 정말 잘 쳤다고 할 때 사용하는 말이다. 일반적으로 좋은 샷을 칭찬할 때는 '굿 샷Good Shot', '뷰티풀 샷Beautiful Shot'을 쓴다. 가장 좋은 칭찬은 Fantastic shot이다.

⑩ OB 'Out of Bounds'로 반드시 s를 붙여 '아웃 오브 바운즈'라고 해야 한다. 약자는 OB또는 O.B.다.

⑪ place와 replace 원위치가 아닌 다른 장소에 공을 놓을 때 'place'라 한다. 'replace'라는 말은 공을 원위치할 때 사용한다. Place the Ball center of your stance(공을 스탠스 중앙에 놓아라). Replace the Ball where you lifted it(공을 들었던 곳에 다시 놓아라).

⑫ 클럽으로 친 공이 날아가 지면에 닿을 때까지 거리가 '캐리Carry'고, 이후 공이 바운드해 굴러가 멈춰선 곳까지 합쳐진 거리는 '비거리Total Driving Distance'다.

⑬ Driver Shot은 우드 1번으로 치는 것이고 Drive Shot는 클럽종류에 관계없이 티잉그라운드에서 치는 Shot이다.

▼ 미국 일리노이주 Olmpia Fields CC

⑭ 핸디캡 1번홀은 가장 어려운 홀이 아니고 잘 치는 사람과 못치는 사람의 타수 차이가 가장 많이 나는 홀이다. 어떤 프로에게는 핸디캡 1번 홀이 가장 쉬운홀이 될 가능성도 있다.

⑮ 공이 더 굴러가든가 날아가기를 주문할 때는 go go가 아니라 more more라고 해야 한다.

⑯ Edge는 가운데서 가장 먼 끝 또는 가장 자리인 그린 둘레를 뜻하고 입술모양과 비슷해서 Lip이라 하기도 한다. Fringe는 그린 둘레에 머리띠처럼 둘러져 있는 곳이고 그림과 같이 짧게 깍아 놓아도 그린이 아니다. Apron은 그린 가장 자리부터 펼쳐진 부분을 뜻한다.

아마가 바꾸어야 할 골프 스윙 개념 25

① 골프 스윙은 히팅Hitting이 아니고 스윙Swing이다.

클럽헤드가 공의 위치까지 내려와서 타격을 가한다는 생각을 가지면 이는 Hitting이고 현재 위치의 공을 목표지점까지 보낸다는 생각을 가지면 스윙이 된다. 다시 말하면, 특정지점을 최대 속도로 타격하라는 것이 아니고 최대 속도도 지나가는 것이다. Hitting의 경우에는 바람소리가 일찍 나오고 Swing의 경우는 바람소리가 늦게 나온다.

골프 게임은 스윙의 Game이지 위치의 Game이 아니다. 다시 말하면 특정지점에 멈추는 것도 없고 특정지점에 도달하는 것도 아니고 특정지점을 지나가는 Game이다.

골프 스윙에 임하면서 손의 위치, 헤드의 위치, 샤프트 위치, 팔꿈치의 위치, 머리의 위치, 무릎의 위치를 스윙중 어느 위치에 가져가겠다고 생각하면 이미 실패한 스윙이다.(이 모든 것은 준비단계에서는 Ok, 스윙단계에서는 No다.)

※ 몸 중심의 부분하중을 어느 방향으로 움직이겠다는 생각을 하면 고수가 된다. 중심의 이동은 몸 전체의 근육을 사용하는 개념이므로 특정 근육에 명령을 하달하지 않는 장점이 있기 때문이다.

② 우드는 쓸어치고 아이언은 찍어친다.

헤드의 임팩트 속도가 최대가 되는 지점은 공의 정중앙의 바로 밑의 점이다. 우드와 아이언의 차이는 티를 사용하느냐, 안 하느냐. 임팩트 전후 헤드가 지나가는 직선거리가 짧으냐, 머냐의 차이지 쓸어치고, 찍어치는 것이 아니다. 찍어친다는 개념은 팔과 손 근육의 과도한 사용의 위험성이 있다. 아이언의 경우 헤드의 엣지부분이 공의 바로 밑 최저점을 지나도록 겨냥해야 한다.

③ 백스윙과 폴로스윙의 중간에 정지동작이 있다.

순간적인 정지동작은 가는 힘과 오는 힘의 충돌과 균형으로 자연적으로 이루어져야 된다. 의식적인 정지동작 명령으로 수행되어서는 안된다. 손, 팔, 몸통의 백스윙이 톱에 도달하기 전에 하체(발바닥, 무릎, 허벅지, 골반의 순서)는 폴로스윙을 준비하고 있어야 자연적인 정지동작이 이루어진다.

④ 생각을 바꾸어서도 원하는 행동이 일관되게 나오지 않는다.

근육신경회로에 기억시키는 시냅스Synapse(단백질)가 쌓여야 한다. 새로운 근육신경회로가 정상화 되려면 최소 20일 이상이 소요된다. 어린이에게 새로운 젓가락질 방법을 가르켜 주어도 옛날의 나쁜 젓가락질로 돌아가는 것도 이 때문이다.

⑤ 백스윙은 어깨를 좌에서 우로 수평 이동하면서 시작된다

척추각이 약간 앞으로 기울어 있기 때문에 어깨를 수평 턴하더라도 왼쪽 어깨의 높이는 약간 내려오고 오른쪽 어깨는 약간 위로 올라간다. 프로는 본능적으로 이것을 알고 있기 때문에 어깨가 내려가더라도 근육신

경 회로의 수정명령이 일어나지 않으나 아마는 수정명령이 일어나 왼쪽 어깨가 기준보다 약간 위로 올라오고 척추각도 오른쪽으로 기울어져서 턱에 가까워지므로 팔의 궤적이 정상궤도를 벗어난다.

따라서 아마는 어깨의 수평회전보다 허리근육을 약간 수축하여 왼쪽 어깨를 수직으로 밑으로 약간 내리는 선행동작을 먼저 한 후 어깨 턴을 하면 정상궤도에 들어가기 쉽다.

⑥ 백스윙의 시작은 손→팔→몸통이 아니고 몸통→팔→손의 순서다.(단, 손목의 코킹은 먼저 시작된다.)

손과 팔이 평소에 많이 쓰는 근육으로 활성화되어 있으므로 비활성화된 몸통근육보다 선행되는 것이 아마의 고질병이다. 웨글Waggle은 작은 근육을 움직여 전체근육의 경직을 막는 방법이지 작은 근육의 선행동작은 아니다.

⑦ 아마의 경우 체중이동이 빠를수록, 근육꼬임을 빨리할수록 거리를 낸다고 착각하고 있다.

몸통중심의 움직임이 느려야 헤드의 궤적을 일정하게 하고 가속시킬 수 있다. 체중이동과 근육의 꼬임과 이완을 되도록 천천히 하여야 한다. 좌우전후 후전우좌의 느린 체중이동이 골프 스윙의 핵심이다.

⑧ 골프는 방향과 거리만 문제되는 2차원의 세계가 아니라 속도라는 제3의 요소가 개입되는 3차원 운동이다.

3차원 운동은 집중력과 상상력이 동원되어야 한다. 집중은 집중하려고 애쓰는 과정에서 나오는 것이 아니고 현재의 상황에서 자기가 무엇을 하고 있는지 아는 선택과 주의집중에서 온다. 주위의 소음과 동작행위는 주의집중을 방해한다. 주의집중을 아는 사람은 동반자가 어드레스를 하면 소음과 동작을 멈춘다. 상상력은 기억을 재생, 창조하는 과정이므로 주의집중과 마찬가지로 동반자가 방해해서는 안된다.

싱글 핸디캡퍼Single Handicapper는 동반자가 어드레스를 하면 소음과 동작을 하지 않는다. 싱글핸디캡퍼가 소음과 동작을 하면 의도적인 것으로 간주하고 동반라운드를 피하고 절교까지 하는 것이 현명하다.

⑨ 아마는 골프연습을 할 때 목적이나 목표없이 체력단련 훈련을 하지 말아야 한다.

아마는 멀리치는 것을 연습이라고 생각하는 경향에서 목표지점까지 정확하게 보내는 것을 우선하여야 한다. 성적은 멀리 보내는 것에서 오지 않고 목표지점에 정확하게 보내는데서 온다. 프로는 되도록 깃대에 붙여서 버디찬스를 많이 만드는 것에 목표를 두고 아마는 파온에 버디퍼팅보다 3퍼팅을 하지 않는 것에 목표를 두어야 한다.

⑩ 다운스윙 시 빠른 속도를 내는 근육과 느린 속도를 내는 근육은 다른 근육신경회로를 갖고 있다.(김성수 무의식으로 스윙하라 인용)

빠른 속도를 내는 근육을 50%만큼 다운시켜 느린속도를 내고 있지 않다는 뜻이다. 프로는 많은 연습량을 통해 아마보다 재생 가능한 근육신경회로를 더 많이 가지고 있다. 따라서 아마는 샤프트의 길이를 조정하여 거리 가감을 조정하는 것이 현명한 방법이다.

⑪ 백스윙 탑에서 클럽을 손으로 떨어 뜨리려하지 말고 어깨의 수직운동에 의해서 클럽을 떨어뜨려야 하고 이때 손의 역할은 아무 것도 없다.

어깨의 수직운동의 선행동작은 오른쪽 무릎을 왼쪽으로 약간 미는 동작과 오른쪽 옆구리를 수축하는 동작으로 가능하다.

하와이 Mauna Kea GC ▲

⑫ 퍼팅은 메카니즘(그립, 스윙크기, 스탠스, 볼의 이동)이 아닌 터치와 감각에 의해서 이루어진다.

터치는 홀근처에 갔다 붙이는 것이고 감각은 주어진 퍼팅거리를 얼마만큼 휘어져서 들어가게 하느냐의 문제다. 터치와 감각은 근육신경회로에 기억되어 그것을 꺼내어 사용 가능하게 만드는 것이지 순간적인 뇌의 명령에 의해 이루어지는 것이 아니며 주의력과 상상력이 동원된 연습량에 의해서 좌우된다.

⑬ 머리를 고정시키기 위한 과도한 노력은 목 주위의 근육에 과도한 긴장을 주어서 전체 스윙에 동원되는 근육에 나쁜 영향을 미친다.

아주 조금 움직이더라도 긴장없는 머리 위치를 유지하여야 한다.

26 Ben Hogan과 David Leadbetter

이 책을 쓰기 전에 솔직히 나는 벤 호건의 골프교습서는 표지만 보았고 전체를 읽어보지 않았다. 책방에서 1~2분 대강 훑어본 내용중 기억나는 것은 그립자세와 손목의 내전, 외전 개념 소개였다.

나는 이 두 내용이 결정적으로 내 마음에 다가오는 것이 없어서 전체를 읽어보지도 않고 그의 기법을 흉내내지 않은 것을 어떤 의미로는 행운이라 생각한다. 왜냐하면 그의 기법을 숙달하기 위해서는 지금의 나보다 더 많은 시행착오를 경험하였을 것이라고 생각하기 때문이다.

미국으로 골프여행을 가기 전에 책방에서 구입한 책이 레드베터(영국, 1952~)가 지은 "벤 호건의 모든 것"이었는데 나의 책 교정을 다 보고 나서야 이 책을 다시 보게 되었다. 세계 제일의 골프교습가 레드베터는 호건의 스윙을 다각도로 분석하고 자기의 의견을 제시하고 있다. 나는 세계 최고봉의 선수와 교습가가 쓴 내용이라 체중이동에 대한 내용이 있는가를 찾아보다가 나의 책 내용에서 설명한 ABC라인과 LDW축 이론으로 이 두 분의 차이점과 공통점을 가려낼 수 있다는 것을 발견하고 이 책의 주요내용을 발췌하여 거기에 관련되는 나의 이론을 해설하고자 이 장을 추가로 삽입하였다.

보통 영어 번역판은 그 내용이 모호하든가 동작으로 표현하기가 힘든 경우가 많은데 원형중元亨重(이대 체육과학부 교수) 교수님의 번역은 아주 잘 되었다는 느낌을 받았지만 벤 호건 스윙의 핵심이론인 외전개념은 나의 스윙 동작으로 표현하기가 어려워서 LA에서 원서를 구입하여 확인해 본 결과 해부학에서 사용되는 외전과 해외를 정확히 구분하지 못하고 해외를 끝까지 외전으로 번역한 것을 발견하였다.

외전은 사지가 몸에서 멀어지는 운동Abduction이고 내전은 사지가 몸에 가까워지는 운동이다. Supination(회외)은 팔꿈치를 가슴에 붙이고 손바닥을 앞이나 하늘쪽을 보게 하는 자세이고 Pronation(회내)는 팔오금이 서로 마주 보게 하고 손등이 앞이나 하늘쪽을 보는 자세이다. 벤 호건의 Supination은 회외라 하여야 하고 외전이 아니다. 이 용어를 잘못 사용하면 벤 호건의 스윙 이론의 가장 중요한 축이 무너진다.

각설하고 David Leadbetter는 Ben Hogan의 Five Lessons 라는 책과 많은 경기 비디오와 사진, 그리고 그를 잘 아는 사람들과 인터뷰를 통해 호건의 스윙 원리를 분석하고 자기의 의견을 제시하는 방법으로 책을 구성하였다.

나는 여기서 놀라운 사실을 발견하였다.

두 분의 의견이 상충하는 부분의 상당한 부분을 나의 ABC라인과 LDW축 이론으로 설명 가능하다는 것을 발견하였고 특히 체중 중심점의 이동이 전후로도 있다는 것을 모르고 이론을 제시하고 있다는 점이다.

또한 나의 책 많은 부분에서 주장하는 바를 호건이 언급하고 고백하고 있다는 점이다. 나는 맹세코 호건의 언급을 책에서 본 바도 없고 간접적으로도 들은 바도 없다는 점이다. 오로지 나의 골프인생 40년 동안 4천 번의 라운드와 40만 번의 스윙경험에서 얻은 지식을 책으로 표현하였는데 마치 내가 호건의 책을 읽고 도용하지 않았나 하는 의심을 살 수도 있었다는 점이다.

그러나 ABC라인과 LDW축의 이론이 있으므로 그것을 호건이나 레드베터가 언급하고 있지 않음으로 나의 결백은 이미 증명되었다는 자신감이 생겼다.

21p. 벤 호건은 쇼트게임의 중요성을 간과하지는 않았지만 자주 언급하지도 않았다. 80타는 물론 72타를 깨는 것은 쇼트게임이라는 것을 David Leadbetter는 지적하고 있다. 40년 골프인생 동안 나는 드라이브 연습보다 쇼트게임 연습을 더 많이 하였다.

67p. PGA 투어에서 다승한 8명 프로의 어드레스 자세, 척추의 기울기 차이는 ABC 라인의 간격차이로 나타난다. 양손의 위치가 B라인 선상에서 얼마만큼 바깥쪽으로 나가느냐의 차이로 나타난다.(척추의 각도에 크게 주목하지 않는 것 같다. 척추의 각도에 따라 스윙 플레인이 크게 달라짐에도 불구하고)

89p. "1950년대 이전에는 샘 스니드도, 바이런 넬슨Byron Nelson(미국, 1912~2006) 등 대부분의 프로선수가 곤추선 자세였으나 1950년대부터 벤 호건이 평범한 스윙 플레인을 유지한 최초의 선수가 되고 이것을 많은 선수가 따라하게 되었고 1960년대부터 잭 니클라우스의 영향으로 골퍼들은 좀더 수직적인 플레인으로 스윙했다."

이 문장의 뜻은 벤 호건이 전에는 척추의 각도가 직립에 가까웠으나 벤 호건이 최초로 척추가 지면으로 약간 기울인 각도로 하는 것을 유행시켰고 잭 니클라우스가 다시 원상복구 시켰다는 것을 의미한다.

여기에는 척추각도 뿐만 아니라 중요한 사실을 하나 간과하고 있다. 척추각이 변하면 체중의 중심점이 변한다. Set Up 상태에서 직립에 가까운 경우에는 나의 B라인 선상에 있으나 벤 호건의 척추각이면 B라인보다 앞으로(발앞꿈치보다 앞쪽으로) 가게 되고 백스윙의 톱에서도 C라인 뒷쪽으로(발뒷꿈치보다 더 뒤쪽으로) 옮기게 된다.

체중의 중심점 이동을 논하지 않고 스윙 플레인의 형태를 논하는 것은 혼란을 초래할 뿐이다.

85p에 "웨글Waggle은 기본적으로 백스윙을 할 때 클럽 페이스가 열리는 전체 스윙의 축소판이다. 웨글은 정적인 어드레스 자세에 동작과 리듬을 부여하고 일관성 있는 스윙을 만들어 주며 긴장을 해소하는 큰 역할을 한다."

80p. "백스윙은 우선 손이 먼저 움직이고, 다음으로 팔, 어깨, 하체 순으로 움직인다. 하체, 어깨, 팔, 손으로 움직이는 것이 다운스윙이다."

위의 두 문장은 서로 일치하지 않는다. 전체 스윙의 축소판이라 해 놓고 움직이는 순서를 기술하고 있으니 말이다. 위에 문장의 정확한 뜻은 몸의 부위가 움직이는 거리차이에 중점을 둔 표현이라고 본다. 근육신경회로의 작용순서를 이야기 한다고 보아야 한다. 손만 움직이고 다른 몸의 부위가 미동도 하지 않는다면 대부분의 샷은 외도한 샷이 나오지 않는다. 움직임은 비례성의 문제로 접근해야 한다.

웨글이 왜 중요하냐 하면 호흡의 관점에서 접근하여야 한다. Set Up의 정지상태에서 호흡이 없으면 특정근육의 긴장이나 경직상태가 일어난다. 어느 특정부위라도 조금이나마 움직이고 있으면 호흡의 정지는 없다.(이동철 호흡법 참조) 그러므로 웨글이 필요하다. 웨글을 하면서 체중의 중심점은 계속 지키고 있어야 하고 웨글의 중심점에서 스윙을 시작한다는 의미가 몸 전체의 중심점의 최초 이동과 같이한다는 뜻이다.

89p. "골퍼는 백스윙의 톱에서 대부분 체중이 오른쪽으로 옮겨지지 않았을 때 축을 전환시킨다." 톱에서 그 체중은 중앙에 있었다.(가)

81p. 벤 호건은 그의 동료에게 쓴 편지 속에서 "스윙을 하는 동안 신

체의 무게중심은 한 곳에 두어야 한다. 즉, 지면, 머리, 코가 하나의 직선으로 연결했다고 가정할 때 머리는 스윙을 하는 동안 거의 움직이지 않아야 한다."(나)

91p. 나는 몸이 풀어지는 과정을 보조하기 위해서는 오른쪽으로 체중을 싣는 것이 바람직하다고 본다.(다)

91p. 축전환에 있어서의 문제는 스윙의 톱에서 골프의 체중이 원래 옮겨져야 하는 방향의 반대쪽으로 이동하는데 있다. 클럽이 임팩트에 이를수록 체중은 왼쪽이 아닌 오른쪽으로 이동한다.(라)

(가)(나) 벤 호건과 (다)(라) 레드베터의 체중이동의 관점이 다르다.

벤 호건은 체중의 중심점을 L축에 절대적으로 지키면서 스윙 중에 일어나는 모든 문제를 스윙 플레인, 손, 팔의 외전, 내전 또는 손목 꺾임과 폼으로 해결하는 놀라운 재능을 발휘하였다. 그 분의 오랜 시간의 노력과 연습의 덕분으로 이룩한 골프스윙 이론의 발전에 크게 기여하였다고 레드베터는 기술하였다.

레드베터는 체중의 중심점이 오른쪽으로 이동하여야 하고 심지어 오른쪽에 남아 있어야 한다고 주장하고 있다.

나는 여기서 두 분이 다 체중이동의 중심점이 LDW축 중심으로 움직인다는 물리역학을 거스르고 있다고 감히 주장한다. 몸 부위별로 센스를 달고 체중 중심점의 이동 추이를 분석한다면 나의 가설(이론)이 증명되리라고 본다.

센서가 없더라도 눈을 감고 천천히 스윙해 보면 골프의 문외한門外漢도 느낄 수 있는 것이라고 생각한다. 클럽과 손과 상체가 오른쪽으로 움직이는데 체중 중심점은 당연히 오른쪽으로 이동할 것이고 다음 어깨턴이 이루어질수록 양팔과 손이 오른쪽 귀쪽으로 가는데 체중의 중심점이 뒤로 가지 않는다는 것은 물리역학을 거스르는 것이기 때문이다.

물리학에서 속도는 짧은 시간과 변위의 크기에 비례한다. 변위를 크게 하기 위해서는 체중의 중심을 전후좌우로 이동하는 것이 정답이라고 생각하고 이것을 증명하기 위한 노력을 나의 앞으로의 과제라고 생각하고 있다.

헤드가 직선으로 갔다가 직선으로 다시 오면 변위의 차이가 없다. 헤드가 돌아오는 길을 수직으로 내려와서 수평으로 가면 변위의 차이가 커진다. 그래서 체중의 중심점을 폴로 수윙 때 후전으로 움직인 후 우좌로 움직인다는 가설을 증명하고 싶다.(백스윙 때는 vice resa)

벤 호건이나 잭 니클라우스의 스윙의 탑에서 차이점은 전자는 오른쪽 팔꿈치가 몸통에 비교적 가까이에 있고 후자는 몸통에서 멀어져 있다. 그러나 폴로스윙의 중간단계에서 보면(샤프트가 지면과 평행일 때) 오른쪽 팔꿈치는 몸통에 붙어 있는 것이 공통점이다.

떨어져 있는 팔꿈치가 붙는 시점까지가 체중의 중심점이 뒤에서 앞으로(W'→D') 가는 시점이고 다음 단계는 체중의 중심점이 L축을 거쳐 DW로 가는 점은 두 사람 다 같다는 점이다.

이는 나의 용어 정의상 두 사람의 리듬, 템포는 다르나 타이밍은 같다는 것을 뜻한다. 레드베터의 체중 중심점이 오른쪽에 남아 있는 뜻은 폴로스윙의 중간단계까지만 오른쪽에 남아 있고 그 이후에는 왼쪽 목표방향으로 움직인다는 뜻으로 풀이하여야 된다고 생각한다.

101~102p에는 "똑같은 키의 골퍼라도 스윙 플레인은 다를 수 있다.(가) 이는 특정 플레인이 되는 것보다 좋다고는 할 수는 없는 이유는 기술적으로는 이상하게 보여도 좋은 결과를 낳을 수 있기 때문이다.(나) 호건은 체격에 따라 플레인이 결정된다고 주장한 바 있다.(다) 백스윙

시 어떤 특정 플레인을 사용하든 똑같은 반복사용이 중요하고 스윙은 연쇄작용을 일으키므로 일관성 있는 백스윙에 따라 다운스윙의 질이 결정된다.(라)

(가)와 (나)는 나의 책에서 체중의 중심점을 어디에 두느냐에 따라 양손의 위치는 BC라인 전후에서 결정된다. 나는 가장 이상적 위치가 발목뼈 삼각대의 양끝 부분이 받침대의 역할을 하므로 가능하면 그 부분을 BC라인으로 정하는 것이 좋은데 가슴팍의 크기, 신장의 크기에 따라 물리법칙에 따라 체중의 중심점을 이동시켜야 한다면 양발의 앞뒤 끝을 중심으로 변할 수는 있지만 자신이 정한 BC라인을 준수하여야 한다고 강조한 바 있다. 나는 스윙시 억지로 어깨라인과 왼손 팔이 라인의 각도를 일치시키는 동작은 찬성하지 않는다.

왜냐하면 체중 중심점의 이동을 복잡하게 만들기 때문이다. 팔은 몸통에 처음부터 붙어있는 각도를 그대로 유지한 채 백스윙 되어야 한다는 것이 나의 지론이다. 특히 벤 호건의 주장이 관철되기 위해서는 더더욱 그렇다.

110p. 나는 수천 번에 걸친 레슨을 통해 목가지 올라오는 유리판보다 더 설득력 있는 이미지를 생각해 냈다. 그것은 굴곡이 있는 유리판 안에서 골퍼가 서 있는 이미지다. 이러한 이미지는 유리의 굴곡 플레인이 약간 가파르게 변하는 양상을 표현해 주기 때문에 백스윙이 매우 이상적이다. 호건은 평면유리판, 레드베터는 곡면유리판을 주장하고 있는데 이것은 이미지 스윙에 필요한 개념이고 기술적인 훈련과정에서는 기준점이 없기 때문에 전문가나 초보자가 실행하기가 어렵다.

나의 ABC라인 이론으로 설명하면 AB라인 안에서 평면유리, BC라인 안에서는 곡면유리가 되고 AB라인에서는 체중의 중심점이 D축에 있으나 그 이후부터는 W축으로 이동하는 과정이 곡면유리가 된다는 점이다. W점에 체중의 중심점이 이동하면 탑 스윙은 완성된다는 것이다.

나는 정확한 위치와 체중 중심점의 이동이라는 두 가지 측정 가능한 기준점을 가지고 논하고 있고 두 사람은 이미지 상의 유리판을 기준으로 삼는다는 점이다. 나는 또한 스윙 이전단계 또는 연습단계에서는 ABC라인을 상정해야 하나 스윙단계에서는 ABC라인은 잊어버리고 유리판 보다 체중 중심점의 이동을 느끼면서 헤드의 궤적을 이미지화 하는 것이 좋다고 생각한다.

오늘날의 많은 선수들은 벤 호건과 잭 니클라우스의 중간형태의 스윙 플레인을 많이 가지고 있다. 이는 변위의 수직성분과 수평성분으로 설명 가능하다고 본다. 방향과 거리의 두 마리 토끼를 잡기 위한 최대 공약수가 요즈음 프로선수들의 플레인이다. 극단의 두 프로와 요즈음 프로의 스윙 플레인을 개인이 흉내내기 보다는 자신에게 맞는 스윙 플레인을 찾아가는 것이 정도다.

벤 호건도 자신의 스윙 플레인Swing Plane을 절대원칙으로 꼭 따라야 한다고 주장하지는 않았다. 또한 가트너 디킨슨은 달리 말하면 "최고의 골퍼라도(벤 호건을 상징하고 한 말) 자신이 생각한 것처럼 항상 스윙하는 것은 아니다."라고 말한 바 있다. 나는 이 언급을 이렇게 해석한다.

최고의 선수도 자기가 주장하는 플레인과 기술적 사항이 있지만 실제 스윙 시에는 그것을 잊어버리고 타켓 방향으로 보내겠다는 Target dead aim을 위한 이미지 스윙에 성공했기 때문에 자신이 생각한 스윙을 하지 않았다고 생각한다.

127p. 다운스윙에서 힙 동작은 연쇄반응을 일으킨다. 체중은 서서히 왼발로 이동하고 오른쪽 무릎은 목표를 향해 들어온다.(가)

다운스윙 시 팔이 바로 힙의 위치에 올 때까지 손은 아무런 할 일이 없다고 했다. 팔은 단지 힙의 동작으로 인해 거기까지 내려오는 것이다.(나)

호건은 다운스윙시 오로지 두 가지 생각, 즉 힙 동작의 시작과 몸과 팔을 사용하여 될 수 있으면 강하게 볼을 치는 것만 생각한다고 말했다.(다)

(가)와 (나)는 체중의 중심점이 W′에서 D′로 가는 것을 말하고 (다)는 D′에서 D로 가는 체중이동을 뜻한다. 다운스윙의 시작 동작이 벤 호건은 힙의 턴에 의해서 이루어진다고 설명하고 있다. 그러나 힙 턴의 선행 동작을 너무 의식하게 되면 헤드의 궤적이 Out In이 되어 슬라이스가 날 가능성이 높아진다.

호건은 선행동작으로서의 힙턴을 이야기하고 있지만 힙턴이 가능하게 하는 근육은 무릎을 움직이는 근육과 허리근육이 움직여 주어야 힙턴이 가능하다. 그래서 힙턴을 너무 강조할 필요가 없다. 나는 도리어 체중의 중심점이 W′에서 D′로 옮기는 것에 집중하면 이에 관련되는 모든 근육이 자동적으로 작동된다는 점이다.

모든 근육의 동시적, 비례적 작용이 골프 스윙의 핵심이라는 것을 다시 한 번 강조하고 싶다.

137p. 호건은 In-To-Out으로 향하는 스윙을(A) 하라고 말했지만 엄밀히 말해서 그것은 상당히 깊은 안쪽에서 안쪽으로(B) In-To-In 향하는 스윙이거나, 목표라인 안쪽에 있다가 임팩트 시 스퀘어가 되었다가 다시 안쪽으로 향하는 궤도를 그린다.

아마가 In-To-Out(1시~2시 방향) 스윙을 하면 앞으로 쓰러지는 스윙을 할 가능성이 높아지고 Out-To-In 스윙을 하면 뒤로 쓰러질 가능성이 높아진다.

호건식으로 스윙하는 경우이다. 스윙의 중심점에서 손을 조작하는 기술이 필요하며 오랜 시간의 연습을 필요로 하는 매우 정교한 작업이다. 연습량이 부족한 아마는 호건의 기법을 숙달하기는 매우 어렵고 오랜 연습시간이 필요하다.

레드베터의 호건의 힙 동작 분석에 의하면 힙턴하기 전에 힙 전체가 왼쪽으로 측면이동한 사실을 발견한 바 있다. 이는 바로 내가 위에서 지적한 DL을 거치지 않고 W'에서 D로 간 것을 p.151에서 설명하고 있다.

129p. "야구에서 언더스루우를 던지는 듯한 골프스윙 동작은 호건, 존스, 시레센, 엘슨, 니클라우스, 타이거 우즈 같이 스윙이 훌륭한 골퍼들에게서" 쉽게 찾아볼 수 있다.

이 폼은 체중 중심점의 이동이 다운스윙에서 W'→D'로 가는 동작이 없으면 불가능하다. 이 모든 훌륭한 선수들은 자기들의 교습서, 인터뷰, 교습과정에서 밝힌 바는 없지만 몸이 본능적으로 알고 행하여서 본인은 모르고 있던가 골프 스윙의 비밀은 밝히고 쉽지 않은 사유에 기인할지도 모른다.

벤 호건도 열린 클럽페이스와 백스윙 올라가면서 왼쪽 손목 꺾기를 숨긴 바 있다. 잭 니클라우스도 골프는 발바닥의 느낌으로 골프 스윙을 한다고 하면서 구체적 체중 중심점의 이동을 밝히지 않고 있다.

나 자신도 40년의 골프생활 중 체중 중심점 이동의 감을 찾아낸 것도 2~3년에 불과하다. 이 이동의 감을 찾은 후부터 벌써 이븐파 이하의 에이지 슈트를 140회 이상하고 있는 것은 ABC라인과 LDW축의 이론이 맞다는 것을 증명하고 있다고 생각한다.

나는 벤 호건을 존경하고 사랑한다. 골프를 사랑하는 마음이 없이는 체중 중심점을 고정한 채 공을 똑바로 보내기 위한 각고의 연습량과 투입시간에 경의를 표하고 그의 골프이론 체계 발전에 감사할 따름이다.

레드베터도 마찬가지다. 그가 서문에서 밝힌 바와 같이 호건의 책, 사진, 동영상을 오랜 시간 연구하여 호건의 속마음과 자기의 속마음을 가감없이 표현한 것에 대해 존경을 표하고자 한다.

나는 두 사람의 엄청난 성과에 체중의 부분하중 이동이라는 조그만 Factor를 첨가하였을 뿐이다.

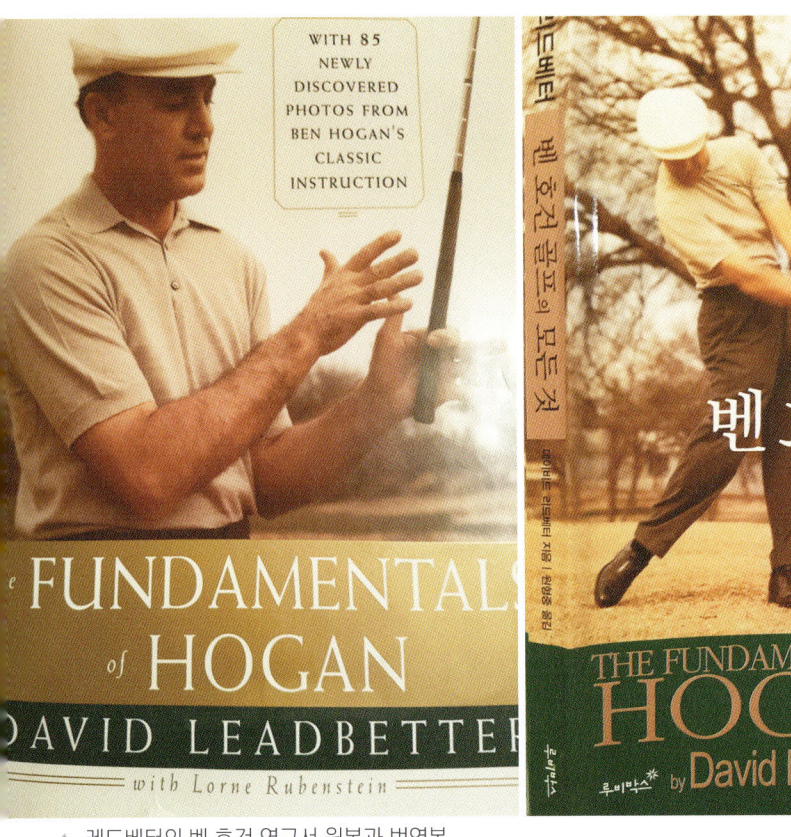

▲ 레드베터의 벤 호건 연구서 원본과 번역본

골프 영어 27

Up slope(오르막), Down slope(내리막), Side slope(측면 경사)

Too short(less)(짧다), Too long(길다), This is not my day(오늘 공이 잘 안 맞는다)

Ball lip it out(볼이 벙커를 넘어감)

Ball hit the Bunker(벙커에 들어갔다)

Too short(less) 짧았다, Too much(long) 길었다.

My Ball(it's me) it's you(your Ball)

That's you(당신 공이요, 멀리 있을 때), That is good(Ok)

That is good by me(자기가 give 줄 때)

Very urgent call from nature(화장실 갈 때)

Somebody's Ball, nobody's Ball(동반자의 볼이 아님)

Just passed(아깝게 놓친 경우)

Breaks to right(left) (오른쪽으로 휜다.)

Winds behind me(you)(뒷바람), Winds against me(you)(앞바람)

Winds blow left(right)(왼쪽에서 부는 바람)

Put with the flagstick(깃대 꽂은 채로 퍼팅)

Better than ever today(오늘 중 제일 좋은 샷)

Came through(나무가지 사이를 통과한 경우)

Get left(왼쪽으로 가다) Get over(벙커를 넘어가다)

Good touch, Good try(잘했어요)

Still going(계속가고 있다. 좋은 방향으로)

Birdie time(버디 한 시간이다)

Big driver, Driver of the day(오늘중 가장 잘 맞는 샷)

Silly 홍길동(바보같은 길동아)

What a ugly shot(나쁜 샷 책망할 때)

Attest, Marker(채점자), Scorer, Player(경기자)

Stay there(더 가지 말라)

Hit back(공 상부를 쳐서 낮게 가는 경우)

I hit the dirt, I hit it fat(뒷 땅치는 경우)

Keep it(깃대 그냥 두라)

I don't need it(깃대를 뽑아 달라.), Keep it out(깃대를 뽑아 달라)

Keep going(공이 도로 등을 따라 계속 가는 경우)

Tee(Tee off) time(경기 시작시간)

It's gone, That's gone(없어져 버렸다. 포기할 경우)

Me as well(나도 같다)

I don't know what I am doing(형편없는 공을 친 경우)

More more(좀 더 가라. 가라), More left(좀 더 왼쪽으로)

Down there, hit(내려 앉아라, 더 가지 마라)

Little long(조금 길었다), Roll down(굴러 내려간다)

Be enough(좀 더 가라. 넘어가라), Be good(홀에 붙어라)

Ok there(마크 안 옮겨도 됨. 공치우지 않아도 됨)

Outstanding(훌륭했다)

Your neighbour over there(그쪽에 같이 갔다)

Keeping left(계속 왼쪽으로), Slow down(천천히 굴러라)

A single-digit handicapper(1~9 오버파)

The low handicap player(3~6 오버파)

The scratch player(0~2 오버파)

A mid handicapper(90타 전후)

A high handicapper(100타 전후)

Can I take my shot(말씀 중에 쳐도 될까요?)

Go ahead(그렇게 하세요. 먼저 치세요)

May I join with you(같이 칠 수 있을까요?)

Three(four) is a great score(Par도 대단하다)

Two(three) is a bonus(버디는 보너스다)

One(two) is a amaging(홀인원, 이글 놀랍다)

Bouncing back(못 치다가 잘 치게 될 때)

My favorite drill(내가 좋아하는 기술, 또는 연습방법)

Perimeter-weighted iron(스윗 스폿트를 크게 하기 위해 아이언 헤드 둘레에 무게를 준 아이언)

Knook down the pin(핀을 겨냥하라. 명중시켜라)

Take dead aim(목표를 명중시켜라)

First tee jetter(1번 홀 신경과민증)

▼ 하와이 프린스마카이 GC

Laird Small의 골프 교습 28

Laird Small의 골프 교습

퍼팅

① 반복 가능한 퍼팅 속도의 연습방법은 볼 3개를 가지고 첫 번째는 멀리 치고 두 번째는 짧게 치고 세 번째는 그 중간을 치는 것을 5회 이상 반복하면 퍼팅의 속도감을 터득하게 된다. 한 손으로 10야드, 20야드, 30야드의 거리를 볼 5개씩 퍼팅해도 속도감을 느낄 수 있다.

② 퍼팅은 홀보다 Fringe(그린 둘레)까지 보내던가, 또는 홀반경 50cm 이내에 들어가도록 연습하면 Three Putting은 피하게 된다.

③ 공과 홀 사이를 걸어보면서 거리감과 경사감을 느껴본다. 일반적으로 양 엄지발가락 사이의 거리가 퍼트 그립만큼 조정한 다음 퍼팅 크기도 그만큼으로 조정하면 6피트쯤 간다.

④ 짧은 거리의 Short Putts는 홀 앞에 Tee를 쓰러뜨리는 이미지 또는 볼 앞에 아주 나즈막한 턱을 넘는 이미지로 퍼팅한다.

⑤ 마지막 아이언 샷부터 멀리서 그린의 경사를 물이 어느 쪽으로 흘러가는가를 느낌으로 파악한다. 일반적으로 90% 이상의 확률로 해변, 호수, 산아래 쪽으로 그린의 경사가 있다.

Laird Small의 골프 교습

Approach Shot

① 공이 놓인 곳의 경사, 셋업 시의 경사, 바람의 방향과 세기, 공이 떨어진 후 어떤 방향으로 굴러갈 것인가를 생각하라.

② 깃대를 겨냥하는 Shot보다 넓은 그린을 목표로 하고 되도록 안전한 곳으로 보낸다.

③ 대부분의 아마는 자기의 표준 거리를 잘 쳤을 때의 거리를 기준으로 한다. 그러나 통계적으로 아마는 목표지점에 한 클럽 짧게 치는 경우가 많고 그린 뒤쪽이 높은 경우가 더 많아 한 클럽 더 길게 잡아야 한다.

④ 어프로치 연습할 때는 공이 떨어져서 어떻게 굴러가는 것에 대한 이미지를 느껴야 한다. 프로는 연습 스윙시 한타에 30초씩 소요되나 아마는 10초 밖에 소요되지 않는다. 그만큼 이미지 훈련을 하지 않는 것을 의미한다.

Laird Small의 골프 교습

Drive Shot

① 친구와 라운드할 때 티샷이 페어웨이에 안착 안 할 경우 미식축구의 룰을 적용하여 15야드 후진해야 치는 룰을 적용하여 게임을 진행한다.

② Driver는 가장 길고 가장 가벼운 채이기 때문에 가장 멀리갈 가능성도 있지만 페어웨이를 벗어날 가능성도 높다. 라운드당 드라이브 잡는 횟수를 5~6회 줄이면 아마의 경우 총 타수는 통계적으로 2~3점 낮아진다.

③ 5번 아이언으로 145m 정도 보내는 경우 일반적으로 White Tee에서 치는 것이 골프의 기본 매너이다.

④ 평소 스윙이 슬라이스가 자주 나면 페어웨이 중앙보다 좌측을 겨냥해야 한다.(항상 중앙을 노리면 Golfer이고 위험지역을 감안해서 조정하는 사람은 Player이다.)

⑤ 모든 클럽은 같은 템포로 스윙해야 한다. 템포는 손, 팔, 몸통, 클럽이 같이 움직이는 속도의 비율이다. 드라이브나 롱아이언은 상대적으로 샤프트의 길이가 길기 때문에 거리가 더 많이 나가는 것이지 템포가 빨라져서 멀리 가는 것이 아니다. 따라서 몸통이나 팔의 회전속도는 항상 일정하게 해야 한다.

Laird Small의 골프 교습

타수를 줄이는 전략

① Start with the little victories.

단숨에 스코어를 줄이려고 하지 말고 조그마한 성공의 기억을 계속 축적하라.(그날 제일 잘한 샷을 떠올리고 기록하여 기억하라.)

② Take Inventory of your game.

페어웨이 안착회수, 50야드 이내에서 그린 안착비율, 벙커에서 1타로 온 그린 성공률, 3퍼팅 회수 등을 기록하여 거기에 맞는 연습량을 조절할 것

③ Short game practice drill.

㉠ 우산을 15야드, 30야드, 60야드 거리에 놓고 연습한다.

㉡ 치핑의 날으는 거리와 굴러가는 거리의 비율은 일반적으로 SW는 1 : 1, PW는 1 : 2, 9번은 1 : 3이다.

㉢ 일반적으로 아마는 치핑할 때 오른손을 과도하게 사용함으로 연습시에는 임팩트 순간에 오른손을 놓아 버리는 연습을 하면 오른손과 왼손의 균형을 잡을 수 있다.

㉣ 벙커에 25cm 간격의 평행되는 라인을 그리고 달러지폐만큼 모래를 퍼내는 느낌으로 연습할 것.

㉤ 연습 그린에서 동서남북의 Fringe까지의 길이가 다르도록 위치를 설정하고 연습하라.

페블 비치 테니스클럽 레스토랑 ▲

④ Full swing practice drill.

㉠ 집안, 주차장 등 평행선이 그어져 있는 장소에서 몸이 그 라인에 정열되도록 어드레스하는 연습을 한다.

㉡ 디보트자국이 볼 위치로부터 직사각형이 나오도록 연습한다.

㉢ 자동차, 전동카 등의 범퍼 밑으로 헤드가 지나가도록 연습한다.

㉣ 벤치의자의 라인을 따라 초기 스윙 궤적이 나오다가 몸의 Turn에 의해서 헤드가 방향을 뒤로 조금씩 바뀌는 것을 체험한다.

㉤ 라운드 전 충분한 스트레칭 연습을 하고 18홀 동안 수분을 계속 공급하여 준다.

㉥ 그립은 최소 1년에 한 번 정도는 교체해 주어야 한다.

에필로그

에필로그

　에이지 슈트 기록과 관련하여 해당 골프장에서 매번 확인서를 받을 생각이었지만 그게 쉽지 않았다. 한두 번은 해주는데 그 이후는 국내 골프장도 해주는 것을 거절하는 골프장이 다수였고 해외골프장의 경우에도 본인과 동반자가 작성한 스코어 카드만 있으면 되는데 굳이 골프장이 개입할 필요가 없다고 하는 골프장이 다수였다. 그래서 특정 골프장에서 한 번의 확인서만 받고 추가로 받는 것을 포기하였다. 어차피 골프스코어는 자신과의 약속을 지키면 되는 것이지 남의 확인까지 받아가면서 기록으로 남기고 골프장에 구차하게 부탁할 필요가 없다고 생각한다.

　나는 아내와 1년에 2~3달 해외에서 라운드 하므로 주로 2인 경기하는 경우가 많았고 아내가 퍼팅실력 향상을 위해서 홀 아웃Hole Out을 요구한 덕분에 아내가 가장 확실한 에이지 슈트의 증인이라 할 수 있다.

　나의 경우 파 72인 경우 74타 에이지 슈트가 되지만 파 73인 경우 2타 오버인 경우 75타가 되어 에이지 슈트가 안될 수도 있고 파 70인 경우 4 오버인 74타를 쳐도 에이지 슈트가 되는 모순이 생긴다. 그래서 파를 기준으로 74세를 기준으로 2 오버파 이하인 경우 모두 에이지 슈트로 계산하였다.

　일반적으로 남자는 6,000야드 이상, 여자는 5,800야드 이상에서의 18홀 코스에서의 기록을 말하지만 나는 처음 기록한 6,300야드를 전후로 한 거리를 기준으로 하고 있다. 앞으로는 특정 티만을 고집하지 않을 것이다.

80대 전후에는 5,600야드 이상의 시니어 티도 마다하지 않을 작정이다. 나의 경우 드라이브 거리가 190~210m 전후를 보내고 있으므로 6,300 야드 이내의 골프장에서는 마지막 아이언 샷이 100m 전후가 되는 경우가 많기 때문에 비교적 버디 기회가 많아진다. 따라서 430m 전후의 파 5홀에서도 이글 퍼팅 기회를 자주 갖는다. 그래서 20~30m 앞에서 치는 것과 뒤에서 치는 경우 스코어 차이가 많이 난다. 6,300야드 아래일 경우에는 대부분 언더파를 쉽게 치곤 한다. 에이지 슈트의 경우 나이는 우리나라 나이 기준으로 하였다.

에이지 슈트는 횟수보다 이븐파 이하로 몇회를 쳤느냐가 가장 중요하다. 프랭크 베일리와 에디슨 스미스는 98세까지 2,623회를 친 기록도 있다. 아서톰슨은 103세에 103타를 친 경우도 있다. 그리고 이 분들은 우리나라와 달리 1~2인 플레이가 자유롭기 때문에 하루에 2~3회도 가능하다. 그래서 에이지 슈트는 최고 기록으로 표현하는 것이 맞다고 본다. 평가기준이 같지 않으면 마라톤처럼 세계신기록이라 하지 않는다.

골퍼끼리 상을 타기 위해서 경쟁하는 것도 아니고 나의 기준으로 6,300야드 이상을 기준으로 하는 경우 1타 차이는 큰 의미를 부여하지 않아도 되기 때문이다. 제법 거리가 나는 친구들과는 진행 편의를 위하여 골드 티Gold Tee나 블루 티Blue Tee에서 자주 라운드하여 1~2타 차이로 아깝게 에이지 슈트를 놓치는 경우가 많으므로 우리나라 나이 기준으로 하는 것도 큰 무리는 아니라고 생각한다.

남과 비교경쟁은 모든 면에서 기준이 통일되어야 정확한 비교가 가능하다고 본다. 내 건강과 내 삶의 여유와 내 삶의 목표를 위해서 내 나름대로의 기준으로 계산함으로 남이 시비할 거리는 아니라고 본다. 부록에는 에이지 슈트를 달성한 장소, 날짜와 홀별 스코어를 남겼고 동반자들도 이름을 명기하려다 개인정보라 혹시 그 자료를 보고 곤란한 경우도 발생할 수 있을 것 같아 표시하지 않았다. 대신 나하고 개별 라운드 또는 단체 라운드한 모든 분들의 직위와 나이를 생략하고 성명만 명기하였다. 혹시 이름이 빠진 분에게는 나의 불찰로 백배 사죄 드린다.

골프 서적 중에 가장 감명 깊게 읽은 책 5가지를 소개하고자 한다.

골프스윙의 물리적 특성을 주로 설명한 〈Swing like pro〉 책과 리듬, 템포, 타이밍을 주로 다룬 Al Geiverger의 〈Tempo〉라는 책과 마인드 컨트롤을 주로 다룬 W.T.Gallwey의 〈The inner game of work〉이다. 그리고 골프 룰을 알기 쉽게 해석한 Tom Watson의 〈The rule of golf〉가 아주 좋고 실전기술을 주로 다룬 Nick Paldo의 〈Golf, the winning formula〉를 추천하고 싶다. 국내외에서 발간된 약 100여권의 골프서적도 구입하였지만 자주 보는 서적은 위에 소개한 5권임을 밝힌다.

이 책 원고를 거의 다 쓰고 난후 서재에서 MBC앵커 황헌님이 2003년 선물한 김성수·이영승 공저 〈무의식으로 스윙하라〉는 책을 우연히 발견하였다. 주로 골프심리학에 관한 책인데 내가 쓴 주장 또는 느낌, 추측 등이 골프심리학에서 근육신경회로 기억되어 골프스윙이 이루어진다는 과학적 근거를 제시하고 있어서 무척이나 반가웠다. 좀더 일찍 보았다면 나의 책 내용을 보다 더 알차게 구성할 수 있었을 것이라는 아쉬움을 갖는다.

황헌님이 써준 "마침내 Golf와의 완전한 합일 이루시기를 이 작은 창을 통해"라는 구절이 계속 떠오른다. '2003년도에 이 책을 정독하였더라면 에이지 슈트의 기회가 5~6년 전에 가능하지 않았을까?' 하고.

제5부 골프단상은 많은 분들의 글을 올리려고 계획하였으나 나의 취향과 개념에 맞지 않는 경우도 있고 해서 오로지 이 책을 쓰게 된 동기를 부여하고 그 글의 내용도 내가 공감할 수 있는 내용이어서 최인섭 전 골프다이제스트 대표와 김맹녕 동아일보 골프 컬럼리스트 두 분의 글만 올렸다. 21번은 최인섭 대표 22~24번은 김맹녕 컬럼리스트의 글 중에서 내가 공감하는 부분을 골라 약간의 수정, 첨삭을 하였다.

286개의 명언집은 나의 골프인생에 많은 도움을 주었다. 슬럼프에 빠졌을 때 어느 한 구절이 영감을 주어서 새로운 발전의 계기가 되기도 하였고, 경기 동반자가 조언을 구할 때 인용하여 답하면 권위도 있고 무엇보다도 간결하지 않는가! 독자들도 자기의 취향에 따라 명언집을 가까이에 두면 골프인생에 여러 가지로 도움이 될 것으로 생각한다.

미국에서 원고를 교정하는 과정에서 "Winning the battle within."(Glen Albaugh)과 Harvey Penick의 "Little Red Books." 그리고 Laird Small의 "Play golf the Pebble Beach way."에서 많은 영감과 착상을 받았고 원고 일부를 수정하는데도 크게 기여하였다는 점을 밝힌다.

이 책의 모든 내용은 내가 이해할 수 없거나 내가 체험해 보거나 경험해 보지 않은 사항은 포함시키지 않았다는 점을 밝힌다. 내가 체험이나 경험을 통해 적은 글이 이미 발간된 책 내용에 포함되어 있을 경우 인용을 밝히지 못한 것은 나의 불찰이므로 저자에게 사과드린다.

나는 애초 이 책을 쓸 때 골프 이론서로 접근할 생각은 없었다. 단순히 나의 골프 연습방법과 나의 골프 기록을 남기려고 시작하였는데 40년간 평소 생각하고 고민하던 골프 스윙 이론의 불만사항이었던 체계적 접근방법에 눈을 뜨게 되었다.

골프 스윙 이론은 한 가지 몸 부위의 위치 이동의 설명만으로는 너무

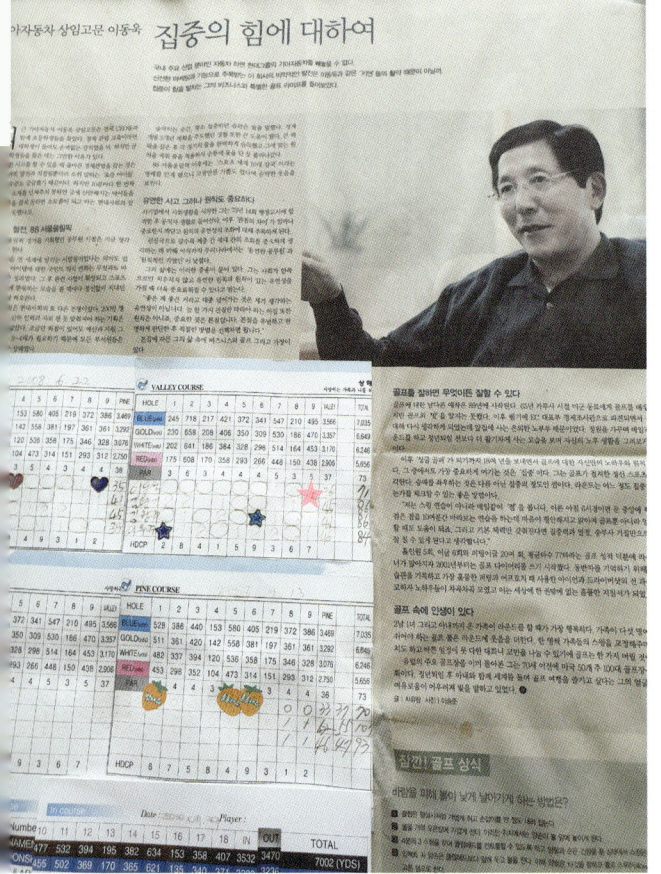

나 역부족이라 생각한다.

첫 단계가 몸 부위의 이름이 동서양의 차이에 착안하여 척추각의 중요성에 눈을 뜨고 척추각 변화에 따른 체중 중심점(또는 부분하중의 이동)의 이동에 착안하고 다음으로 평소에 오랜 나의 지론이던 백스윙과 다운스윙 시 반드시 샤프트가 지면에 평행되는 순간이 있어야 한다는 것을 근거로 ABC라인 이론을 정립하고 이것을 물리학의 수평성분, 수직성분 개념으로 증명하였고, 마지막으로 몸 부위의 각 위치의 변화와 몸통의 부분하중의 이동을 결부시킴으로서 위치변화와 무게이동의 기초 개념을 도입하였다.

그러나 역부족인 것이 호흡과 근육은 변수가 아닌 상수로 취급하였다는 점이다.(즉, 호흡은 천천히 약하게 길게 일정하게 한 가지로, 근육은 모두가 같은 양의 힘을 가진 것으로 가정함.) 호흡방법과 근육의 발달정도는 골프에 매우 큰 영향을 미친다. 누군가가 상수가 아닌 변수로 규명하기를 기대한다. 그 다음은 형상화 능력과 그 증대방법이 마지막 골프스윙의 완성이라 생각한다.

[골프다이제스트, 탑골프, 주간동아의 저자 관련기사]

▲ 하와이 카할라의 해변 달밤

부 록

1. 에이지 슈트 기록
2. 골프 동반자들
3. Hole-In-One 기록
4. Eagle 기록
5. 에이지 슈트 이전 기록
6. 사이클 버디 기록
7. 나의 에이지 슈트 기록과 목표
8. 골프 명언집
9. 가 볼만한 세계 118개 골프장

1 에이지 슈트 기록

(1) 난줏트 2015.02.06.
001 000 ★01 01★ ★00 0 ★0

(2) 아소 야마나미 2015.07.28.
000 100 100 ★★0 100 000

(3) 아소 야마나미 2015.09.28.
001 00★ 00★ 000 0★0★00

(4) 아소 야마나미 2015.09.30.
000 000 0★0 000 00★ 000

(5) 파인벨리 2015.12.07.
000 000 000 1★1 0000★0

(6) 난줏트 2016.01.14.
000 ★00 0★0 ★★1 010 000

(7) 난줏트 2016.01.19.
00★ 000 000 001 000 0★1

(8) 난줏트 2016.01.20.
000 000 0★0 001 000 000

(9) 난줏트 2016.01.24.
★01 0★0 000 001 100 ★00

(10) 난줏트 2016.01.31.
000 00★ 0★0 000 ★10 1★0

(11) 파인벨리 2016.04.02.
★00 100 000 0★0 010 000

(12) 파인벨리 2016.04.23.
0★0 000 ★10 1★0 100 0★0

(13) 파인벨리 2016.06.06.
011 ★01 000 000 00★★0★

(14) La belle(미녀) 2016.07.18.
00★ 0★0 010 010 00★ 000

(15) La bete(야수) 2016.07.19.
000 00★ 100 ★00★00 011

(16) Le Diable(악마) 2016.07.21.
0★0 000 101 000 00★000

(17) Le giant(거인) 2016.07.22.
000 1★0 010 00★ 100 0★0

(18) Royal Lauentien 2016.07.26.
001 0★0 010 000 00★000

(19) Arundel 2016.07.27.
0★0 000 000 000 000 000

(20) Arundel 2016.07.29.
000 000 000 00★ 0★0 000

(21) Arundel 2016.08.05.
001 ★00 ★10 000 000 0★0

(22) Arundel 2016.08.06.
000 000 000 000 000 000

(23) La Belle 2016.08.08.
000 00★ 000 00★ 00★★00

(24) Glen Lawrence 2016.08.20.
★00 000 00★ 000 ★01 00★

(25) Pine Valley 2016.11.05.
0★0 11★ 000 000 000 01★

(26) Northland 2017.11.22.
★00000★00 0★0 000 ★00

(27) Te Anau 2017.12.08.
000 000 000 000 000 000

(28) Taupo 2017.01.02.
0★0 000 010 ★00 ★00 100

(29) Taupo 2017.01.02.
000 001 ★00 ★01 000 000

(30) Taupo 2017.01.07.
000 000 000 000 000 0★0

(31) Taupo 2017.01.08.
★00 ★00 000 000 ★00 000

(32) Taupo 2017.01.09.
000 001000 0★0 0★1 0★0

(33) Taupo 2017.01.14.
000 000 000 000 0★0 000

(34) Taupo 2017.01.17.
★00 ★00 000 0★0 00★ 000

(35) Taupo 2017.01.19.

   01★ 000 0★0 000 ★10 000

(36) Taupo 2017.01.12.

   ★10 000 000 ★00 0★0 010

(37) Taupo 2017.01.24.

   000 1★1 ★00 000 00★ 100

(38) Pine Valley 2017.04.22.

   000 000 0★1 010 00−1 100

(39) Pine Valley 2017.04.23.

   0−11 000 000 000 00−1 000

(40) Pine Valley 2017.05.01.

   000 010 0−10 0−10 010 000

(41) Pine Valley 2017.05.04.

   000 000 000 000 010 00−1

(42) Pine Valley 2017.05.06.

   000 000 000 100 00−1 000

(43) 그린 힐 2017.05.24.

   000 000 ★00 00★ 101 ★00

(44) 화성상록 2017.06.13.

   ★00 000 000 0★00★1001

(45) Pine Valley 2017.06.19.

   0★0 000 010 0★0 010 000

(46) 그린 힐 2017.06.28.

   0★0 ★00 00★ 000 000 010

(47) 아소 야마나미 2017.06.30.

   000 000 ★00 000 000 010

(48) 아소 야마나미 2017.07.01.

   100 000 00★ 000 ★0★ 100

(49) 아소 야마나미 2017.07.04.

   000 00★ 000 000 101 000

(50) 그린 힐 2017.09.27.

   0★0 000 100 00★ 001100

(51) 골든 비치 2017.11.23.

   00★ 000 001 001 010 0★0

(52) Pine Valley 2017.11.25.

   00★ 010 000 000 0−★ 010

(53) 파노라마 2018.01.07.

   100 ★00 0★0 000 ★00 110 000

(54) 파노라마 2018.01.11.

   100 010 0★0 000 1★1 000

(55) 파노라마 2018.01.19.

0★1 10★ 001 000 001 000

(56) 파노라마 2018.01.20.

010 010 000 000 ★00 000

(57) 파노라마 2018.01.21.

000 001 000 000 100 000

(58) 파노라마 2018.01.22.

010 000 010 000 000 ★01

(59) 파노라마 2018.01.26.

000 ★10 000 000 100 000

(60) 파노라마 2018.01.28.

010 000 0★0 000 001 ★00

(61) 파노라마 2018.01.31.

1★1 ★00 000 0★1 1★0 000

(62) 파노라마 2018.02.02.

001 ★10 000 000 000 ★★0

(63) 파노라마 2018.02.06.

00★ 100 000 000 000 000

(64) 파노라마 2018.02.07.

100 000 ★★1 ★00 100 000

(65) 파노라마 2018.02.11.

110 00★ 000 001 ★★0 000

(66) 파노라마 2018.02.15.오전

★00 01★ 001 ★00 100 00

(67) 파노라마 2018.02.15.오후

00★ 000 000 ★00 ★00 010

(68) 파노라마 2018.02.16.

★10 01★ 000 000 000 000

(69) 파노라마 2018.02.17.

000 100 001 000 000 000

(70) 파노라마 2018.02.18.

00★ 00★ 010 ★0★ 100 001

(71) 파노라마 2018.02.18.

010 ★00 010 ★01 0★0 01★

(72) 파노라마 2018.02.19.

00★ 000 000 000 ★★1 ★10

(73) 파노라마 2018.02.20.

0★0 ★00 101 000 000 001

(74) 파노라마 2018.02.22.

000 000 001 000 000 000

(75) Golf de Lyon Verges 2017.08.11.

000 1★0 000 00★ 010 000

(76) 파노라마 2018.02.22.오후

000 ★1★ 000 000 000 100

(77) 파노라마 2018.02.23.

000 ★00 000 000 000 0★★

(78) 파노라마 2018.02.24.

000 000 001 001 000 000

(79) 파인벨리 2018.03.02.

000 100 000 001 00★ 0★★

(80) 파인벨리 2018.03.24.

0★0 010 011 1★★ 000 000

(81) 파인벨리 2018.03.25.

000 010 100 0★★ 010 000

(82) 파인벨리 2018.03.26.

001 0★0 010 0★0 000 00★

(83) 랙스필드 2018.03.29.

010 001 000 01★ 01★ 000

(84) 그린 힐 2018.04.11.

000 010 001 0★0 000 000

(85) 블랙 벨리 2018.04.13.

02★ 001 000 000 001 ★00

(86) 파인벨리 2018.04.28.

0★0 010 001 000 000 010

(87) 파인벨리 2018.05.05.

000 000 010 0★0 100 000

(88) 파인벨리 2018.05.07.

001 1★0 110 0★0 100 00★

(89) 그린 힐 2018.05.09.

000 00★ ★0★ 100 001 010

(90) 파인벨리 2018.05.19.

000 ★01 000 000 10★ 000

(91) 파인벨리 2018.05.20.

001 100 001 000 00★ 10★

(92) 파인벨리 2018.05.26.

000 01★ 000 000 0★0 01★

(93) 화성 상록 2018.05.29.

000 000 1★0 100 000 000

(94) Turtle Bay 2018.06.11.

★★1 000 ★10 00★ 000 001

(95) Koolau 2018.06.14.

000 001 000 0★0 100 001

(96) Koolau 2018.06.16.

000 011 ★00 000 00★ 000

(97) Koolau 2018.06.17.

000 000 001 000 010 000

(98) Koolau 2018.06.18.

00★ 000 000 000 ★01 010

(99) Koolau 2018.06.19.

000 000 000 000 00★ ★10

(100) Koolau 2018.06.20.

000 0★★ 001 000 000 ★00

(101) Wailea Blue 2018.06.27.

001 000 1★0 001 000 000

(102) Wailea Emerald 2018.06.28.

000 ★00 100 001 000 ★00

(103) Turtle Bay Palmer 2018.06.30.

010 11★ ★1★ 00★ 110 000

(104) Koolau 2018.07.03.

010 001 000 0★0 000 100

(105) 화성 상록 2018.07.24.

000 101 000 000 000 0-10

(106) 파인벨리 2018.07.28.

000 100 000 000 1★0 000

(107) 화성 상록 2018.08.01.

000 100 000 1★0 ★11 1★0

(108) 아소 야마나미 2018.08.10.

★00 ★00 001 100 000 000

(109) 아소 야마나미 2018.08.11.

0★0 ★00 002 1★0 ★0★ 100

(110) 아소 야마나미 2018.08.13.

000 00★ 00★ 010 010 000

(111) 아소 야마나미 2018.08.14.

000 000 ★10 00★ 00★ 100

(112) 아소 야마나미 2018.8.15.

0★0 000 0★0 0★0 00★ 000

(113) 아소 야마나미 2018.08.17.

000 ★10 001 000 ★0★ ★★0

(114) 아소 야마나미 2018.08.18.

010 00★ ★★0 000 100 110

(115) 아소 야마나미 2018.08.19.
000 00★ 0★0 0★0 101 000

(116) 아소 야마나미 2018.08.20.
000 000 000 00★ ★11 000

(117) 아소 야마나미 2018.08.21.
010 000 ★00 00★ 000 −100

(118) 아소 야마나미 2018.08.22.
000 00★ 000 000 00★ 000

(119) 그린 힐 2018.09.13.
000 000 01★ 000 000 000

(120) 파인벨리 2018.09.22.
000 110 ★★1 010 1★0 000

(121) 파인벨리 2018.09.23.
000 000 ★1★ 000 000 010

(122) 파인벨리 2018.09.25.
000 000 100 001 000 000

(123) 파인벨리 2018.09.26.
00★ 000 100 0★0 100 000

(124) 파인벨리 2018.09.30.
000 0★0 000 0000★0 00★

(125) 화성 상록 2018.10.08.
0★1 000 00★ 000 000 100

(126) 그린 힐 2018.10.10.타
0★0 101 000 0★0 ★00 100

(127) 오산 미공군골프장 2018.10.15.
000 ★10 ★10 000 100 ★00

(128) 오산 미공군골프장 2018.11.02.
★00 000 101 000 010

(129) 아리지CC 2018.11.14.
000 000 0★0 000 ★00 00★

(130) 오션팰리스 2018.11.20.
000 0★0 000 0★0 000 ★00 00★

(131) 오산 미공군골프장 2018.11.21.
0★0 010 ★10 0★1 000 000

(132) 파인벨리 2018.11.23.
001 0★0 10★ 010 000 000

(133) 파인벨리 2018.11.26.
001 000 000 ★00 0★0 020

(134) 화성 상록 2018.11.27.
010 000 000 000 ★10 000

(135) 화성 상록 2018.12.10.

001 000 000 0★0 100 ★00

(136) 몬트래인 파인 2018.12.16.

000 ★00 000 ★00 ★00 000

(137) Laguna Seca 2018.12.17.

000 000 00★ 0★★ 00★ 000

(138) Del Monte 2018.12.21.

00★ 000 000 0★0 000 000

(139) Laguna Seca 2018.12.24.

010 00★ 001 1★0 ★00 000

(140) Laguna Seca 2018.12.26.

000 100 000 001 000 000

(141) Laguna Seca 2018.12.31.

00★ 100 001 001 000 000

(142) Carmel Balley Ranch Course 2019.01.01.

00★ ★00 101 010 ★00 010

(143) Pacific Grove Golf course 2019.01.03.

110 ★00 00★ ★0★ 001 00★

(144) Salinas Fairways Golf Course 2019.01.08.

000 010 ★00 000 001 0★0

(145) Spanish Bay 2019.01.10.

000 010 000 0★0 101 000

(146) Admiral Baker 2019.01.16.

001 000 0★0 010 ★00 000

(147) Rancho Bernardo Inn 2019.01.17.

★00 000 001 000 ★01 000

(148) The crossings at Carlsbad 2019.01.18.

000 ★01 000 001 00★ 000

(149) River Walker G.C. 2019.01.19.

000 000 001 000 000 000

(150) Chula Vista G.C. 2019,01.20.

010 ★00 ★00 000 0★0 000

(151) Balboa Park G.C. 2019.01.28.

★00 010 000 0★0 100 000

(152) Steele Canyon G.C. 2019.01.30.

★10 000 00★ 0★0 000 0★0

(153) Woods Valley G.C. 2019.01.31.

010 0★0 000 001 0★0 000

(154) Mt. Woodson G.C. 2019.02.01.

010 000 ★00 000 0★0 000

(155) the vinyard at eseondido 2019.02.02.

000 001 100 000 000 000

(156) the crossings 2019.02.04.

001 101 ★00 000 00★ 010

(157) River Walks 2019.02.05.

000 000 0★0 000 000 001

(158) Tory Pines 2019.02.05.

010 101 ★00 000 001 000

(159) Journey at Pechanga 2019.02.07.

000 001 ★★★ 000 ★00 000

(160) Rancho Bernardo Inn 2019.02.08.

010 010 000 100 000 000

(161) Rancho Bernardo Inn 2019.02.08.

001 000 000 001 001 000

(162) 통영동원로얄 2019.02.18.

000 110 1★0 000 001 ★00

(163) 통영동원로얄 2019.02.19.

000 01★ 000 000 000 000

(164) 파인벨리 2019.03.11.

000 0★1 100 000 011 010

(165) 파인벨리 2019.03.18.

000 10★ 000 000 000

(166) 파인벨리 2019.03.23.

001 ★10 000 0★0 001 000

(167) 파인벨리 2019.03.24.

★★1 001 100 001 000 000

(168) 파인벨리 2019.03.25.

001 001 000 001 000 ★10

(169) 아리지 2019.04.10

001 0★0 000 0★0 010 000

골프 동반자들 2

(1) 공정동우회(공정거래위원회 OB 모임)

강군생	강대형	강문석	강병천	강신구	강신조	강응선
강철규	강평수	강희복	고광섭	권동민	권성옥	권철현
권혁은	길병학	김경섭	김광림	김맹규	김범조	김병균
김병배	김병일	김상근	김선옥	김순종	김영환	김원준
김인호	김종득	김종선	김주일	김태구	김태형	김학현
김호태	노대래	노환원	박길호	박동식	박병원	박영걸
박 원	박원기	박종대	박종성	박종수	박준길	박 찬
배영식	배철호	백갑종	백승기	변양균	서남교	서동원
서석희	손인옥	신무성	신명무	신일성	안병엽	양재근
오성환	오세민	옥화영	유덕상	유영환	유재운	유중곤
유 철	유희상	윤대희	윤영대	이강우	이동규	이동훈
이병주	이삼봉	이상훈	이재호	이종화	이한억	임병곤
임영철	임은규	장득수	장장이	장항석	전동혁	전신기
전윤철	정병기	정병태	정재룡	정재찬	정재호	정정길
조근익	조학국	조휘갑	주순식	차의환	차준영	최재원
최종찬	한봉수	한정길	한철수	허 선	홍용수	황정곤

(2) 예우회(공정동우회와 중복자 제외)

강경식 구자홍 권태신 김대기 김영섭 김영태 김인호
김성진 김정국 김종욱 김주일 김태현 김호대 김호식
박남훈 박봉흠 박청부 반장식 배영식 배철호 서만교
서만규 손 흥 손인옥 송태준 송하성 신일성 신철식
안덕수 안희원 양재근 유영환 이도호 이석채 이양순
이영탁 이종갑 이창보 정강정 정동수 정지택 최막규
최종수

(3) 일육회(부산고 16회)

권태영 김동규 김동균 김성배 김성엽 김영규 김일부
김필규 김헌수 노대섭 박성훈 박성훈 배승길 성홍제
손경호 신경재 양용치 염인섭 이방호 이영복 이용국
이종환 전종영 정계종 정광수 정복조 정영근 정양효
조삼문 조승제 최상오 최태원

(4) 가야회(김해 출신 국장급 이상 모임)

강영주 김규복 김영섭 박근호 박성득 서영길 송유철
이상업 조규향 허기도

(5) 현대그룹 사장단 골프모임

강문철 김광주 김성태 김연호 김형준 박정인 배두식
백효휘 서병기 심광섭 안성환 안희봉 양성준 이지원
임우성 장홍선 정순원 최동식 한규환

(6) 행정고시 14회 골프모임

강석인   김경섭   김광림   김광시   김동원   김상근   김재현
김진영   김칠두   김호복   남기명   문덕형   박갑록   박상채
박상홍   박용만   박종본   박종원   박평묵   변양균   신동규
오거돈   오성환   유지창   윤여헌   이경태   이경호   이공재
이동근   이영태   이용섭   이용희   이재만   장석준   장지종
정건용   정도영   정익재   정채융   조기안   조우현   채승용
채일병   최경수   최인섭   최종수   추병직   한정기   황규병
황수웅   황용하

(7) 칠구회(중앙공무원 교육원 동기모임)

권경상   권상문   권혁인   김 신   김광주   김규복   김상근
김일중   박철규   성기욱   윤성균   윤성원   이 은   이동근
이명구   이상봉   이형주   전진희   정의동   정진성   최재익

(8) 브뤼셀 한인회 골프모임

구본우   권동만   김광동   문재우   박승기   박인구   신장범
이공재   이백순   이승우   이종구   이태식   이혜민   장만순
정의용   주철기   최수영

(9) 청와회(부산고 와인과 골프 모임)

김 윤   김영일   김영준   김효일   박경영   심용섭   이명우
허삼수

(10) 수석회(당파견 1급 공무원 모임)

강교식   구영보   권 묵   김상선   김성진   김영룡   김원식

김창순　김태현　문재우　박상홍　배철호　윤대희　이만섭
이성옥　이승우　이우철　이재훈　이형주　임채정　정상환
정세균

(11) 시장경제 연구원 골프모임

강응선　강희복　김인호　김호식　남궁훈　변재진　신무성
조휘갑

(12) 파인벨리 골프모임

강 풍　권정우　남 경　박성동　아이언　엔 디　우 삼
이정한　장 산　조영삼　찰 리　헌 전　화 동　황석영

(13) NSI(국가경영전략 연구원) 골프모임

강경식　강봉균　구형우　김기환　김미경　김병일　김옥경
김인호　김장수　김주일　김태준　마상곤　박상기　백갑종
서 영　서갑수　손삼수　오세희　유창수　윤대희　이호열
전용배　정동수　정지택　최종찬　태혁준　황채호

(14) 재경골프회

김진표　김창록　김태구　신동규　신철식　심달섭　유덕상
윤병대　윤증현　윤진식　이규성　이동호　이한억　정종범
최종덕　하현수　홍재형

(15) 구봉희(부산고 전체기수 골프모임)

고학용　곽 진　곽태철　권영빈　김명균　김봉룡　김수일
김영진　김인상　김지학　김창록　류태수　박경명　박성훈

박순효　박희준　서영택　성광주　오일호　유명철　유순목
유순복　유태수　이기영　이동호　이실근　이원욱　이윤재
이종구　이창희　이후상　정동진　정두진　정준영　최상건
최진천　한중석

(16) 63 연경회

가광수　강인수　김병혁　김일웅　김창원　박삼구　소원태
송창섭　여　량　오상평　이범진　이인호　정창영　최태진
홍성덕

(17) 골사모(골프를 사랑하는 모임)

권재홍　김맹녕　나종억　박일수
이상봉　정서진　최인섭　황　헌

(18) 경협회 골프모임

강병철　김장수　백갑종　유병하
이강우　이영근　이주성　이홍로
정병철

Saint Vigil Seis GC, ITALY ▼

3 Hole-In-One 기록

▼ Quivira GC, MEXICO

① 1991.09.11. 7 Fontaines # 8
② 1993.03.10. Le pare # 4
③ 1993.08.23. La Foret # 8
④ 2003.07.02. 천안상록, 동 # 4
⑤ 2006.05.03. 천안상록, 남 # 8
⑥ 2009.08.08. Pine Valley, Pine # 7
⑦ 2014.09.30. Oak Hill 힐 # 5
⑧ 2016.04.23. Pine Valley, Pine # 7
⑨ 2018.04.02. Pine creek, Pine # 6

Eagle 기록 4

① 1993.07.02. 세트폰네트 벨지움
② 2001.09.02. Pine creek Valley # 5
③ 2002.04.07. Pine creek creek # 4
④ 2003.01.12. Pine creek Pine # 5
⑤ 2003.04.10. 안양 CC # 5
⑥ 2003.07.24. Pine Valley # 5
⑦ 2003.09.04. Pine creek # 4
⑧ 2004.03.21. Pine creek Valley # 5
⑨ 2005.01.21. 중국 BFA # 135
⑩ 2007.01.20. Pine Valley Valley # 9
⑪ 2008.04.20. Pine Valley # 2
⑫ 2008.04.24. Pine creek Valley # 5
⑬ 2011.05.04. Pine beach beach # 8
⑭ 2012.04.01. Pine Valley Pine # 5
⑮ 2012.08.12. 말레이시아 파모사 # 4
⑯ 2013.01.06. Pine Valley # 18
⑰ 2013.02.04. 난줏트(Nanjut) # 5
⑱ 2014.07.22. 아소야마나미 구주 # 6

⑲ 2014.11.15. 아소야마나미 구주 # 6

⑳ 2015.10.03. Pine Valley Valley # 2

㉑ 2016.04.02. Pine Valley Valley # 2

㉒ 2016.04.23. Pine Valley Valley # 2

㉓ 2016.06.16. 렉스필드 mountain # 9

㉔ 2018.03.14. Green hill # 2

㉕ 2018.06.08. Kapolei # 4

㉖ 2019.01.03. Pacific Grove GC

▲ 페블 비치 골프장

에이지 슈트 이전 기록
(under par and even par) 5

① 2000.09.03. 비전힐스 72
② 2001.07.25. 제주Dynasty 72
③ 2003.07.24. 파인크리크 70
④ 2003.09.14. Golden pebble beach 70
⑤ 2005.04.13. 뉴서울 남 70
⑥ 2006.05.14. 파인벨리 73(par 73)
⑦ 2007.07.26. 랙스필드 71
⑧ 2007.07.10. 파인벨리 72(par 73)
⑨ 2007.11.10. 파인벨리 72(par 73)
⑩ 2008.04.24. 파인크리크 72
⑪ 2008.06.22. 파인벨리 71(par 73)
⑫ 2008.09.13. 파인벨리 70(par 73)
⑬ 2010.07.29. 자유 70
⑭ 2012.10.29. 베어크리크 72

6 사이클 버디 기록

① 2006.01.15. 파인크리크 크리크코스 #2 #3 #4
② 2008.03.26. 렉스필드 레이크코스 #1 #2 #3
③ 2007.12.06. 화성상록 남코스 #6 #7 #8
④ 2019.02.07. Journey at Pechanga #7 #8 #9
※ 한 라운드 4회 이상 버디기록 23회(2015.2월 이후)

페블 비치 잭 니클라우스 락커 ▲   ▲ 페블 비치 타이거 우즈 락커

나의 에이지 슈트 기록과 목표 　7

	나의 기록과 목표					이치가와 긴치로님		
년도	나이	횟수	누적 횟수	이븐파 이하 (누적)		나이	횟수	누적 횟수
2015	71	4	4	4(4)		71	–	–
2016	72	21	25	19(23)		72	1	1
2017	73	27	52	18(41)		73	2	3
2018	74	100	152	65(106)		74	5	8
2019	75	150	302	65(171)		75	16	24
2020	76	150	452	60(231)		76	13	37
2021	77	180	632	30(261)		77	21	58
2022	78	200	832	30(291)		78	32	90
2023	79	200	1032	20(311)		79	64	154
2024	80	210	1242	20(331)		80	77	231
2025	81	190	1432	10(341)		81	87	318
2026	82	150	1482			82	73	391
2027	83	150	1632			83	131	523
2028	84	150	1782			84	132	655
2029	85	150	1832			85	121	776
2030	86	150	1982			86	137	973
2031	87	150	2032			87	137	1050

8 골프 명언집

*이 명언집은 화성상록 골프장에서 수집한 자료임.

① 골프는 용사勇士처럼 플레이하고 신사紳士처럼 행동하는 게임이다.

[데이비드 로버트 포건]

② 바람은 훌륭한 교사이다. 바람은 그 골퍼의 장점과 단점을 극명하게 가르쳐준다. [헤리 바든]

③ 골프 코스는 여자와 닮는다. 다루는 솜씨 여하에 따라 즐겁게 하기도 하고 때로는 손 댈 수 없이 거칠어지기도 한다. [토미 아머]

④ 골프는 아침에 자신自信을 얻었다고 생각하면 저녁에는 자신을 잃게 하는 게임이다. [헤리 바든]

⑤ 리드미컬하게 마치 댄스의 스텝을 밟는 것처럼 어드레스 하라.

[줄리어스 보로스]

⑥ 백스윙을 오른쪽 귀에 앉아 있는 파리라도 잡을 것처럼 성급하게 휘둘러 올리지 마라. [월터 심프슨]

⑦ 긴 눈으로 보면 결국 운運이란 평등하고 공평한 것이다. [보비 존스]

⑧ 볼에 너무 가까이 서도 너무 멀리 서도 몸의 동작은 나빠진다. [벤 호건]

⑨ 여하히 볼을 칠 것인가가 아니라 여하히 홀을 공격할 것인가가 이기는 조건이 된다. [잭 니클라우스]

⑩ 자신이 있으면 긴장된 상태에서도 릴랙스 할 수 있다. [보비 클럼페트]

⑪ 베스트를 다하여 샷 하라. 그 결과가 좋으면 그만이고 나쁘면 잊으라.

[월터 헤건]

⑫ 여성이라 하여 여성답게 샷을 해서는 안된다. [낸시 로페즈]

⑬ 골프를 즐기는 것이 바로 이기는 조건이 된다. [헤일 어윈]

⑭ 드라이버 솔(sole)을 뜬 채 어드레스 하는 편이 좋다. [덕 올트만]

⑮ 경직되면 우선 그립과 걸음걸이에 나타난다. [보비 로크]

⑯ 비기너가 몸을 충분히 꼬지 않는 것은 몸을 꼴수록 볼에서 멀어진다는 공포심 때문이다. [찰스 무어]

⑰ 할미꽃을 쳐내는 것처럼 쳐내라. [제임스 위더래드]

⑱ 로스트볼을 했다 하여 불평이나 잔소리를 해서는 안된다. 로스트볼은 골프게임의 한 요소이다. [찰스 맥도널드]

⑲ 골프는 멋진 교훈을 주는 게임이다. 그 첫째는 자제, 즉 여하한 불운도 감수하는 미덕이다. [프란시스 위멧]

⑳ 백스윙에서 체중이 오른쪽으로 옮아가는 것은 어깨와 허리가 오른쪽으로 회전하기 때문이며, 어깨와 허리가 오른쪽으로 이동하기 때문은 아니다. [딕 메어]

㉑ 머리는 스윙 균형의 중심이다. 머리가 움직이면 균형도 스윙의 아크도 몸의 동작 그리고 타이밍까지 바뀐다. [맥그라우트]

㉒ 장타 치기를 단념했다면 그것으로 인생도 끝장이다. [나카무라 도라키치]

㉓ 골프가 어려운 것은 정지한 볼을 앞에 두고 어떻게 칠 것인가 하고 생각하는 시간이 너무 많다는데 있다. [아치 호바네시안]

㉔ 골프에 있어서 용기와 만용은 크게 다르다. 용기 있는 샷은 결과가 어찌되든 그것 자체로 보수가 따른다. [아널드 파머]

㉕ 골프에 어느 정도의 기품이 없으면 게임이 되지 않는다. [윌리 파크]

㉖ 골퍼의 스타일은 좋건 나쁘건 골프를 시작한 최초의 1주일 안에 만들어진다. [헤리 버든]

㉗ 클럽헤드를 가속시킨다는 기분으로 높은 피니시를 취하라. [잭 니클라우스]

㉘ 골프에서 볼을 쳐올리는 동작은 하나도 없다. [보비 존스]

㉙ 골프에 심판은 없다. 플레이어 스스로 심판으로서 재결하고 처리해야 한다. [호레이스 해친슨]

㉚ 벙커 샷에서 중요한 것은 작은 기술을 외우는 것보다 그것을 실행하는 용기이다. [진 사라젠]

㉛ 골프는 볼을 구멍에 넣는 게임이다. 골프백 속에서 볼을 구멍에 넣는 도구는 퍼터뿐이다. 그 퍼터의 연습을 왜 처음부터 하지 않는가. [잭 버크]

㉜ 당신 자신 이상으로 당신의 스윙을 알고 있는 사람은 없다. [더그 포드]

㉝ 골프 향상에 머리의 좋고 나쁨은 관계 없다. 솔직하고 열심인 것이 첫째이다. [진 청파]

㉞ 그린에 가까이 갈수록 로프트가 적은 클럽으로 공격하라. [연덕춘]

㉟ 1m의 퍼트는 미스하기에 충분한 거리이고 미스하면 불명예스러운 짧은 거리이기도 하다. [필립 몽크리프]

㊱ 여하한 명수도 10cm의 퍼트를 반드시 넣을 수 있는 방법을 알지 못한다. [버너드 다윈]

㊲ '슬로우, 슬로우 퀵'의 템포로 클럽을 휘둘러보라. 미스샷은 줄고 비거리는 늘 것이다. [알 게이버거]

㊳ 친 백Chin Back을 하면 즉, 턱을 오른쪽으로 돌리면 클럽헤드의 궤도를 읽을 수 있다. [잭 그라우트]

㊴ 홀컵은 항상 생각하는 것보다 멀다. 어프로치라면 1야드, 퍼트라면 1피트만큼 멀리 있다는 것을 잊지 말라. [찰스 베일리]

㊵ 누라 뭐라고 해도 자기 자신, 클럽, 그리고 볼 그것 밖에 없다. [톰 왓슨]

㊶ 그립은 골퍼의 재산이다. [캐리 미들고프]

㊷ 백스윙이 완전히 끝날 때까지는 다운스윙을 시작해서는 안된다.
[바이런 넬슨]

㊸ 쇼트퍼트라는 것은 롱퍼트와 마찬가지로 아주 쉽게 실패하는 것이다.
[톰 모리스]

㊹ 모든 운동에서 어느 물건을 친다는 것은 폴로스루가 있어서만이 힘을 낸다. [빌 켐벨]

㊺ 노여움을 컨트롤 하는 방법은 마음 놓고 크게 웃는 것이다. [아치 오바네시앤]

㊻ 위대한 플레이 일지라도 여러 차례 패하는 것이 골프이다. [게리 플레이어]

㊼ 드라이버를 골프백에서 꺼내어 라커룸에 남기고 코스로 나가라.
[샘 스나드]

㊽ 항상 자기의 한계를 고려하여 명인들의 어드바이스를 들어라.
[캐리 미들코프]

㊾ 오른쪽 무릎은 백스윙할 때 어드레스 때처럼 펴지 않고 돌리지 않는 것이 강타의 조건이 된다. [치치 로드리게스]

㊿ 아무리 세월이 흘러도 스트로크의 중대한 가치를 알려고 하지 않는 골퍼가 있다. [게리 플레이어]

㉛ 플레이어는 결과에 의하여 생각할 일이 아니라 원인으로 생각해야 한다. [벤 호건]

㉜ 비 오는 날에는 볼을 쓸 듯이 스윙 하여야 미스가 적어진다.
[잭 니클라우스]

㉝ 대개의 골퍼들은 파워가 커다란 백스윙에 의하여 생긴다는 착각에 빠져있다. [잭 니클라우스]

㉞ 연습장은 기술을 닦는 곳, 코스는 스코어를 내는 방법을 배우는 곳이다. [진 리틀러]

(55) 대개의 골퍼들은 골프를 플레이하는 것만 알고 있지만 코스를 플레이하는 것을 잊고 있다. [토미 아머]

(56) 스코어를 속이지 않는 나를 칭찬하는 것은 은행강도를 하지 않았다 하여 칭찬해 주는 것과 같다. [보비 존스]

(57) 강하게 치려고 하지 말라. 정확하게 칠 것에만 집중하라. [폴 레니언]

(58) 자그마한 허영심이 게임을 크게 무너뜨린다. [아널드 파머]

(59) 숲속에서 볼을 낮게 멀리 굴려내는 데에 보통 롱아이언을 쓰지만 우드가 의외로 효능이 클 때가 있다. [지미 디말레]

(60) 골퍼에 대한 가장 명예스러운 칭찬은 "그는 모든 종류의 샷을 알고 있다."라는 것이다. [헤리 버든]

(61) 서툰 골퍼는 우선 해저드에서 1타로 리커버리 하려고 샷을 하고, 능숙한 골퍼는 해저드에서 어떻게든지 빠져나올 샷을 한다. [잭 버크]

(62) 쇼트게임을 잘하는 자는 롱게임을 잘하는 자를 이기는 법이다. [보비 존스]

(63) 캐디가 클럽을 당신에게 넘겨줄 때의 그 강도가 바로 그립의 이상이다. [샘 스니드]

(64) 자신 넘친 자기류는 확신 없는 정통류를 이긴다. [아널드 파머]

(65) 퍼트의 미스는 판단의 착오에서가 아니라 타법의 잘못으로 생기는 경우가 대부분이다. [잭 버크]

(66) 미스샷의 변명은 당신의 동료를 괴롭힐 뿐만 아니라 본인까지도 불행하게 만든다. [벤 호건]

(67) 오늘의 큰 샷이 내일이면 사라지며 누구도 그것을 붙잡아둘 수는 없다. [보비 존스]

(68) 어프로치 샷은 물이 들어 있는 물통을 휘두르는 이미지로 하라.

[아널드 파머]

㉙ 퍼팅에는 들어갈 수 있는 호러블 퍼트Holeable Putt와 미스하기 쉬운 미써블 포트Missable Putt가 있다. 우선 그 중 어느 편에 속하는 가를 분별할 줄 알아야 한다. [헤리 버든]

㉚ 오픈경기에서 위기가 닥치는 것은 대개 제 3라운드 때이다. [해럴드 힐튼]

㉛ 어떤 라운드에도 나중에 생각하면 최소 1타쯤 절약할 수 있었다고 생각되는 스트로크가 있게 마련이다. [보비 존스]

㉜ 멋진 쇼트게임은 상대의 신경을 교란하고 용기를 상실케 한다.
[케리 미들코프]

㉝ 한 번의 굿샷, 한 번의 좋은 라운드는 그리 대단치 않다. 72홀 내내 그것이 나와야 된다. [벤 호건]

㉞ 진짜 굿샷이란 최대의 위기에서 가장 필요할 때의 좋은 샷을 말한다.
[바이런 넬슨]

㉟ 리커버리샷은 그것이 할 수 있는 곳에 볼이 올 때까지는 기다려야 한다. [보비 존스]

㊱ 한 번에 여러 것을 생각하면 스태디한 플레이가 불가능하다. [월터 심프슨]

㊲ 정신집중이란 한 목적을 완전수행하기 위하여 플레이 중 끊임없이 자기 자신을 감시하는 것을 말한다. [레스리 숀]

㊳ 상대에게 아웃드라이브된 것을 신경 쓰는 것은 어리석은 허영이다.
[보비 록]

㊴ 골프에서 방심放心이 생기는 가장 위험한 시간은 만사가 순조롭게 진행될 때이다. [진 사라젠]

㊵ 골퍼들에게 있어 가장 적합하지 않은 기질이 시인적時人的인 기질이다.
[버너드 다윈]

㊶ 골프는 플레이어, 상대 및 코스와의 사이에서 행해지는 삼각적 게

임이며 플레이어의 최대의 적은 코스도 상대도 아닌, 바로 플레이어 자신이다. [톰 심프슨]

⑧² 6일간 하루 10분씩 퍼팅연습을 하는 쪽이 1주일간 한꺼번에 60분 연습하는 쪽보다 실력 향상에서 빠르다. [레스리 숀]

⑧³ 골퍼의 연습에는 4종류가 있다. 마구잡이로 연습하는 것, 현명하게 연습하는 것, 어리석게 연습하는 것 그리고 전혀 연습하지 않는 것 등이다.

[버너드 다윈]

⑧⁴ 1개의 퍼터를 평생 쓴다는 것은 매우 어려운 일이다. 아내에 대한 것 이상의 애정과 신뢰가 따르지 않고는 불가능한 일이다. [핸리 코튼]

⑧⁵ 어떤 바보도 두 번째 퍼트는 넣을 수 있다.(Any fool can hole them second time.) [스코틀랜드 명언]

⑧⁶ 퍼팅의 실력은 1발에 넣는 것으로가 아니라 10발을 쳐서 몇 개를 넣느냐는 퍼센테이지로 따진다. [월터 헤건]

⑧⁷ 퍼트라인 읽기는 항상 제일감, 즉 최초의 판단이 가장 정확하다. 그것을 수정하면 대개는 라인을 벗어난다. [조지 덩컨]

⑧⁸ 귀로 퍼트하라.(Putt with your ears.) [잭 화이턴]

⑧⁹ 퍼팅에는 메서드(法)도 스타일(품위)도 없다. [스코틀랜드 명언]

⑨⁰ 페어웨이 우드샷을 성공시키기 위해선 80%의 힘으로 스윙하라.

[어니 엘스]

⑨¹ 퍼트의 미스는 판단의 착오에서가 아니라 타법의 잘못으로 생기는 경우가 대부분이다. [잭 버크]

⑨² 골프라는 불가사의한 게임 중에 가장 불가사의한 게임은 퍼팅이다.

[보비 존스]

⑨³ 어프로치에서 볼이 홀인 되는 것은 요행이며 홀컴에서 딱 붙는 것

이 진짜 굿샷이다. [월터 헤건]

⑭ 골퍼의 목적은 사람을 놀라게 하는 샷이 아니라 미스를 착실하게 줄이는데 두어야한다. [J.H. 테일러]

⑮ 골프스코어의 60%는 핀에서 1백 25야드 이내에서 나온다. [샘 스니드]

⑯ 어느 클럽을 쓸 것인가 망설일 경우 꼭 큰 쪽을 택하여 편하게 쳤을 때 결과가 나빴던 일이 거의 없다. [헨리 피커드]

⑰ 비기너의 큰 결점은 좋아하는 샷 만을 연습하고 싫어하는 샷을 연습하지 않는데 있다. [버너드 다윈]

⑱ 골프 스윙은 지문과 같아서 2개도 같은 것이 없다. [제임스 로버트]

⑲ 옛날 골퍼들은 몇 개 안 되는 클럽으로 여러 가지 많은 스윙을 했지만, 현대의 골퍼들은 많은 클럽을 써서 똑같은 스윙을 한다. [버너드 다윈]

⑳ 프로들이 이론에 중점을 두지 않는 까닭은 그들이 이론의 도움을 필요로 하지 않아서가 아니다. [버너드 다윈]

㉑ 골프는 왼손의 게임도 오른손의 게임도 아닌 잘 균형된 두 손의 게임이다. [헨리 코튼]

㉒ 골프 스윙에서 오른팔이 강해지는 본능적 경향을 억제하는 일은 골퍼에게 있어 영원한 싸움이다. [조지 덩컨]

㉓ 골프란 1백 50야드를 날리려면 50야드만 날고 50야드를 날리려 들면 1백 50야드를 날게 되는 것. [작자 미상]

㉔ 골프의 가장 큰 철칙이면서 가장 지켜지지 않는 철칙은 "눈을 볼에서 떼지 말라."이다. [그랜트랜드 라이스]

㉕ 클럽이 톱 오브 스윙 Top of the swing에 도착하기 전에 이미 다운스윙은 시작된다. [벤 호건]

㉖ 빠른 백스윙을 하는 사람 치고 일류 플레이어는 거의 없다. [다이 리스]

⑩⑦ 클럽이 무거울 이유가 없다. 왜냐하면 볼을 멀리 날리는 것은 그 중량이 아니라 그 속도이기 때문이다. [에이브 미첼]

⑩⑧ 골프의 향상에 지름길은 없다.(There is no royal road to golf.)
[스코틀랜드 명언]

⑩⑨ 장인匠人의 솜씨는 그의 도구로 알 수 있고 골퍼의 솜씨는 그의 클럽으로 알 수 있다. [애드워드 레이]

⑩ 골프 1라운드는 18홀로 되어 있지만, 완전한 라운드는 19홀로 끝난다. [하버드 애덤스]

⑪ 골프는 스포츠의 에스페란토이다. [로드 브라바즌 오브타라]

⑫ 골프의 솜씨는 곧 좋아지지 않지만 어느 나이에 시작해도 결코 늦지는 않는다. [필립 몽클리에프]

⑬ 싱글은 1라운드에 2개의 미스히트에 하루를 고민하지만, 비기너는 1라운드에 2개의 굿샷 만으로 하루를 만족한다. [작자 미상]

⑭ 1백을 치는 사람은 골프를, 90을 치는 사람은 가정을, 80을 치는 사람은 사업을 각각 소홀히 하며 그리고 70을 치는 사람은 모든 것을 소홀히 한다. [작자 미상]

⑮ 티로부터 그린을 잇는 페어웨이는 대개의 골퍼들에게는 쓸모없는 잔디밭이다. [그랜트랜드 라이스]

⑯ 골프는 잘못 치는 사람이 가장 덕 보는 게임이다. 그만큼 운동을 많이 하고 많이 즐기고 고민하기에 너무도 많은 미스를 하기 때문이다.
[데이비드 로이드 조지]

⑰ 바람은 골프 최대의 재산이다. 바람의 변화로 1개의 홀이 여러 개의 홀이 되기 때문이다. [찰스 맥도널드]

⑱ 옛날의 골퍼는 정신Spirit으로 골프를 했지만 지금의 골퍼는 규칙서

Letter로 골프를 한다. [찰스 맥도널드]

⑲ 골프에서 중요한 것은 승패보다 여하히 플레이했느냐에 있다. [존 로]

⑳ 골프는 배우면 배울수록 배울 것이 많아진다. [앨즈워드 바인즈]

㉑ 골프는 영감Inspiration과 땀Perspiration의 게임이다. [렉스 비치]

㉒ 골프는 단순한 오락으로 하는 사람에게는 풀리지 않는 수수께끼로 남는다. [G.H. 테일러]

㉓ 골프만큼 플레이어의 성질을 드러내는 것이 없다. 그것도 최선과 최악의 형태로 나타나게 한다. [버너드 다윈]

㉔ 매너가 골프를 만든다.(Manners make Golfers.) [스코틀랜드 명언]

㉕ 게임정신이 왕성한 사람에게 골프규칙은 필요없다. [찰스 맥도널드]

㉖ 골프를 보면 볼수록 인생을 생각하고 인생을 보면 볼수록 골프를 생각게 한다. [헨리 롱허스트]

㉗ 언듈레이션을 생명으로 하는 볼게임은 골프 말고는 없으며 이것은 가장 자랑할 만한 특징이다. [H. 뉴턴 위저레드]

㉘ 해저드는 골프를 극적으로 한다. 해저드 없는 골프는 생명도 혼도 없는 지루한 게임에 불과할 것이다. [로버트 헌터]

㉙ 사람의 기지가 발명한 놀이치고 골프만큼 건강한 요양과 상쾌한 흥분, 그치지 않는 즐거움의 원천을 주는 것은 없다. [아서 밸푸어]

㉚ 두뇌로 이기지 못하는 상대에게 골프게임으로 이길 턱이 없다.

[로손 리틀]

㉛ 골프란 자기의 최악의 적인 자기 자신과 함께 플레이하는 게임이다.

[핀리 피터던]

㉜ 골프는 기묘한 게임으로 건강에는 좋으나 사람에게서 평상심을 빼앗아 파멸시킬 수도 있다. 나는 세계 제일가는 건강한 바보이다. [보브 호프]

⑬ 골프란 신을 모독하는 어구(욕설)들과 뗄래야 뗄 수 없는 게임이다.
[어빙 글래스톤]

⑭ 골프게임의 90%는 멘탈이어서 제대로 플레이하지 못하는 골퍼들에게 필요한 것은 레슨프로가 아니고 바로 정신과의 싸움이다. [톰 머피]

⑮ 골프로 성공한 사람 중에는 특수한 성격의 사람들이 많다.
[프랭크 터텀 주니어]

⑯ 아무리 친한 동료들과의 플레이 일지라도 티에서 그린까지에는 타他 3명이 전혀 모르는 타인처럼 보일 때가 있다. 특히 3명이 페어웨이에 있고 자기만 숲속에 있을 경우 더욱 그렇다. [밀튼 그로스]

⑰ 1번 티에서 처음 만나 결코 내기를 해서는 안되는 타입은 새까맣게 피부가 탄 사람, 1~2번 아이언을 갖고 있는 사람, 그리고 집념의 눈빛을 한 사람이다. [데이브 매]

⑱ 내 승용차는 뒷 트렁크에 골프클럽을 넣지 않으면 결코 달리려고 하지 않는다. [브루스 바래트]

⑲ 대개의 골퍼들은 '나는 늘 불운하다.'고 생각한다. [호레스 해친슨]

⑳ 골프를 너무 하면 지성이 마멸한다. 머릿속을 비우면 비울수록 골프 솜씨는 향상된다. [월터 심프슨]

㉑ 골프에서의 테크닉은 겨우 2할에 불과하다. 나머지 8할은 철학, 유머, 비극, 로맨스, 멜로 드라마, 우정, 동지애, 고집 그리고 회화이다.
[그랜트랜드 라이스]

㉒ 골프만큼 몸과 마음을 빼앗는 것도 없다. 자기에게 화낸 나머지 적을 미워하는 것조차 잊는 골퍼가 많다. [윌 로저스]

㉓ 골프는 사람을 변하게 한다. 정직한 사람을 거짓말쟁이로, 박애주의자를 사기꾼으로 용감한 사람을 겁쟁이로 각각 바꾸고 모든 사람을

바보로 만든다. [밀튼 그로스]

⑭ 신사들이 골프를 한다. 시작했을 때 신사가 아닐지라도 이 엄격한 게임을 하게 되면 신사가 되고 만다. [빙 크로스비]

⑭ 젊었을 때 골프는 간단했다. 그 후 오랜 세월 플레이한 끝에 그것이 어렵다는 것을 겨우 배웠다. [레이 플로이드]

⑭ 골퍼만큼 많은 적을 갖는 선수도 없다. 14개의 클럽, 18홀, 모두가 각각 다르다. 모래, 나무, 풀, 물, 바람, 그 밖에 1백여 명의 선수가 있다. 거기에 골프의 5할은 멘탈 게임, 따라서 최대의 적은 자기 자신이다.

[던 쟁킨스]

⑭ 골프는 이 세상 가장 잔혹한 스포츠이며 인생처럼 불평등하다. 절대 약속대로 안 된다. 스포츠가 아니고 고역이다. 처음은 신사 동지로 시작하지만 최후는 살인 동료의 싸움으로 끝난다. [짐 마래]

⑭ 다른 스포츠는 두 번의 찬스, 즉 야구에서는 3진, 테니스에서는 1포인트의 찬스가 있지만 골프에서는 1회의 미스로 모두가 끝난다. [토미 아머]

⑭ 골프는 복싱에 좋으나 그 반대로 복싱에 골프는 그렇지 못하다.

[멕스 베이어]

⑮ 야구에서 안타 3천개를 치는데 17년이 걸렸지만 골프에서는 그것을 하루에 해치웠다. [행크 아론]

⑮ 골프를 할 때면 주특기가 테니스라고 말하고 테니스를 할 때면 잘 하는 스포츠가 골프라고 말한다. [다이애나 쇼어]

⑮ 나이스샷은 우연이고 나쁜샷 쪽이 도움이 된다는 것을 모른다면 골프를 마스터할 수 없다. [유진 블랙]

⑮ 골프는 하나의 정신적 질환, 예를 들어 도박, 여자 또는 정치가 아닌가 생각한다. [던 쟁킨스]

⑭ 골프는 왕이나 대통령의 게임이다. 그들이 나라를 움직이는 데 필요했을 때에. [찰스 프라이스]

⑮ 진짜 골퍼란 정신적으로 진지한 골프를 하는 사람을 말하며 볼을 치는 기술이 뛰어난 사람을 칭하지는 않는다. [P.G. 우드하우스]

⑯ 진짜 골퍼는 2개의 핸디캡을 갖는다. 자랑하기 위한 것과 내기골프 때 쓰는 핸디캡이다. [보브 아이론스]

⑰ 진짜 골퍼는 4퍼트 째 라인을 읽을 때 결코 울지 않는다. [가랜 하위츠]

⑱ 남성에게 있어 매력적이면서 불가사의한 것 세 가지는 형이상학과 골프 그리고 여자의 마음이다. [아널드 홀틴]

⑲ 아내가 골프에 이의를 제기하면 아내를 바꾸고, 직업이 골프에 방해를 하면 다른 직업을 찾으라. [돈 헤럴즈]

⑳ 골프와 섹스 정도가 아니겠는가. 솜씨가 좋지 않아도 즐길 수 있는 것은. [지미 디마레]

㉑ 남성을 여성보다 더 미치게 하는 것은 골프 뿐인가 하노라. [던 쟁킨스]

㉒ 프로경기에서 좋은 성적을 올리기 위하여 규칙 세 가지를 지켜왔다. 경기가 시작되기 전날부터 팔굽혀 펴기와 수영 그리고 섹스를 결코 하지 않는 것이다. [샘 스니드]

㉓ 벙커와 연못의 차이는 자동차 사고와 비행기 사고와의 차이이다. 차사고 라면 살아날 수 있는 찬스가 있다. [보브 존스]

㉔ 연못은 골퍼들을 신경질적으로 만든다. 그 물을 생각만 해도 이성을 잃고 다리를 떨며 팔의 근육을 마비케 하는 까닭이 무엇일까.

[피터 드브라이나]

㉕ 너무 러프 속만을 걸었더니 동료프로가 나를 갤러리로 착각하더라.

[리 트레비노]

⑯ 트러블 샷을 할 때 우선 생각한 것은 그 이상의 트러블을 하지 않는다는 일이다. [데이브 스톡턴]

⑯ 싱글플레이어도 잘 쳐서 1라운드 6~7의 나이스 샷만 할 뿐 나머지는 모두 나이스 미스 샷Nice miss-shot이다. [토미 아머]

⑱ 최고참 멤버는 사람들에게 이렇게 어드바이스 한다. "사람들에게 어드바이스 해서는 안 된다." [P.G 우드하우스]

⑲ 화가 나서 클럽을 내던질 때는 전방으로 던져라. 그래야 주우러 갈 필요가 없으니까. [토미 볼트]

⑰ 슬로플레이는 흡연과 흡사하여 고치려 해도 잘 안 된다. 우선 시작하지 말아야 한다. [잭 니클라우스]

⑰ 골프는 벗이다. 그 벗은 절망을 해독시켜 준다. [보브 토스키]

⑰ 하루 연습하지 않으면 그것을 나 스스로 안다. 이틀을 하지 않으면 갤러리가 안다. 그리고 사흘을 하지 않으면 온 세계가 안다. [벤 호건]

⑰ 사람에게 이기려면 게임으로 이기려 해서는 안 된다. 연습과 노력으로 이겨야 한다. [벤 호건]

⑰ 골프프로는 불치의 병을 치료할 수 있다고 말하는 낙천적인 의사와 같다. [짐 비숍]

⑰ 열심히 연습하면 할수록 당신은 더욱 럭키 해진다. [게리 플레이어]

⑰ 골프에서 진짜 프레셔는 2달러만 갖고 있으면서 5달러짜리 내기를 해봐야 느낄 수 있다. [리 트레비노]

⑰ 마지막 2라운드에서 내가 가장 무서워하는 사람은 바로 나 자신이다.

[톰 왓슨]

⑰ 유명한 정신과 의사의 부인이 함께 골프를 안 해준다 하여 남편에게 투정을 하자 의사가 말했다. "사나이에게는 절대 혼자해야 할 일이

세 가지 있다. 재판에서 증언할 때, 죽을 때, 그리고 퍼트할 때." [베네트 서프]

⑰⑨ '위대한 샷 메이커'라고 불리기를 원할 뿐 '럭키한 어프로치의 명인'이라고 불리기를 원하는 명골퍼는 없다. [게리 플레이어]

⑱⓪ 골프장에서의 기도는 모두 헛수고였다. 그것은 내가 너무도 엉터리 퍼터였다는 것과 관계가 깊었기 때문이었을 것이다. [빌리 글래엄]

⑱① 명퍼팅의 비결이 따로 없다. 그저 치는 것이다. 들어가거나 안 들어가거나 두 가지밖에 없으니까. [벤 크렌쇼]

⑱② 골프 규칙에 관하여 정확한 지식을 많이 갖고 있으면 '스포츠맨십이 없는 사나이'라는 평을 듣기 쉽다. [패트릭 켐벨]

⑱③ 골프는 이 세상에서 플레이하기는 가장 어렵고 속이기에 가장 쉬운 게임이다. [데이브 힐]

⑱④ 골프는 낚시를 제외하고 가장 많은 미국인을 거짓말쟁이로 만든 오락이다. [찰스 프라이스]

⑱⑤ 골프에 너무 느린 스윙이란 없다. [보비 존스]

⑱⑥ 힘 빼고 서서히 스윙을 하라. 볼은 결코 도망치지 않으니까. [샘 스니드]

⑱⑦ 골퍼는 2개의 스윙을 갖는다. 아름다운 연습스윙과 진짜로 칠 때의 엉터리 스윙, 연습스윙만 보고는 그의 진짜 스윙을 말할 수 없다. [데이브 매]

⑱⑧ 골프스윙은 섹스와 닮았다. 그 행위의 메커니즘을 생각하면서 할 수는 없으니까. [데이브 힐]

⑱⑨ 장타를 치고 러프에서 9번 아이언으로 그린을 노리는 편이 단타를 치고 페어웨이에서 4번 아이언을 쓰는 편보다 훨씬 쉽다. [잭 니클라우스]

⑲⓪ 캐디가 당신을 도울 수 있다고 생각한다면 당신은 아직도 골프를 모른다. [던 잰킨스]

⑲① 캐디란 66을 쳤을 때 "우리들이 쳤다."고 말하고, 77을 치면 "그치

가 77이나 쳤다."고 말하는 족속이다. [리 트레비노]

⑲² 가장 젊은 캐디와 가장 낡은 카트는 모두 쓸모가 없다. [리처드 허스켈]

⑲³ 골프에서의 즐거움은 노력을 안 할수록 더 크다. [보브 아렌]

⑲⁴ 골프 코스를 비판하는 사람은 남의 집 만찬에서 돌아와 "형편없는 저녁이었다."고 말하는 사람이다. [게리 플레이어]

⑲⁵ 골프 코스란 모든 홀이 파는 어렵고 보기는 쉬운 것이어야 한다.
[로버트 T. 존스]

⑲⁶ 골퍼에게 안전하지 않은 장소를 안전하다고 생각하게 하는 것에 설계가의 트릭은 있다. [피트 다이]

⑲⁷ 위대한 코스는 초자연적인 어려운 최종 홀을 갖고 있다. 냉정한 플레이어와 혼란에 잘 빠지는 플레이어를 구별하기 위해서이다. [찰스 프라이스]

⑲⁸ 골프 코스에 직선은 없다. 신은 반듯한 선 같은 것을 그은 일이 없다.
[잭 니클라우스]

⑲⁹ 페블 비치는 아무리 마을 연습장에서 솜씨가 좋아져도 통용되지 않는 골프 코스이다. [던 쟁킨스]

⑳⁰ 신설 코스를 평가하는 것은 금물이다. 갓난 여아를 여성으로 평가하려는 것과 다를 바 없기 때문이다. [작자 미상]

⑳¹ 대통령을 그만두고 났더니 골프에서 나를 이기는 사람이 많아지더라.
[아이젠하워]

⑳² 잭 니클라우스를 무서워할 일이 아니다. 그보다 더 좋은 스코어로 돌면 이길 수 있으니까. [톰 와이스코프]

⑳³ 갤러리의 대부분은 결국 프로들의 미스샷을 즐긴다. [짐 마래]

⑳⁴ 여러 스포츠 중에서 갤러리 속에서 플레이하는 것은 우리 프로골퍼 뿐이다. [리 트레비노]

㉕ 79년 세베 바예스테로스(스페인 프로)가 영국오픈에서 우승할 때 그는 러프로만 걸었기 때문에 때때로 갤러리 정리원으로 오해받았다.

[던 쟁킨스]

㉖ 누구나 US오픈에서 이길 수 있다. 하지만 명플레이어가 아니면 두 번은 이기지 못한다. [월터 헤겐]

㉗ 티샷에서 OB가 났다 하여 포기하는 일은 아침 식사 전에 술을 마시는 것보다 더 나쁜 습관이 된다. [샘 스니드]

㉘ 골프의 기술 테스트로는 스트로크 플레이가 그리고 그 골퍼의 성격 테스트로는 매치 플레이가 좋다. [존 캐]

㉙ 승리만이 모두이다. 상금은 써버리면 그만이지만 추억은 일생 지워지지 않는다. [캔 벤추리]

㉚ 골프장에서 누구에게 동정하려면 차라리 집으로 가는 것이 좋다. 네가 그를 안 죽이면 그가 너를 죽인다. [세베 바예스테로스]

㉛ 경기에 이기는 자는 가끔 화도 잘 낸다. 페어웨이를 웃고 걷는 자는 지고 있는 자이다. [리 트레비노]

㉜ 나는 항상 승부를 건다. 가난하게 태어났기 때문에 백만장자로 살되 가난하게 죽고 싶다. 가난하게 살아 백만장자처럼 죽는 것은 싫다.

[치치 로드리게스]

㉝ 투어프로의 대다수는 메이저경기 10위 안에 들기 위해서라면 아내와 첫 아들 그리고 가장 좋아하는 퍼터까지 서슴지 않고 버릴 것이다.

[리 트레비노]

㉞ 프로투어에서 성공하려면 자기 외의 모두를 미워해야 한다. 부모, 처자식, 형제 자매, 벗 전부. 그러한 것들을 모두 잊을 수 있는 집중력이 필요하다. [데이브 힐]

㉕ 젊었을 때 골프는 참 쉽다. 그가 어른이 되어 우는 것을 배운다.

[론 로즈]

㉖ 60세의 노인이 30세의 장년에게 이기는 골프게임이 어찌 스포츠란 말인가. [버드 쇼탠]

㉗ 골프는 승용차의 운전과 같아서 나이 들수록 보다 신중해진다.

[샘 스니드]

㉘ 골퍼가 나이 드는 것을 서러워해서는 안 된다. 나이 들고 싶어도 더 살지 못하는 사람들이 많으니까. [필 해리스]

㉙ 연습장에서의 샷만으로 다른 프로들을 겁줄 수 있는 사람은 잭 니클라우스 뿐이다. [딕 샤프]

㉚ 잭 니클라우스가 말하는 '그린까지의 거리'는 무조건 믿을만하다. 샷에 관한한 그는 비雨의 온도까지도 계산한다. [아트 스펜더]

㉛ 골프는 여하히 아름다운스윙을 하느냐가 아니라 여하히 같은 스윙을 미스 없이 되풀이할 수 있느냐의 반복게임이다. [리 트레비노]

㉜ 상황을 고려하지 않는 샷의 연습은 무의미하다. [작자 미상]

㉝ 스윙 중에서 자기가 백퍼센트 컨트롤 할 수 있는 동작은 세트업 뿐이다. [잭 니클라우스]

㉞ 골프에서 50%가 심상, 40%가 세트업, 그리고 나머지 10%가 스윙이다. [잭 니클라우스]

㉟ 여성만의 스윙폼은 없다. 여성에게도 장타의 요건은 다리 힘이다.

[오카모도 아야코]

㊱ 두 어깨의 힘을 빼려면 두 엄지손가락의 힘을 빼라. [아놀드 파머]

㊲ 연습장에서는 아무리 나쁜 샷을 하여도 벌타가 부과되지 않는다.

[보브 토스키]

㉘ 코치는 필요하다. 그러나 한 번에 모든 것을 가르치려는 코치는 기피하라. [잰 스티븐슨]

㉙ 나는 릴랙스하기 위해 연습을 한다. [세베 바에스테로스]

㉚ 폴로스루는 스윙의 종합적 판단에 훌륭한 척도가 된다. 연습 때 몸에 익히면 나쁜 스윙의 교정에 크게 도움된다. [잭 니클라우스]

㉛ 매일 골프를 하다 보면 자기도 모르는 사이에 나쁜 버릇이 붙는다.
[힐 셔튼]

㉜ 미스를 해도 미스가 되지 않는 연습을 하라. [벤 호건]

㉝ 근육에 스윙을 익게 하기 위해서는 느릿한 동작을 반복할 일이다.
[김승학]

㉞ 주말의 하루는 아침부터 저녁까지 골프로 보내라. [작자 미상]

㉟ 골프를 배우는 데에도 기술이 필요하다. [작자 미상]

㊱ 많은 비기너들이 스윙의 기본을 이해하기도 전에 스코어를 따지려 든다. 이것은 걷기도 전에 뛰려는 것과 같다. [진 사라젠]

㊲ 내가 골프에서 배운 것은 오직 기본이다. 나머지는 마구 치는 일뿐이다. [레니 왓킨스]

㊳ 골프스윙이란 글자 그대로 스윙을 하는 일이며 히트하는 일이 아니다. [작자 미상]

㊴ 장타의 비결은 클럽헤드에 있는 것이 아니라 그립을 휘두르는데 있다. [점보 오자키]

㊵ 백스윙은 등에 업은 어린아이를 떨어뜨리지 않도록 상체를 회전시키는 일. [작자 미상]

㊶ 스트로크플레이어에서는 용기있는 겁약이 필요하다. [작자 미상]

㊷ 두 손은 클럽을 쥘 뿐, 클럽을 휘두르는 것은 팔이다. 그리고 그 팔

은 몸통에 의하여 휘둘러진다. [벤 호건]

㉓ 핀치를 맞이했을 때 골프를 잘하는 사람과 못하는 사람의 차가 크게 드러난다. [아오키 이사오]

㉔ 게리 플레이어는 1년에 단 한 번의 스트로크도 헛되이 치지 않았다. [바이런 넬슨]

㉕ '볼을 맞히느냐'와 '맞게 하느냐'와는 스윙의 개념상 크게 다르다. [작자 미상]

㉖ 임팩트 존Zone은 임팩트에서 폴로스루까지의 30cm 가량이라고 생각하라. [작자 미상]

㉗ 정확한 결단, 나이스 샷 그리고 냉정의 3요소가 갖추어질 때 좋은 스코어가 나온다. [데이비스 러브 3세]

㉘ 볼을 끝까지 보려고 하지 말고 허리를 끝까지 남기려고 하라. [호세 마리아 올라사발]

㉙ 어리석은 골퍼는 자주 퍼터를 바꾼다. 하지만 들어가지 않는 퍼터도 오랫동안 갖지 말라. [작자 미상]

㉚ 골프 코스의 성격은 퍼팅그린의 구조로 거의 좌우된다. [찰스 맥도널드]

㉛ 겨누는 퍼트와 붙이는 퍼트와는 구별하라. [작자 미상]

㉜ 핀을 겨누지 말고 그린 중앙을 겨누어라. [작자 미상]

㉝ 그린 전체를 핀으로 생각하면 실수가 적다. [박만용]

㉞ 인내를 갖는 자는 원하는 것을 손에 넣을 수 있다. [D. 프랭클린]

㉟ 모든 샷을 어프로치로 생각하라. [작자 미상]

㊱ 롱퍼트가 거리감이면 쇼트퍼트는 자신과 용기이다. [작자 미상]

㊲ 3온 1퍼트의 골프가 완성되면 완성된 완벽골프이다. [작자 미상]

㊳ 골프는 지성의 게임인데도 대개는 어리석게 플레이되고 있다. [보브 토스키]

㉕⑨ 아마추어는 베스트 샷을 노리지 말고 베스트한 결과만을 노려라.

[게리 플레이어]

㉖⓪ 스트레이트 볼을 치거나 치려고도 하지 마라. [리 트레비노]

㉖① 하찮은 스코어 때문에 인격을 부정당하지 말라. [작자 미상]

㉖② 좋은 골퍼의 소질은 인내심 강한 사람에게만 깃들인다. [잭 니클라우스]

㉖③ 강타强打하려면 경타輕打하라. [한장상]

㉖④ 올드 맨Old man의 변명은 남자답지만 3퍼트의 변명은 여자답다.

[작자 미상]

㉖⑤ 일류의 골퍼일수록 자기의 컨디션 체크가 빠르다. [작자 미상]

㉖⑥ 화내는 것을 모르는 것은 어리석다. 그러나 화내는 것을 알고 잘 참는 자는 현명하다. [영국 명언]

㉖⑦ 70세의 노인의 두뇌에 경험과 인내와 판단력을 지닌 미식축구선수 같은 완강한 체력을 지닌 사람이 이상적인 골퍼상이다. [게리 플레이어]

㉖⑧ 승리가 확실해도 누군가가 미기를 연출하면 그 때문에 승리가 도망칠 수 있으니 이를 미리 각오할 필요가 있다. [톰 왓슨]

㉖⑨ 1타에 우는 자는 실로 강한 자이다. [빌리 캐스퍼]

㉗⓪ 골프에 나이는 없다. 의지만 있다면 몇 살에 시작해도 향상이 있다.

[벤 호건]

㉗① 어떠한 샷에도 직전까지는 실패가 당신을 기다리고 있다. [조지 호튼]

㉗② 골프에서는 우월감을 오래 지속하는 자가 강한 자로 남는다. [월터 헤건]

㉗③ 나는 파Par라는 올드 맨Old man을 상대하게 되면서 큰 경기를 차례로 이길 수 있었다. [보비 존스]

㉗④ 장타長打의 유혹에 이기면 명인名人이 된다. [보비 로크]

㉗⑤ 스윙을 느리게 하는 데는 큰 용기가 필요하다. [작자 미상]

㉖ 좋은 골퍼는 볼을 치는 동안 좋은 일만 생각하고 서툰 골퍼는 나쁜 일만 생각한다. [진 사라젠]

㉗ 골프의 신神은 열심파에게 행운을 가져다 준다. [샘 스니드]

㉘ 플레이어는 자기 외에 그 누구도 비난할 수 없다. [스코틀랜드 명언]

㉙ 오래 사는 인생도 아니다. 서두르지도 근심 걱정도 하지 말자. 우리 인생길에 있는 꽃들의 냄새나 실컷 맡자. [월터 헤건]

㉚ 과거에 매달리지 말고 미래를 걱정하지 말고 오직 지금 전력을 다하여 살자. [석가모니]

㉛ 좋은 승자Good Winer인 동시에 훌륭한 패자Good Loser이어라.
[스코틀랜드 명언]

㉜ 나의 기술을 의심할 때는 있어도 나의 클럽을 의심할 때는 없다.
[잭 니클라우스]

㉝ 골퍼들은 외부의 도움을 기대한 나머지 자기의 감각에 의존할 줄 모른다. [샘 스니드]

㉞ 골프는 골Goal이 없는 엔드레스Endless 게임이다. [스코틀랜드 명언]

㉟ 드라이버는 클로스드, 롱아이언은 스퀘어 그리고 쇼트아이언은 오픈의 스탠스가 각각 좋다. [토미 아머]

㊱ 어떤 바보도 슬라이스를 낸다. 훅을 내게 되면 상당한 수준이다.
[스코틀랜드 명언]

9 가 볼만한 세계 118개 골프장

*직접 답사한 골프여행 전문가 1인이 선정(전문가 성명 분실)

① Nairn
② Gullane
③ Gleneagles
④ Troon
⑤ Prestwick
⑥ Royal St David's
⑦ Southport and Ainsdale
⑧ Formby
⑨ Little Aston
⑩ Saunton
⑪ Royal North Devon
⑫ Burnham and Berrow
⑬ West Sussex
⑭ Royal cinque Ports
⑮ Prince's
⑯ Walton Heath
⑰ Wentworth
⑱ Berkshire
⑲ Royal Worlington and Newmarket
⑳ Hunstanton
㉑ Royal West Norfolk
㉒ Woodhall Spa
㉓ Notts
㉔ Lindrick
㉕ Moortown
㉖ Alwoodley
㉗ Lahinch
㉘ Ballybunion
㉙ Halmsted
㉚ Rungsted
㉛ Falkenstein
㉜ Frankfurter
㉝ Haagsche
㉞ Royal Belgique
㉟ Royal Waterloo
㊱ Saint-Nom-La-Bretéche
㊲ Crans-sur-Sierre
㊳ Seefeld-Wildmoos

㊴ Glyfada
㊵ Rome
㊶ Pevero
㊷ El Prat
㊸ La Manga
㊹ Estoril
㊺ Penina
㊻ Doral
㊼ Jupiter Hills
㊽ Grand Cypress
㊾ Ponte Vedra
㊿ Sea Island
(51) Peachtree
(52) Palmetto Dunes
(53) Dunes
(54) Wild Dunes
(55) Country Club of North Carolina
(56) Cascades
(57) Congressional
(58) Baltimore
(59) Quaker Ridge
(60) Concord
(61) Oak Hill
(62) Tournament Players
(63) Canterbury
(64) Scioto
(65) Inverness
(66) NCR
(67) Muirfield Village
(68) Shoal Creek
(69) Lakewood
(70) The Honors
(71) Chicago
(72) Butler National
(73) Sentry World
(74) Hazeltine
(75) Interlachen
(76) Prairie Dunes
(77) Oak Tree
(78) Colonial
(79) Cherry Hills
(80) Castle Pines
(81) Country Club
(82) Spyglass Hill
(83) Riviera
(84) Pasatiempo
(85) Poppy Hills
(86) Edgewood

⑧⁷ Mauna Kea
⑧⁸ Princeville
⑧⁹ Hamilton
⑨⁰ St George's
⑨¹ Jasper
⑨² Vancouver
⑨³ Vallescondido
⑨⁴ Port Royal
⑨⁵ Lucayan
⑨⁶ South Ocean
⑨⁷ Cerromar
⑨⁸ Fountain Valley
⑨⁹ Tryall
⑩⓪ Tobago
⑩① Club Lagos de Caujara
⑩② El Rincon
⑩③ Botota
⑩④ Karen
⑩⑤ Chapman
⑩⑥ Houghton
⑩⑦ Kasugai
⑩⑧ Nasu International
⑩⑨ Yomiuri
⑩⑩ Wack Wack
⑪① Navatanee
⑪② Delhi
⑪③ Australian
⑪④ New South Wales
⑪⑤ Lake Karrinyup
⑪⑥ Kingston Heath
⑪⑦ Auckland
⑪⑧ Christchurch